예수님은 비전을 내걸지 않았다

손진현

좋은 책으로 하나님의 사람을 만들어가는
엘 맨

예수님은 비전을 내걸지 않았다

손진현

책을 내면서

어떤 목사님이 제직 수련회 설교자로 그리고 강사로 초청 받아 간 적이 있었습니다. 거기서 목사님은 참석한 많은 그리스도인들에게 한 가지 제안을 했습니다. "지금부터 우리 모두는 허심탄회하게 기독교에 대해서 질문과 토론을 나누어 봅시다." 그 때 이곳저곳에서 많은 이야기들이 쏟아져 나왔습니다. "교회가 너무 세속적인 것은 아닌가?" "교회에 사랑이 없다." "목회자들이 너무 이기적이고 자기 욕심만 채우는 것 같다." 등등...

많은 사람들이 기독교에 대한 비판, 교회 비판, 그리고 목회자 비판 등을 늘어놓았습니다. 모든 이야기들을 다 듣고 난 후 강사 목사님은 이렇게 답변했다고 합니다. "예, 여러분들의 말씀들이 부분적으로는 옳습니다. 교회에 대한 질타도 옳고, 목회자에 대한 충고도 옳습니다. 그러나 한 가지 여러분에게 말씀드리고 싶은 것이 있습니다. 저는 초두에 말씀드리기를, 기독교에 대해서 질문과 토론을 나누자고 했습니다. 그런데 이렇게 많은 사람들 중에 어느 누구도 하나님에 대해서, 십자가에 대해서, 예수님에 대해서 질문하시거나 토론을 시작하신 분은 한 분도 없었다는 것입니다. 그만큼 우리는 기독교에 대한 잘못되고 경박한 신앙내용을 갖고 있다는 사실입니다."

개인적으로 저는 이렇게 방향 잃은 신앙생활을 하게 된 이유는 바로 신앙의 세계에 대한 무지에서 비롯된 것이라고 생각합니다.

하나님에 대한 무관심, 말씀에 대한 그릇된 이해, 십자가와 복음에 대한 감상적인 태도, 편의주의의 신앙 양태, 업적 중심의 교회 부흥 등이 우리를 이렇게 나약한 그리스도인으로 만들어 놓은 것이 아닌가 생각됩니다. 하나님을 믿는다고 하지만 하나님을 모르는 사람들이 많습니다. 말씀 듣기를 좋아한다고 하는 사람들은 많지만 하나님의 뜻을 따라 사는 사람들은 적습니다. 때로는 십자가 앞에 눈물을 펑펑 쏟기도 하지만 자신의 철저한 죄의 본성을 쉽게 간과합니다. 교회를 위해 봉사한다고 하지만 하나님을 사랑하지 않는 이상한 동기로 열심을 냅니다. 참된 부흥은 교인 수가 늘어나거나 큰 예배당을 짓는 것이 아니라고 말은 하지만 성경에 나타난 부흥의 요소에는 관심이 없습니다.

저는 시대 시대마다 교회 공동체를 허락하신 하나님의 진정한 뜻을 알아가고 싶은 마음으로 교회를 섬기고 싶습니다. 한 목사를 목회자로, 흩어져 있는 많은 사람들을 성도로 부르시고 그들이 함께 교회를 이루도록 하시는 하나님의 숨겨진 비밀을 그 공동체를 통해 배우고 알아가고 싶습니다. 그리고 그 내용들을 많은 다른 분들과 나누고 싶습니다. 또한 그 비밀을 예배와 말씀을 통해 계속 공급받고, 기도의 깊은 교제를 통해 정화되고, 성령의 도우심을 통해 주님을 닮아가는 삶을 살고 싶습니다.

이 책에 수록된 내용은 매주 교회 주보에 성도들과 함께 나누고 싶었던 신앙의 내용을 실은 〈목회자 칼럼〉과 이곳 미국 휴스턴에서 매주 발행되는 신문에 그동안 기고했던 칼럼 등을 한데 모아서 만든 것입니다. 교회 성도님들 중에 부족한 칼럼을 한데 모아서 소책자로 펴내면 전도용으로 좋겠다는 의견으로 시작된 것이 이렇게 출판사를 통해 책으로 발간되기까지에 이르렀습니다. 이 책을 읽는 모든 분들이 신앙에 대한 방향 설정에 작은 도움이나마 얻었으면 합니다.

부족한 글을 동포들과 함께 나눌 수 있는 기회의 장을 마련해 주신 이곳 휴스턴의 두 신문사에게 감사드리고, 매주 재미없는(?) 칼럼을 읽으면서도 불평의 소리는커녕 오히려 격려 해주시고 책을 발간 할 수 있도록 기도와 지원을 아끼지 않으신 호산나 교회 성도님들께 감사드립니다.(여러분들의 하나님과 교회를 사랑하는 마음은 저보다 훨씬 큽니다. 여러분들은 정말 좋은 하나님의 자녀들입니다.)

출판사 소개와 마무리 교정으로 수고해준 심혜경 자매에게 감사드리고, 글 못 쓴다고 구박하면서도 늘 곁에서 힘이 되어 준 사랑하는 아내와 한국에서 불철주야 아직도 코 흘리게 막내로만 보이는 아들을 위해 기도하시는 어머니 김 권사님께도 감사드립니다. 책의 편집과 디자인까지 세심한 주의를 기울여 주신 엘맨 출판사 편집부와 채주희 사장님께도 감사드립니다.

2005년 11월 미국 휴스턴에서

교회의 노예, 손진현 목사

차 례

제1부 쉽지 않은 신앙 / 11

- 1. 직분 감당 / 13
- 2. 신앙은 Being(존재)의 문제이지 Doing(일)의 문제가 아니다. / 18
- 3. 휴머니즘과 기독교 / 22
- 4. 신앙은 경쟁이 아니다 / 26
- 5. 제대로 알고 기도합시다. / 30
- 6. 봉사는 일이 아니라 우리를 위한 것이다. / 35
- 7. 진리이냐? 열심이냐? / 40
- 8. 힘이 들 땐 들어야 한다 / 45
- 9. 죽음이 없으면 부활도 없다 / 49
- 10. 제대로 다루어지지 않은 기독교 / 54
- 11. 주님의 살과 피 / 57
- 12. Positive Thinking 비판 / 61
- 13. 구원 문턱인 회개 / 65
- 14. 무엇을 좋아하는 것과 그렇게 사는 것의 차이 / 69
- 15. 웃어야 할 때가 아니라 울 때다 / 73
- 16. 하나님을 놓치고 행하는 일들 / 77

제 2 부 쉽지 않은 교회 / 81

- 17. 또 하나의 교회 / 83
- 18. 귀하지만 쉽지 않은 교회 / 87
- 19. 우정 충만한 교회 / 91
- 20. 우리가 모인 이유 / 95
- 21. 교회를 다니는 이유 / 100
- 22. 교인 수, 건물, 돈 / 104
- 23. 교회는 다녀도 예수를 믿지 않는 사람들 / 108
- 24. 예수는 믿어도 교회 다니지 않는 사람들 / 112
- 25. 무너지는 교회들 / 116
- 26. 교회 바깥 이야기 / 119
- 27. 그렇게 하면 교회가 운영이 안 됩니다. / 123
- 28. 말씀이 제외되는 신앙공동체 / 127
- 29. 예배 신상품 / 132
- 30. 잊혀져 가는 찬송가 / 136
- 31. 세상과 벗된 사람들 / 140
- 32. 자녀를 잡으면 부모는 따라온다(?) / 144

제 3 부. 쉽지 않은 성도 / 149

- 33. 소방대원 교인 / 151
- 34. 형제님, 자매님 / 155
- 35. 난 그 꼴 못 봐! / 160
- 36. 나, 시험 들었어 / 164
- 37. 앨토(Alto)는 죽어도 못해 / 168
- 38. 그 사람의 것보다는 그 사람이 중요하다 / 172
- 39. 부흥을 기다리는 사람들 / 178
- 40. 질그릇이냐 보배냐? / 183
- 41. 영적 무력증 / 189
- 42. 내부의 소리에 귀를 기울이세요 / 193
- 43. 우리의 신앙의 현주소 / 197
- 44. 우리는 이런 사람입니다 / 200
- 45. 토정비결과 모세의 유언 / 204
- 46. 고개 숙인 그리스도인 / 207
- 47. 분주한 사람, 진지한 사람 / 211
- 48. 가난한 사람, 부한 사람 / 215
- 49. 같아질 수 없는 삶 / 219
- 50. 교사만큼 자라는 아이들 / 223
- 51. 그들만의 노래가 아니다 / 227
- 52. 하나님이야? 나야? / 231
- 53. 너 때문에 못살아 / 235

제 4 부. 쉽지 않은 목회자 / 241

- 54. 좋은 목회자를 찾습니다 / 243
- 55. 목사가 고함을 치는 이유 / 247
- 56. 공부, 건강, 돈 / 254
- 57. 목회자와 교회 리더의 약점 / 257
- 58. 목회 방향 / 261
- 59. 목사가 본 목사 / 266
- 60. 측근 신앙 / 269
- 61. 내내 웃으면서 하는 설교 / 273
- 62. 잘 모르겠습니다 / 277
- 63. 부흥회(復興會)와 사경회(査經會) / 282
- 64. 교회성장 대(vs) 진정한 그리스도인 / 286
- 65. 디자이너와 독서 / 290
- 66. 핑계와 책임 / 294
- 67. 사모가 70% 이상이예요 / 298
- 68. 빛과 소금에 대한 오해 / 302
- 69. 예수님은 비전을 내걸지 않았다 / 307

제 1 부
쉽지 않은 신앙

하나님은 한 번도 우리에게 예수 믿은 대가로 우리에게 무엇을 하라고 요구하신 적이 없다는 것입니다.

성경은 무엇을 갚으라, 무슨 일을 하라고 하시지 않고, 오히려 하나님의 사람이 되라, 진정한 그리스도인이 되라고만 말씀하십니다.

1. 직분 감당

어느 교회를 가든지 장로가 되거나 안수 집사가 되면 얼마나 목에 힘이 들어가는지 모릅니다. 교인들도 놀랩니다. 사람이 저렇게 변할 수가 없다고 말입니다. 물론 더 겸손하시고 희생하시고 잘 섬기시는 분들도 계시지만 말입니다. 목사가 되면 목사들 소리가 달라지는 거 아십니까? 목사까지 갈 필요도 없습니다. 신학교에 막 입학만 하면 홀리보이스(Holy Voice)가 되어서는 늘 할렐루야만 외치고 다니는 좀 안 좋게 표현하면 밥 맛 없는 친구들이 있었습니다. 그러니 목사는 오죽하겠습니까? 전화 받을 때도 꼭 "할렐루야! OOO목사입니다." 하는 사람도 있습니다. 정말 닭살입니다. 신앙이 좋은 목사는 심장 가까이에 성경을 갖고 다닌다는 말도 있습니다. 성경을 아무렇게나 들고 다니면 어떻습니까? 성경에 있는 말을 해야죠. 바른 말을 해야 하는데 그런 말은 안하고 성경 가지고 폼만 재면 어떡하란 말입니까?

뻔한 이야기

우리 교회 성도님들도 언젠가는 직분들을 맡으실 것입니다. 어떤 직분이든 이것을 저와 여러분이 꼭 명심하십시다. 내가 받은 직분이 나를 증명하거나 대접 받으려고 주어진 것이 아니라는 것입니다. 오히려 남을 대접하고 섬기기 위해 직분을 감당한다는 사실입니다. 너무나 뻔한 이야기죠? 이렇게 〈뻔〉한 이야기인데도 왜 나중에 가서 〈뻔뻔〉스러워지는지 이해가 안 됩니다. 제가 이렇게 말하면 혹시 "우리 목사님이 누구한테 하실 말씀이 있으시구나." 이렇게 오해하는 사람은 없을 줄 압니다. 그런 일이 있으면 이런 말은 못합니다. 우리 교회에 감사한 것은 제가 이런 말을 하더라도 오해해서 남을 탓하지 않고 각자 자신을 돌아본다는 점입니다. 그런데 다른 교회에서는 이런 말을 하기가 쉽지 않습니다.

사실 대접 받고 자기를 증명하려는 유혹에 가장 잘 걸려드는 사람이 목사입니다. 목사들만큼 자기가 하는 역할과 받아야 할 대접에 대해서 오해하는 사람들도 드뭅니다. 목사는 다 종으로 와 있습니다. 그런데 자기가 앞에서 일하니까 자기를 종으로 생각하지 않고 주인으로 생각합니다. 목사들을 소위 '주의 종'이라고 부르는데 어떤 분들은 그 '종' 뒤에 '님'자를 붙여서 불려지기를 원하는 목사도 있습니다. '종'이라는 것은 '노예'라는 뜻인데 어떻게 노예에게 존칭을 쓸 수 있겠습니까? 그런데도 이런 일이 벌어지고 있습니다. 그건 우리 인간이 갖는 죄성 탓입니다.

줄 안 서는 목사

대접 받는 일에 익숙한 직업 세 가지가 있습니다. 목사, 검사, 의사입니다. 왜 그렇게 되었느냐 하면 언제나 이 직업은 대등한 관계에서 사람을 만나지 않습니다. 의사들은 병들고 죽어갈 때 만나고, 검사는 죄를 지었을 때 만나고, 목사는 늘 자기 신앙이 부족하다는 생각을 하는 성도와 만납니다. 그래서 이 세 직업은 교만해지기 쉽고 거들먹거리기를 잘 합니다. 이런 얘기가 있습니다. 누가 지어낸 이야기일 것입니다. 목사와 검사, 그리고 의사 셋이 기생집에 술을 마시러 갔답니다. 셋이 밤새도록 술을 마셨는데 셋 중에 누가 술값을 냈겠습니까? 답은 기생입니다.

성도들이 사회에 나가면 예수 믿는다고 놀림만 받는 게 아닙니다. 세상 사람들로부터 어떤 기대도 받습니다. 그래서 세상 술친구나 심지어 가족들에게도 말 못하는 고민을 예수 믿는 동료에게 말하는 경우가 있습니다. 성도들이, 적어도 예수 믿는 사람들이 다르기를 바라고 뭔가 특별한 것이 있을 거라는 생각을 가지고 삽니다. 그런데 대부분의 신자들은 그들에게 보여줄 뭔가가 없이 살아가고 있습니다. 세상 사람들의 큰 기대와는 달리 오히려 신자들은 그들에게 실망만 안겨 주는 꼴입니다. 한국사람 만큼 신앙에 열심 있는 사람도 드물 것입니다.

그러나 우리나라의 기독교는 부패해 가고 힘을 잃어가고 있습니다. 왜 이렇게 되었을까요? 교회 내에서의 신앙생활을 올바로 하고 있지 못하기 때문입니다. 많은 사람들이 이상한 것을 가지고 들어와서는 그것 가지고 신앙생활 하려고 합니다. 세상에서 번 돈 좀 가지고 있는 것을 거들먹거리고, 자기가 좀 배운 사람이라는 걸 자랑하고, 자식 자랑으로 다른 사람을 무시하려 하고 그것으로 교회 안에서도 그렇게 대접받으려고 합니다. 세상에서 대접받았던 그것을 교회 안에 그대로 들고 와서는 날 이렇게 대접하고 알아서 모시라고 합니다. 그게 잘 안 통하니까 교회에서 대접받고 높아지려면 장로가 되고 권사가 되고 안수집사가 되어야 하는 것인 줄 알고 있습니다. 심지어 목사가 되면 최고라고 생각해서인지는 몰라도 기를 쓰고 그 길로 나가려고 합니다. 직분이 갖는 그 책임과 사명의 존귀함은 모른 체 말입니다.

그리고 그렇게 되고나면 모든 결제에 자기 도장을 받아야 한다고 우깁니다. 교회를 위한다는 거창한 명분을 내세우면서 자기자랑, 자기만족만 채웁니다. 직분이라는 것이 남을 위하고 섬기는 희생이 따라야 하는 십자가의 길이라는 것은 모른 체 말입니다. 너무 지나친 말이라고 생각되십니까? 대부분의 직분자들이 어쩌다 한번 자기도 모르는 사이에 잠깐 교만해졌거나 무례히 행한 것이면 이렇게까지 말씀드리지 않습니다. 그런데 안타깝게도 한번의 실수와 교만한 행동으로 회개하고 가슴아파하는 그런 직분자 한 사람을 교회 안에서 만나기가 너무나 어렵다는 사실을 아십니까? 오히려 자기 입장만 고수하고 자기 뜻이 하나님의 뜻인 냥 하나님의 이름을 들먹이면서 조금도 겸손해지지 않는 그런 분들이 다수라는 사실이 안타까울 뿐입니다.

직분은 보상이 아니다

어떤 사람들 중에는 세상에서 인정받지 못한 것에 대한 보상을 교회 내에서 받으려 합니다. 이것을 목적으로 교회에 다니는 사람도 적지 않습니다. 또 사회에서 인정받고 대접받는 만큼 교회에서도 대접받으려하고 인정해 달라고 합니다. 이미 우리가 하나님의 자녀가 되어 교회에 들어온 천국 백성이 되었음에도 여전히 우리는 세상의 위치와 힘을 더 존중하고 거기에 더 관심을 가지고 비중을 더 둡니다.

한국 신자들의 가장 큰 욕심은 능력입니다. 능력과 힘과 높은 위치가 통하는 세상의 방식에 아직도 우리가 젖어 있기 때문입니다. 신앙의 문제에서도 우리는 남에게 과시할 수 있고 자랑할 수 있고 내 자존심을 채울 수 있는 어떤 능력을 달라고 합니다. 가슴에 손을 얹고 생각해 보십시다.

결국 그 능력으로 자랑하겠다는 것 아닙니까? 그 힘과 능력으로 기죽고는 못산다는 자기 자존심을 세우려는 것은 아닙니까? 많은 한국교인들이 은사나 체험, 능력에 매달려 있는 이유도 여기에 있습니다. 신앙적으로도 남보다 뛰어나야 된다고 생각합니다. 왜요? 그 높아짐과 성장이 남을 위한다는 생각은 없고 오직 자기를 위해 있기 때문입니다. 이런 생각과 마음을 근본적으로 고치지 않는 이상 교회 내에서의 직분은 크게 오해될 것입니다.

2. 신앙은 Being(존재)의 문제이지 Doing(일)의 문제가 아니다.

우리가 신앙생활을 하면서 참 많이 오해하고 있는 것 중의 하나가 예수를 믿고 난 다음에는 그 은혜를 갚기 위해 내가 예수님을 위해서, 또 교회를 위해서 뭔가를 해야 한다는 생각입니다. 예수님이 날 위해 십자가에서 대신 죽어 주시고 나에게 구원이라는 선물을 주셨는데 염치없이 내가 어떻게 가만히 앉아 있을 수 있느냐? 그래서 자꾸 무언가를 보답하려 하고 그것으로 내어놓는 것이 교회 봉사인 경우가 많고, 전도인 경우가 많습니다.

그러나 성경을 자세히 보면, 하나님은 한번도 우리에게 예수 믿은 대가로, 우리에게 무엇을 하라고 요구하신 적이 없다는 것입니다. 성경은 무엇을 갚으라, 무슨 일을 하라고 하시지 않고, 오히려 하나님의 사람이 되라, 진정한 그리스도인이 되라고만 말씀하십니다. 하나님을 닮은 사람이 되라고 하시지, 큰 능력을 가진 유능한 사람이 되라고 하시지는 않는다는 말입니다. 그런데 우리는 무슨 일이든 교회 일을 도맡아서 잘 감당하는 사람, 그리고 그럴만한 능력이나 재능도 함께 받은 사람을 믿음이 좋은 사람이라고 생각하고 부러워하기도 합니다. 그리고 세상적으로도 출세하고 동시에 교회에서도 장로나 권사나 안수집사가 된 사람을 하나님의 복을 받은 사람이라고 생각합니다.

열매로 그들을 안다

마태복음 7장16절에서 24절까지의 말씀을 보면 참 유익한 말씀이 나옵니다. 얼마나 우리에게 익숙한 말씀인지 모릅니다. 그런데 너무 잘 알고 있기 때문에 오해도 많은 말씀입니다. 짧은 지면에서 충분히 설명하기는 불가능하지만, 예수님은 "열매로 그들을 안다"라고 하셨습니다. 여기서 "그들"은 참 선지자 또는 거짓 선지자를 말합니다. 참 선지자와 거짓 선지자를 구별하는 방법을 설명하시면서 그들의 열매로 안다고 하십니다. 여기서 열매는 그들이 맺은 어떤 결과들입니다. 우리는 이 대목에서 오해를 합니다. "그러니까 우리도 이제부터 좋은 열매를 많이 맺도록 노력 합시다" 이렇게 생각해서 어떡하면 좋은 열매, 많은 열매를 맺을까를 위해 노력합니다. 좋은 열매를 맺는 조건을 자신의 노력과 봉사, 헌신으로 생각하고 그것이 좋은 열매로 맺어질 것이라고 생각합니다. 또 어떤 분들은 그렇게 하려다 안 되니까 좋은 열매를 사다가 열매 없는 나무에 매달아 놓기도 합니다. 전문가들이나 돈을 통해서 열매를 만들려고 하는 것입니다.

가짜 신앙

그러나 예수님이 말씀하시고자 하는 의도는 이것이 아닙니다. 성경을 자세히 볼 필요가 있습니다. 주님의 관점은 좋은 열매를 누가 얼마나 많이 맺었느냐가 아니라 먼저 좋은 나무가 되는 것이라고 말씀하십니다. 좋은 나무마다 좋은 열매를 맺는다는 말씀이 바로 이 뜻입니다. 좋은 열매, 풍성한 열매를 맺고 싶으면 먼저 좋은 나무가 되는 것이 급선무입니다. 그렇다면 좋은 나무는 무엇입니까? 이것이 바로 내가 하나님 앞에서 어떤 사람이 되는가 하는 문제입니다. 내가 하나님과 어떤 관계를 맺고 사는 사람인가? 내가 진실로 그리스도인인가? 라는 물음에 답을 가지고 있는 사람입니다. 이것이 바로 정립되고 난 후에 그 결과로 열매는 자연스럽게 맺게 되는 것입니다.

이것을 설명하시기 위해 아무리 많은 이적과 능력을 행했다 하더라도 하나님의 뜻대로 행하지 않으면 천국에 들어갈 수 없다는 것을 말씀하십니다. 이적과 능력을 행하는 것이 풍성한 열매인 것은 분명합니다. 그러나 그 열매는 좋은 나무에서 나온 것이 아니라는 말입니다. 왜냐하면 그건 하나님과는 전혀 상관없는 일이었기 때문입니다. 자기 이름을 내고, 자기만족을 위해 한 것이지 거기에 하나님의 뜻은 없었다는 말입니다. 하나님의 뜻대로 감당해야 합니다. 이것은 어떤 큰 일을 하느냐가 아니라 어떤 일이든 어떤 자세로, 어떤 태도로 감당하느냐 입니다. 아무리 큰 일을 교회가 해 내고, 성도들이 감당한다고 해도 그 일을 하는 자세와 태도가 불손하고, 교만하고, 인간적이면 이미 사탄에게 진 셈입니다. 그건 좋은 열매인 것 같지만 사실은 좋은 나무에서 나온 것이 아니기 때문에 좋은 열매가 아닙니다. 이것은 다 가짜입니다. 마지막 날에는 진짜와 가짜가 드러납니다. 이것은 바로 우리의 신앙의 싸움은 내가 무엇을 하느냐(Doing)에 있는 것이 아니라 내가 어떤 사람이 되느냐(Being)에 있는 것입니다.

교회에서 봉사를 하고, 구제를 하고, 전도를 하는 일도 중요합니다. 그러나 더 중요한 것은 그러한 봉사를 하도록 하는 하나님과의 바른 관계입니다. 하나님을 사랑하기 때문에 주어진 일들을 감당하는 것인데 하나님과는 상관없는 경우가 많습니다. 하나님과 상관없는 멋진 일을 교회 내에서도 얼마든지 할 수 있습니다. 이렇게 행하는 열심은 자신뿐만 아니라 다른 사람에게 많은 상처를 주기 쉽습니다. 우리가 교회 일을 하면서 느끼는 것은, 열심히 섬기는 사람치고 가까이 하고 싶은 사람이 별로 없다는 것입니다. 대부분이 불평하고, 거칠고, 불손하고, 자기 자랑이 많습니다. 이런 좋지 못한 열매가 나오게 되는 이유가 무엇입니까? 이것은 좋은 나무가 안 된 것입니다. 무슨 일을 하든지 좋은 나무가 되어야 합니다. 그래야 그 곳에서 좋은 열매가 맺히는 법입니다. 너무 많은 일을 하려하지 말고 어떤 일이든 하나님의 뜻을 묻고, 더 깊은 영적인 사람, 즉 좋은 나무가 되십시오. 신앙은 Being의 문제이지 Doing의 문제가 아닙니다.

3. 휴머니즘과 기독교

신앙이냐 아니냐를 구분하는 기준 중의 하나는 "내가 나를 완성시키는 것인가?" 아니면 "나 아닌 다른 이에게 나를 맡기느냐?"의 싸움입니다. 전자는 내가 노력하는 것과 나 자신이 무엇을 갖추어야 하는 조건을 요구하지만 후자는 내가 할 수 없다는 것을 인정하는 것입니다. 전자를 우리는 휴머니즘이라 말하고 후자를 신앙이라고 말합니다.

휴머니즘라는 것은 그 전제가 인간에게는 선한 의도와 착한 부분이 있다는 것입니다. 깡패 사회에도 조금의 사랑이 있다는 것을 의리라는 것으로 표현합니다. 그래서 그것을 들추어내는 과정을 인간애라는 것으로 표현하는 것입니다. 세상의 모든 문화는 이 휴머니즘으로 시작하고 끝맺게 되는 것입니다. 그러나 신앙은 휴머니즘과는 근본적으로 다릅니다. 나 자신 안에는 선한 것이 나올 수가 없고 내가 아닌 다른 제 삼자에게 나를 맡겨야만 내가 살 수 있다는 고백입니다.

교회에 사랑이 없다(?)

많은 경우 기독교를 멋지고 수준 있는 휴머니즘으로 생각하는 사람들이 있습니다. 그래서 예수를 믿는다는 것이 반듯한 사람,

교양 있는 사람, 수준 있는 사람을 만드는 정도로 생각합니다. 불교나 다른 종교를 믿어도 상관없는데 그래도 기독교가 더 세련되어 보여서 교회를 선택합니다. 구원이라는 것도 자기를 극대화 하는 것이라고 주장합니다. 그래서 이런 사람들은 상식적으로 이해되지 않는 기독교는 배척합니다. '최소한 인간은 이래야 한다'라는 신앙의 기준을 가지고 있는 사람들입니다. "교회에 사랑이 없다"라는 비판을 하지만 그들이 말하는 사랑은 인간애 그 이상도 이하도 아닙니다. 그러나 이것은 기독교를 가장한 휴머니즘입니다.

왜냐하면 이런 사람들은 다른 건 다 용납하지만 기독교가 자신의 자존심을 파고 들어오지는 못하도록 철저히 경계하면서 신앙생활을 하기 때문입니다. 자신을 죄인 취급하는 것, 뭔가 부족한 것이 많은 사람으로 취급 받는 것을 싫어합니다. 그래서 예수를 믿어도 교양 있게, 폼 나게 믿으려고 하는 것입니다. 이들은 교인들이 눈물을 흘리면서 기도하는 꼴을 못 봅니다. 설교를 들을 때도 다리를 꼬고 팔짱을 낀 채로, 조금 감동이 되면 눈물도 딱 한 방울만 흘립니다. 자신의 흐트러진 모습이 다른 교인들에게 보일까봐 전전긍긍합니다. 자기 자신을 하나님께로 내어드리지 않고도 얼마든지 신앙생활을 잘 할 수 있다고 믿는 그릇된 신념 때문입니다. 하나님을 믿는다고 하면서도 결국 자신의 체면과 자존심을 더 믿고 있는 사람이기 때문에 하나님 앞에서도 떳떳하려고만 생각하지 자신을 포기하지는 않습니다.

또 이런 사람들은 계명과 윤리를 철저히 지키고 무언가 합당한 일을 하는 것에 더 관심을 가집니다. 교회도 뭔가 인간의 자기계발을 위한 프로그램도 있어야 한다고 주장합니다. 자기 수양, 자기 성찰을 위해 교회도 오픈 해야 한다고 생각합니다. 그런데 그 자기 완성이라는 것이 알고 보면 하나님과 상관없는 것들이 대부분입니다. 종교적 유희, 재미와 오락거리를 위해 교회에 다니지 자신은 절대로 하나님께 내어 놓지 않으면서 자기완성을 이룰 수 있다고 생각하는 것은 어불성설입니다.

휴머니즘을 포기하는 곳

많은 사람들이 오늘날 구원을 이루기 위해 자신의 노력으로 무언가를 하려고 합니다. 세상의 모든 문화와 종교 집단들은 계속해서 인간 안에는 뭔가 스스로 구원을 얻을만한 요소가 조금은 남아 있다는 메시지를 전하려고 합니다. 그 구원이 하나님의 약속에서 시작되고 있다는 것을 전혀 모른 체 인간이 얼마든지 노력하고 자기 계발을 하면 이룰 수 있다고 합니다. 그리고 이러한 잘못된 생각과 사상들에 젖어 있는 많은 사람들이 교회에 들어오고 있습니다. 조금만 깊이 들어가 보면 그들에게는 기독교의 진리와 신앙의 본질에 관한 이해는 없고, 이게 기독교의 진리인지 아닌지 조차 모르면서 그저 '좋은 게 좋다'라는 식으로 신앙생활하는 사람들이 점점 늘어나고 있습니다. 그래서 교회 내에 있는 소위 신자라고 하는 많은 사람들이 휴머니즘적 가치로 터

무니없는 것을 교회에게 요구하고 있고 또 교회는 그것이 신앙의 본질인냥 따라 가고 있습니다.

교회는 휴머니즘을 극대화하는 장소가 아닙니다. 그 휴머니즘을 포기하도록 하는 곳입니다. 휴머니즘적 사고방식은 바로 무언가 그럴듯한 것을 교회가 함으로써 자신의 죄 문제를 건드리지 않고, 하나님 앞에서 통회하고 가슴 아파하는 것 없이 멋지게 그리고 폼 나게 신앙생활하자는 의도입니다. 예수를 믿는다는 것이 나 자신은 가만히 놔 둔 채로 환경과 조건을 충족시키는 싸움으로 가고 있는 한 그 교회는 망합니다. 나 자신이 하나님의 주권 아래로 들어와야 합니다.

4. 신앙은 경쟁이 아니다

　사람이 무엇을 소원하느냐 하는 것은 생애에서 대단히 중요합니다. 소원이 바로 그 사람의 사람됨을 보여주기 때문입니다. 악한 일을 소원하는 사람은 악한 사람입니다. 먹고 사는 것이 소원의 전부인 사람은 그만한 사람입니다. 무엇을 소원하고 목표를 가지느냐에 따라 그 사람의 삶 자체가 그것에 지배를 받게 되어 있습니다.

　성경은 이러한 소원과 욕구를 정죄하지 않습니다. 원칙적으로 기독교는 금욕주의도 염세주의도 아닙니다. 그러나 이런 소원들은 하나님 앞에서 먼저 정당해야 합니다. 그리고 정당한 소원일지라도 그것은 다스려져야 하고 제한되어야 합니다. 왜냐하면 죄로 타락한 인간의 소원은 자칫 잘못하면 끝이 없기 때문입니다. 또 중요한 것은 보다 차원 높은 소원이 있어야 합니다. 그리스도인으로서의 소원이 있어야 합니다. 믿지 않는 사람들과는 다른 차원의 소원을 가질 줄 알아야 합니다.

　대부분의 그리스도인은 기도를 어떤 소원을 아뢰어 응답 받는 것으로 생각합니다. 그러나 기도의 본질은 이것이 아닙니다. 우리가 기도를 하는 이유가 무엇입니까? 그것은 나에게 불가능한 일이 얼마나 많이 있는가를 인정하는 것입니다. 다시 말하면, 내가 하고 싶은 대로 다 할 수 있는 게 아니고 하나님이 허락하시는 일을 해야 한다는 것입니다.

주기도문

예수님은 우리가 기도할 때 아버지에게 기도하라고 그 대상을 분명하게 제시하셨습니다. 우리의 기도를 들으시는 분이 하나님이신데 그 하나님은 우리의 아버지가 된다는 말입니다. 부모는 자녀들에게 지금 필요한 것이 무엇인지를 아는 사람입니다. 그래서 자녀들에게 필요한 것을 해줍니다.

그러나 아무 것이나 아무렇게나 다 주는 것은 아닙니다. 아이들이 욕망하는 것과 아이들에게 정말 필요한 것은 같을 수가 없기 때문입니다. 그러니까 그리스도인들은 기도를 통해서 나와 하나님과의 바른 관계를 늘 돈독히 해야 합니다. 칭얼대면 하나님이 다 들어주시는 한 방법으로 기도를 가지고 있을 것이 아니라 하나님이 나에게 가장 적합하고 가장 알맞은 것을 주시고 계시다는 그 믿음을 잘 유지해야 하는 것입니다.

저는 개인적으로 기도할 때 어떤 목표를 정하고 어떤 것을 이루어지게 해 달라고 기도를 잘 하지 않습니다. "3년 안에 몇 백 명으로 성장하게 해 주소서, 또는 선교사를 몇 명 파송하게 하소서." 이런 기도는 잘 하지 않습니다. 단지 나는 하나님이 원하시는 것이 무엇인지, 나와 교회와 사역을 통해 하나님이 무엇을 요구하고 계신지를 알고 그렇게 살게 해달라고 기도합니다.

성도들을 위해서 기도할 때도, 일일이 조목조목 다 기도하지 않습니다. 성도들이 하나님이 어떤 분이신지를 경험하기만을 위해 기도합니다. 목사가 일일이 성도들의 사소한 부분까지 알아야 기도해 줄 수 있다고 생각하는데 그렇지 않습니다. 그렇게 되면 목사가 무슨 점쟁이처럼 됩니다. '이런 장사를 해라. 이런 사업을 하면 성공합니다.' 이런 게 아닙니다. 그저 무엇을 하시든 그곳에서 하나님을 경험하고 하나님의 뜻을 이루기를 위해 기도합니다.

하나님이 우리를 부르신 데에는 우리에게 소원하는 바가 있어서입니다. 우리는 하나님을 믿었으니 하나님께 소원을 아뢰어서 그것을 이루자라는 쪽으로 생각하지만 하나님은 우리를 향한 어떤 뜻과 계획을 이루시기 위해 부르신 것입니다. 하나님의 계획 안에 우리가 들어 있다는 것입니다. 여기에는 내가 지금 성공하느냐 높아지느냐 하는 것이 아니라 하나님이 우리를 바꾸시려는 것이 중요한 내용으로 들어 있습니다.

내가 하나님의 사람이 되어야 합니다.

우리는 하나님의 일을 열심히만 하면 하나님의 나라는 이루어지고 가까워진다고 생각하지만 하나님의 나라는 보이게 임하는 것이 아니고 여기 있다 저기 있다 하는 것도 아닙니다. 하나님의 나라는 우리 마음속에 있다고 성경은 말합니다. 이건 무슨 말입니까?

하나님의 뜻이 온전히 이루어지는 것은 하나님과 관계된 일을 하는 것이 아니라 먼저 내가 하나님과 관계되어야 한다는 것입니다. 나 자신이 먼저 하나님과 깊은 관계를 가지고 난 후에야 내가 하는 일이 하나님의 뜻에 맞는 일이 된다는 것입니다. 나의 인격과 나의 계획이 하나님 앞에 항복하지 않고 행하는 무수한 일들은 하나님의 일이 아닙니다.

신자들은 기도를 경쟁적으로 합니다. 내가 기도하는 것이 하나님을 믿는 고백의 차원이어야 하는데 기도를 경쟁하듯 사용하면 안 됩니다. 신앙생활에는 경쟁이라는 단어는 없습니다. 오직 순종만 있을 뿐입니다. 교회끼리 서로 경쟁을 하면 안 됩니다. 각 교회는 각 교회마다 하나님이 주신 뜻과 계획이 있습니다. 그것을 그 교회가 감당하고 순종하면 되는 것입니다.

목회자들은 서로 경쟁할 이유가 없습니다. 서로 보완하고 서로 협력하면 되는 것이고 무엇보다도 자신의 목회지에서 최선을 다해 섬기면 됩니다. 교회는 내가 아니면 안 된다는 생각도 버려야 하고 누구누구 없으면 안 된다는 생각도 버려야 합니다. 왜냐하면 교회는 나 때문에 또 누구누구 때문에 움직여지는 것이 아니고 하나님이 교회를 붙들고 계시기 때문입니다. 단지 우리는 그 일에 쓰임을 받을 뿐입니다.

5. 제대로 알고 기도합시다.

　기도의 정의를 어떻게 내리면 될까요? 사실 기도는 훈련으로 되는 것이 아닙니다. 기도는 기도에 관한 책을 탐독한다고 되는 것도 아닙니다. 기도를 연습 한다고 되는 것도 아닙니다. 기도는 실제로 하는 것입니다. 그런데 기도를 놓고 말할 때 어떤 분들은 기도가 굉장히 어렵다고 하고, 어떤 분들은 기도는 쉬운 것이라고 말합니다. 사실 기도는 쉽기도 하고 어려운 부분이 있기도 합니다. 쉽다고 생각하는 사람은 기도의 방법이나 순서는 별로 중요하게 생각지 않기 때문일 것이고, 기도가 어렵다고 하시는 분들은 잘하는 기도를 하고 싶은 욕심 때문일 것입니다.

　또 기도에 관한 정의도 너무나 다양합니다. 소원을 아뢰는 것, 하나님께 도와 달라고 하는 것, 묵상하는 것, 부르짖는 것, 어린아이 같은 마음이 되는 것, 하나님과 나누는 대화 등 여러 가지 다양한 의미로 정의할 수 있을 것입니다. 기도에는 이런 부분들이 어느 정도 조금씩 포함되지만 기도의 성경적 의미를 살펴보는 것이 마땅할 것입니다. 그런데 성경에 나와 있는 기도에 관한 내용들도 딱 한가지로 꼬집어 정의를 내릴 수 없을 만큼 다양합니다.

기도의 언어

예수님의 기도에 대한 가르침을 통해서 어느 정도는 기도에 관한 이해를 할 수 있을 것입니다. 그래서 주님이 가르쳐 주신 주기도문을 철저하게 공부하면 기도에 대해서 이해할 수 있다고 합니다. 물론 주기도문은 우리에게 가르쳐 주신 기도의 본이고 중요한 내용이기는 합니다. 그러나 예수님이 시시때때로 기도하셨던 그 기도의 내용과 자세와 태도를 주기도문에 다 포함하신 것은 아니라고 생각합니다.

그래서 저는 우리 주님이 몸소 행하셨던 기도의 모습과 내용을 알고 싶은 것입니다. 특별히 제가 관심을 갖는 것은 기도에 사용되는 언어입니다. 기도라는 것은 언어로 표현되는 하나의 영적 습관이기 때문입니다. 하나님과 친히 대화를 나누셨던 주님은 하나님과의 기도 속에서 너무나 분명하고도 절제되고 명확한 언어로 기도하셨다고 생각합니다.

우리의 생각도 알고 보면 언어입니다. 우리의 마음도 언어로 그려질 수 있습니다. 그 언어가 두 사람 이상과 나누는 것을 대화라고 합니다. 다수에게 일방적으로 전해지는 것을 발표 또는 선포라고 합니다. 그 언어를 미적 감각과 절제된 언어로 표현해 내는 것을 시라 말합니다. 인간의 삶을 다양한 언어로 재구성해 낸 것을 소설이라고 합니다.

그래서 기도는 하나님과 기도하는 사람이 주고받는 언어로 구성되어 있고 그 언어에 자신을 싣는 행위입니다. 또 하나님도 하나님의 언어로 우리에게 자신을 실어서 보여 주십니다. 끊임없는 언어의 구성과 조합의 시간이 기도의 시간입니다. 문제는 우리 인간이 지금 사용하고 있는 언어는 상당 부분 병들어 있고 타락해서 곪아 있다는 것입니다. 하나님은 전혀 변하신 것이 없고 창세전이나 지금이나 동일한 언어를 사용하시지만 우리는 그렇지 않습니다. 이것은 비단 인간이 하는 말이 사람을 사랑하고 축복해 주는 말을 빈번하게 사용하지 않고 있는 것에 대한 반성의 차원이 아닙니다.

축복의 말과 기도는 다르다

많은 언어심리학자들은 부정적인 말보다 긍정적인 말, 저주하는 말보다는 축복하는 말을 사용하라고 강조합니다. 남에게 상처가 되는 말은 반드시 자신에게 되돌아오게 되는데 그러면 자신도 망하고 남도 아프게 한다는 것입니다. 그래서 우리의 언어생활이 좀 더 좋은 것들로 가득하면 이 사회에 행복이 온다고 가르칩니다.

그러나 기도는 이런 차원이 아닙니다. 우리의 언어가 타락했다는 것은 남에게 상처를 주는 말로 변했고, 남을 저주하는 말로 변했다는 그런 차원이 아니라 우리가 지금 내뱉고 있는 말 한마디 한마디의 원래의 뜻을 상실해 버렸다는 뜻입니다. 말은 하고 있지만 그 단어의 정확한 뜻을 상실해 버린 채 말하고 있습니다. 그래서 바른 기도를 못하고 있습니다.

언어는 어디서부터 시작하는가? 언어는 인간에게서 시작된 것이 아니라 하나님에게서부터 출발합니다. 천지를 창조하실 때 우주 만물이 생겨나도록 친히 말씀하신 분이 하나님이십니다. 하나님이 인간을 만드시고 난 후에 인간에게는 언어가 생겨났습니다. 자신을 만드신 하나님과의 관계를 위해 인간에게는 언어가 주어진 것입니다. 그리고 사람들과의 관계로 그 언어는 범위가 확대된 것입니다. 그런데 죄로 말미암아 인간은 타락을 했는데 그 중에 가장 심각한 것이 언어의 타락입니다.

왜냐하면 사단이 인간에게 범죄하도록 유혹할 때 사용했던 것이 언어의 장난, 다시 말하면 단어의 원래 의미와 언어의 기능을 변질시켜서 사용했기 때문입니다. 사단은 하와를 유혹하면서 하나님의 말씀을 가지고 장난을 쳤습니다. "이 실과를 먹는 날에는 눈이 밝아져 하나님과 같이 될 것이고 결코 죽지 않게 될 것이다"라고 유혹했습니다. 이 유혹에 넘어갔다는 것은 더 이상 인간은 하나님이 원하시는 언어, 하나님이 원래 의도하셨던 순수한 언어 사용을 더 이상 하지 못하게 된다는 뜻입니다. 그 이후 인간의 모든 역사는 이 언어의 타락으로 인한 상처와 갈등과 적대감으로 가득 차게 된 것입니다.

인간의 타락과는 반대로 예수님의 시험을 물리치는 내용은 바로 예수님이 얼마나 하나님의 언어에 정통한 사람이었는가를 보여주는 실례입니다. 주님은 마귀의 시험을 하나님의 말씀으로 물리치셨습니다. 이것은 단순히 예수님이 성경지식이 많고 암송하고 있는 구절이 많아서가 아닙니다.

기도의 대상

주님은 하나님과 나누는 대화에서 그가 사용하는 언어의 뜻을 정확하게 알고 있었습니다. 인간이 실수하여 타락하게 된 언어가 예수님이 사탄을 물리치신 것을 통해 회복되어야 한다는 당위성을 보여 주시는 것입니다. 그리고 우리에게 일어나는 시험을 이길 수 있는 길도 제시하고 계십니다. 그것은 바로 기도입니다. 다시 말하면 하나님이 원래 의도하셨던 언어를 회복하는 것입니다.

그래서 저는 기도를 이런 관점에서 회복하기를 원합니다. 기도를 통해 얻고자 하는 것이 있다면 잃어버렸던 원래 언어의 뜻입니다. 하나님이 우리 인간에게 주셨던 그때의 언어의 본질을 회복하는 것입니다. 기도라는 것은 일방적인 요구나 선포가 아닙니다. 우리의 기도를 들으시는 대상이 있는 것입니다.

우리의 언어를 다시 고쳐주시고 그릇된 개념에서 벗어나 원래의 의미를 깨달을 수 있도록 지도하시는 분이 우리 기도의 대상이십니다. 바로 그 분이 하나님이십니다. 이 분과의 대화에는 새로움이 있습니다. 경외심이 있습니다. 두려움마저 있습니다. 왜냐하면 아무렇게나 내뱉으면서 사용했던 우리의 언어에 대한 책임을 물으시는 시간이기 때문입니다. 그래서 기도하는 이 시간은 하나님의 마음을 읽는 시간입니다. 그리고 내 마음과 생각을 바르게 고치는 시간입니다.

6. 봉사는 일이 아니라 우리를 위한 것이다.

　여러분은 보리떡 다섯 개와 물고기 두 마리로 오천 명을 먹인 사건을 잘 아실 겁니다. 저는 이 사건을 보면서 기적이 가지는 짜릿함 보다는 오히려 봉사와 헌신의 원리를 찬찬히 배우게 됩니다. 성경에 보면, 예수님이 빌립에게 물으십니다. "우리가 어디서 떡을 사서 이 사람들로 먹게 하겠느냐?" 이 질문은 예수님이 스스로 하시려는 일에 무언가가 부족해서도, 또 빌립이 그것을 제대로 하나 못 하나를 시험하기 위해서도 아닙니다. 이 질문은 우리 쪽에서 생각하는 '수단'과 예수님이 생각하는 '수단'이 어떻게 다른가를 우리에게 확인시키는 것입니다.

　빌립이 생각한 방법은 돈이었습니다. 우리도 마찬가지로 이렇게 대답했을 것입니다. 돈이 있어야 떡을 살 수 있으니까요. 그런데 예수님은 전혀 도움이 되지 않을 듯한 어린아이를 등장시키십니다. 여기서 우리는 어린아이가 바친 오병이어가 기적이 일어나는 조건이라고 생각하면 안 됩니다. 떡을 맡겼기 때문에 부풀려 주었다는 뜻은 더더욱 아닙니다. 예수님은 떡이 아닌 돌들로도 떡덩이가 되게 하실 수 있기 때문입니다. 어린 아이가 오병이어를 바친 것은 자기의 진심을 주의 손에 맡긴 행위이기에 쓰일 수 있었던 것입니다. 우리가 맡기는 것은 우리의 진심이며 스스로의 권리에 대한 포기입니다. 맡기는 것 자체가 이루어질 일의 씨앗은 아닌 것입니다. 즉 우리는 우리가 소원하는 일을 이루기 위해 조건이나 씨앗을 바치는 것이 아닙니다. 주님은 어린 아이가 바친 조건을 오히려 부스러뜨렸습니다. 우리 쪽에서 내 놓는 그 어떤 것도 예수님이 능력 있게 일하실 방법이 되는 것이 아닙니다. 오히려 오병이어를 바치는 진심과 헌신이 중요합니다. 우리는 교회에 무슨 일이 있어서 돈이 필요할 때, 헌금을 하면 그 헌금 자체가 무슨 일을 하는 데 사용되었다고 생각합니다. 그러나 돈이 받아들여진 것이 아니고 돈을 하나님 앞에 맡긴 내 헌신이 받아들여진 것뿐입니다.

어떻게 나를 비우느냐

예수님이 빌립에게 질문하신 상황과 우리의 상황이 다르지 않습니다. 내가 가진 것을 꺼내 놓는 것으로 많은 사람들을 다 먹일 수는 없습니다. 또 그것을 마련할 수도 없습니다. 늘 기억해야 할 것은, 내가 꺼내 놓은 것이 어떤 목적이나 결과를 이루는 조건이 아니라는 것입니다. 그것 뒤에는 어떻게 나를 맡기느냐의 싸움이 도사리고 있는 것입니다. 성경은 언제나 "어떻게 나를 비우고 죽여서 주 앞에 쓰임을 받게 하느냐?"는 것을 봉사, 또는 헌신이라고 합니다. 우리가 우리의 힘으로 그들을 다 먹이는 것을 봉사라고 하지 않습니다. 신자들의 봉사만큼 이런 면에서 오해되어 나타나는 것도 없습니다. 우리는 스스로 5천 명을 다 먹이려고 굉장한 열심을 내고 있습니다. 돈을 만들어 5천명을 다 먹이기 위해 동분서주하는 것이 우리가 생각하는 봉사입니다. 그러나 봉사는 이런 것이 아닙니다. 주님 대신 내가 일하는 것을 봉사라고 생각하는 우리의 생각부터 고쳐야 합니다. 주께서 하실 일이 전혀 없도록 만드는 것은 결코 봉사가 아닙니다. 내가 일하는 것, 그것을 어떻게 내가 아닌 주님이 나타나는 것으로 바꾸느냐의 싸움이 봉사인 것입니다. 우리의 생애와 '나'라는 존재를 통해서 주님이 누구이신가가 나타나도록 하는 것이 바로 봉사입니다. 봉사라는 것은 그것이 하나의 수단으로 여겨져야 하는데 봉사 자체가 목적이 되면 안 됩니다.

성도들 사이에는 교회의 여러 가지 일을 하는 것을 봉사라고 잘못 생각하는 사람들이 있습니다. 성가대원, 교사, 또는 안내위원을 한다는 것이, 무엇을 나타내는 일이며 무엇을 목적으로 하는 수단인가? 라는 생각은 없고 그것 자체를 봉사로 생각한다는 말입니다. 이것은 좀 곤란합니다. 그 봉사로 인해 예수 그리스도 안에 있는 열매가 얼마나 더 나타나는가, 다시 말하면 그리스도 자신이 얼마나 많이 나타나며, 표현되는가 하는 의미에서 봉사가 등장하는 것입니다. 빌립보서 2장 7-8절에, "예수님이 자신을 비우셔서……. 사람의 모양으로 나타나셨으매……." 라는 말씀이 있습니다. '자기를 비운다.' 는 것은 예수님 스스로 하신 일이고, '나타나셨다.' 라는 것은 수동형이기 때문에 비운 다음에 무엇이 되는가 하는 문제는 예수님 자신이 하는 일은 아니라는 뜻입니다. 그러니까 나를 비워 나의 권리를 주님께 드리는 것은 내가 할 일입니다. 그러나 드려진 나를 무엇으로 사용하며 무엇으로 만드느냐하는 것은 우리 소관이 아니고 하나님의 권리입니다. 그런데 우리는 대부분 "나를 비웠으니 무엇으로 만들어 주십시오."라는 것까지 요구합니다. 이 부분에서 혼동하고 있는 것입니다. 예수님이 우리를 통해 일하시기 전에 내가 나 자신을 먼저 비운다는, 이 일 없이는 아무 일도 일어나지 않는 다는 사실을 알아야 합니다.

주 앞에 봉사한다는 것은 우리의 가진 것으로 할 수 있는 일이 아닙니다. 한국에 가면 젊은이들 사역과 부흥으로 유명한 교회가 있습니다. 그 교회에서 강조하는 내용은 젊은이들이 실력을 기르고 세상 사람들보다 높아져야 한다는 것입니다. 그래야 하나님을 위해 더 많이 쓰임 받게 된다는 것입니다. 틀린 말은 아닙니다. 그러나 봉사와 헌신은 내가 가지고 있는 것으로만 쓰여지는 게 아니라는 것을 놓치면 엘리트 의식에 사로잡히는 그리스도인이 됩니다. 우리에게는 자신을 비우는 것과, 자신을 주님께 의탁하는 것과 자신을 죽이는 것이 먼저이고 더 중요합니다. 이렇게 비운 자에게 하나님은 물질을, 지식을, 또 명예를 맡기실 수 있는 것입니다. 내가 내 것으로 내어놓아 봉사하는 것이 아닙니다. 이 문제를 잘못 생각하면, 이왕이면 돈이 많은 자가 하나님께 봉사를 잘 할 수 있고, 많이 배우고, 또 경험이 많은 사람이 봉사를 더 잘 할 수 있을 거라고 생각합니다. 그러나 그렇지 않습니다. 하나님이 어떤 사람은 물질로 사용하신다면 어떤 사람은 가난으로도 사용하십니다. 어떤 사람은 지식으로 사용하신다면 어떤 사람은 무식한 것으로도 사용하시고, 어떤 사람은 풍부한 경험으로 사용하시지만 어떤 사람은 순진한 어린 아이들로도 사용하신다는 점입니다.

나를 증명하지 말라

많은 성도들이 열심과 정열은 있지만, 정작 하나님이 무엇을 요구하셨는가 하는 문제에는 초점이 어긋나 있습니다. 그래서 좋은 신앙을 가지고 있으면서도 남에게 상처를 줍니다. "나는 이것을 했는데 당신들은 무엇을 했느냐?"고 합니다. 이때 우리는 자신에게 질문해야 합니다. "지금 너와 나는 누구 수하에 있느냐? 지금 너와 나의 주인은 누구인가? 그리스도 앞에 너와 나를 비우고 있는가?" 하나님의 뜻을 알고 어디로 갈 것이며 무엇을 할 것인가를 정하는 것이 그분을 위해 어떤 일을 해드리는 것보다 더 중요합니다. 세상은 결국 자신을 증명하기 위해 "이것을 이루어 낸 나"를 보라고 한다면, 성도는 언제나 그 일을 이루신 하나님이 증명되는 것만으로 나 자신이 존재하는 것입니다. 이 부분에서 잘못하면 신앙생활의 봉사가 또한 나를 증명하는 세상적인 일이 되고 맙니다. 이 부분이 어려운 이유는 나를 포기하는 것만큼 힘든 일이 없기 때문입니다.

7. 진리이냐? 열심이냐?

현대인들의 특징은 진리보다는 열심과 재미를 더 좋아한다는 사실입니다. 클래식을 듣고 즐거워하기란 쉽지 않습니다. 왜냐하면 음악은 너무 깊이 들어가 있는데 관객은 그걸 이해하기에 너무 동떨어져 있기 때문입니다. 그래서 요즘은 이것에 대한 반발로 현대음악이 등장하게 되었는데 이 음악의 특징은 강한 비트 중심이라는 것입니다. 옛날의 음악은 연주와 멜로디와 가사의 하모니가 강조되었습니다. 그런데 지금은 빠른 리듬과 비트로만 갑니다. 그래서 현대 음악은 만들기가 쉬운지도 모릅니다. 왜냐하면 멜로디와 가사의 조화는 전문성이 요구되지만 리듬과 비트는 뻔하기 때문입니다.

쾌지나 칭칭 나네

젊은이들은 음악을 감상하러 가는 것이 아니라 고함을 지르러 갑니다. 그래서 누가 연주자이고 누가 청중인지 구분이 없는 걸 즐깁니다. 고함을 지르고 몸을 흔들고 땀을 흘리기에는 나이트클럽처럼 좋은 곳이 없다고 생각합니다. 간혹 젊은이들 중에는 수련회 기간 동안 누가 빨리 목이 쉬었는가로 은혜의 정도를 판가름하기도 합니다. 깨달은 진리가 무엇이고 어떤 지혜를 가지게 되었느냐 하는 것보다 내가 얼마나 매달렸느냐에 열광합니다. 이런 열심과 광기가 교회 안에도 다분히 들어와 있습니다. 어떤 교회에는 성도들이 나누는 거의 대부분의 대화가 "할렐루야, 아멘"인 경우가 있습니다. 이 말을 입에 달고 삽니다. 그러나 무엇에 대한 할렐루야이고 아멘인지는 모릅니다. 그저 "쾌지나 칭칭 나네"와 같은 비트와 리듬만 있지 멜로디와 가사가 없다는 것입니다. 다시 말하면 교회 안에 진리에 대한 메시지가 없다는 것입니다. 어떤 각성과 열심과 각오는 대단한데 내용이 없습니다. 진리라는 내용은 온데간데없고 흥분하고 취하는 열심만 있다는 것입니다.

교회 내의 어떤 일들을 운동으로 생각하면 안 됩니다. 누가 더 열심을 내느냐에 매달려 있으면 안 됩니다. 또 모든 사람들이 열심을 내지 않는 것을 못마땅하게 생각해서도 안 됩니다. 왜냐하면 열심 하나만 보면 신앙이 좋은 사람이지만 그 내용이 진리가 아니면 열광주의에 빠질 우려가 있기 때문입니다. 교회가 열광적으로 무슨 일을 해 내는 곳으로 전락해 버리면 진리라든지, 생명이라든지, 복음이라든지, 하나님의 뜻이라든지 하는 것이 들어설 자리가 없어집니다.

소외감을 못 견디는 사람

소외감을 떨쳐버리기는 굉장히 어렵습니다. 왜냐하면 사람은 집단적인 열심에서 빠지면 소외감을 느끼기 때문입니다. 어떤 열심에 동참하는 한 자신은 소외감을 느끼지 않기 때문에 자신이 초라하다는 생각을 하지 못합니다. 이런 저런 큰일을 하는 교회에 몸담고 있는 한 자신의 신앙도 거기에 동참을 한다고 생각하고 나아가 자신의 신앙에 대단한 만족을 느끼게 된다는 것입니다. 이것을 심리학자들은 사회적인 만족감이라고 말합니다. 그러나 신앙생활은 이런 집단적인 만족감에서 오는 감정이 아닙니다. 또 이런 감정을 부추겨서도 안 됩니다. 왜냐하면 집단의 신앙이 내 신앙수준을 말하는 것이 아니기 때문입니다. 실제로 내가 그 무리 안에서 만족하는 내용이 있어야 합니다. 실제로 만족하는 무언가가 있어야 하는 것이지 거기에 속해 있다는 느낌이 만족이 아니라는 말입니다. 내가 만족하다는 느낌을 가지려는 신앙생활은 번지수가 틀린 것입니다.

기독교와 다른 종교의 차이는 다른 종교는 일종의 부적과 주문의 신앙이라는 점입니다. 이건 다른 말로 하면, 믿는바 신앙의 내용이 중요한 것이 아니라 내가 믿는다는 사실이 더 중요하다는 것입니다. 어떤 주문을 외우더라도 어떤 결과가 생기는 것만 알고 있는 아주 유치한 신앙상태를 말합니다. 부적이라는 것은 그게 무슨 뜻인지 몰라도 그것만 팬티 속에 넣고 다니면 물에 빠져도 살아날 수 있다고 믿는 것입니다. 이런 종교는 내가 믿는 대상에 대한 이해나 지식이 중요하지 않고 또 신이 요구하는 어떤 수준도 중요하지 않고 단지 내가 필요로 하는 것을 얻기 위한 방법으로만 가지고 있는 것입니다. 그래서 모든 종교는 미신이고 부적, 그 이하도 그 이상도 아닙니다.

공부를 잘 하려면

공부를 잘 하기 위해서는 책을 몽땅 베개를 삼아도 소용없습니다. 책을 몽땅 불 태워도 소용없습니다. 혈서를 쓰고 좋은 책상을 새로 산다고 해도 소용없습니다. 공부를 잘하기 위해서는 남들 놀 때 공부하고 남들 잘 때 공부하면 됩니다. 공부를 잘하겠다고 각오를 단단히 하고 그 느낌을 잃어버리지 않도록 자꾸 부추겨서 공부를 잘하는 게 아니라 실제로 공부를 해야 공부를 잘하는 것입니다. 띠를 두르고 열심의 느낌을 고조시키는 것은 언제든지 할 수 있습니다. 그러나 실제로 공부를 해야 하는 것은 또 다른 싸움이고 숙제입니다. 그런데 우리는 실제로는 아무것도 하지 않으면서 그렇게 해야지 하는 것에는 대단한 열심을 냅니다. 왜냐하면 사람은 천성적으로 게으르고 편한 것을 좋아하기 때문입니다.

우리는 기도를 효과적으로 하는데 관심이 많지 기도의 내용에 대해서는 별 관심이 없습니다. 기도를 시키면 "기도 할 줄 모릅니다."라고 말하는 대부분의 사람은 기도를 효과적인 면과 어떤 평가라는 기준에서 생각하기 때문입니다. 그 내용이 중요한데 말입니다. 우리는 짧게 기도하면서도 빨리 응답 받을 수 있는 길을 찾으려 합니다. 그래서 찾은 것이 나의 열심이고 정성입니다. 이것은 어느 정도의 효과(?)가 있는지 모르겠지만 이런 방향에 관심을 가지는 것은 천성적으로 사람이 영적인 일에 게으르기 때문입니다.

진리를 담고 있는 성경은 우리의 소원을 이룰 수 있는 방법을 말하지 않습니다. 또 하나님이 이런 저런 일을 우리에게 하라고 시키시는 지시사항도 아닙니다. 우리는 신앙생활을 하면서 이런 저런 일을 하는 이유를 하나님이 그것을 원하신다고 생각하기 때문입니다. 그리고 그러한 일을 해 드리면 하나님이 우리에게 복을 주실 것이라라고 믿습니다. 그러나 분명히 알아야 하는 것은, 하나님이 우리에게 이런 저런 일을 하게 하시는 것은 그 일을 목표하고 있는 것이 아니라 그 일에 동참하는 나 자신을 원하기 때문입니다. 우리의 손으로 무슨 큰일을 이루시기를 바라는 것이 아니라 우리 자신이 하나님의 큰일에 주인공이 되기를 원하십니다.

어떤 능력을 크게 행하는 일에 관심이 있는 것이 아니라 그 일을 감당하고 있는 나, 남다르게 감당하고 있는 나, 세상이 전혀 만들 수 없는 나, 하나님의 사람으로 모델이 되는 나, 이런 것이 초점이고 목표인 것입니다. 그래서 하나님은 무슨 일을 시키시든 그 일이 아니라 그 일을 통해 나에게 관심을 가지시는 것입니다. 나에게서 만들어지는 것에 관심이 있는 게 아니라 우리 자신에게 관심이 있으신 것입니다. 우리가 목표라는 말입니다. 그러니까 우리에게 있는 어떤 것들은 엄밀히 말하면 다 액세서리일 뿐입니다.

8. 힘이 들 땐 들어야 한다.

어떤 한 사람이 그랜드캐년을 여행하고 있었습니다. 그런데 그만 높은 낭떠러지에서 발을 헛디뎌서 밑으로 떨어지게 되었습니다. 천만다행으로 벽에서 자란 나무의 가지를 붙잡고는 매달리게 되었습니다. 그 사람은 살려달라고 소리를 쳤습니다. 그런데 위에서는 아무런 대답이 없었습니다. 가지를 잡고 있는 손의 힘은 점점 빠져서 조금만 더 있다가는 이대로 떨어져 죽을 것 같았습니다. 그때 갑자기 하늘에서 한 음성이 들렸습니다. 그건 하나님의 음성이었습니다. "내가 너를 도와주겠다." 그 사람이 너무나 기뻐서 말합니다. "이제부터는 예배시간에도 안 빠지고, 헌금도 꼬박꼬박하고 교회 일도 열심히 하겠습니다." 하나님이 대답하십니다. "그래? 그러면 한 가지만 묻겠다. 너는 나를 믿니?" 그 사람이 자신있게 대답합니다. "그럼요. 전 하나님을 확실히 믿습니다." 그때 하나님이 그 사람에게 말했습니다. "그러면 가지를 잡고 있던 그 손을 놔라" 이 말을 들은 그 사람은 다시 위를 쳐다보면서 말했습니다. "거기 누구 다른 사람 없소?"

일사천리

우리는 예수를 믿으면 그때부터 모든 것이 일사천리가 될 것이라고 생각합니다. 그리고 교회를 위해 많은 봉사를 하면 하나님이 그것을 보상해 주실 거라고 믿습니다. 그래서 성경이 말하는 '시험을 면해 줍니다.'라는 것을 시험을 보지 않아도 되는 것이라고 생각합니다. 그러나 성경은 그렇게 말하지 않습니다. 오히려 예수를 믿으면 믿을수록 더 큰 어려움과 시험이 도사리고 있다는 것을 말씀합니다. 단지 그 시험을 이길, 피할 길을 주신다고 하시지 시험에서 제외된다고 하시지 않습니다. 계시록 3장 10절에 보면, 빌라델비아교회가 아무리 충성스러워도 그 충성에 대한 상으로 시험을 면제해 주지는 않습니다. 성경 전체를 놓고 볼 때 이런 보상과 약속을 하는 곳은 없습니다. 성경에서는 신앙의 보상으로 모두가 당해야 하는 시험이나 시련을 면제해 주는 법이 없습니다. 신앙이 좋으니까 평안하게 해 주겠다는 그런 약속은 없습니다. 내가 뭔가 주를 위해 열심히 일을 하면 하나님이 나를 안전하게 지켜주실 것이라는 약속은 없습니다.

오늘날 우리가 시급히 재정리해야 할 신앙의 주된 내용 중의 하나는, 우리의 신앙을 빙자해서 하나님께 편안하게 해달라고 떼를 쓴다는 것입니다. 이것저것을 해드릴 테니 나에게 필요한 것을 달라는 식입니다. 그래서 더 많은 봉사, 더 많은 노력이 보이지 않는 성도간의 경쟁이 되어 하나님을 우리의 수준으로 섬기려고 하고 있는 것입니다. 하나님이 우리에게 봉사와 섬김을 요구하는 이유는 그것을 통해 우리가 자라나기를 바라시기 때문이지 그것을 조건으로 해서 우리에게 편안을 주겠다는 것은 아닙니다.

이상한 전도지

한국교회가 얼마만큼 이 문제에 관해 어떻게 타협을 하고 있느냐 하면, 교회로 초청하는 전도지들의 문구들조차도 철저하게 그런 각도에서 짜여져 있습니다. "외로우십니까? 교회로 오십시오." "실패하셨습니까? 여기 성공의 자리가 있습니다." 또 어떤 전도지는 건강법과 장수비결 등을 빽빽이 소개하기도 합니다. 물론 이렇게 초대할 수 있습니다. 일단 사람들의 마음을 끌어야 하니까 이런 방법을 쓸 수도 있습니다. 그러나 이건 많은 오해를 불러 일으키게 됩니다. 정말 그렇습니까? 예수를 믿으면 정말로 평안해집니까? 믿기 전보다 모든 일이 다 잘 풀립니까? 아닙니다. 오히려 예수를 믿으면 더 고달파집니다. 예수를 모를 때가 어쩌면 더 쉽습니다. 그런데 예수를 믿고 나면 더 힘들고, 받아야 할 훈련은 더 강도가 높고, 짐은 더 무겁고, 싸워야 할 싸움은 더 많아집니다.

못난 사람, 어린 사람들의 특징이 무엇입니까? 그들은 맨 날 높은 지위만 달라고 합니다. 왜냐하면 그 지위가 갖는 권리에만 관심이 있기 때문입니다. 그러나 철이 들면 어떻게 됩니까? 높은 지위라는 것이 권리를 위해서 있는 것이 아니라 책임이 뒤따른다는 것을 알게 됩니다. 연속극 대장금에서 최 상궁은 최고 상궁의 지위만 탐하고 있는 사람입니다. 그러나 정 상궁과 지금의 최고 상궁 한 상궁은 그 지위에 걸 맞는 책임을 더 귀하게 보는 사람들입니다. 그래서 높은 지위일수록 더 고달프고 부담은 훨씬 많은 것입니다. 신앙생활도 마찬가지입니다. 우리를 더 높은 지위, 더 성숙한 격으로 부르시기 때문에 져야 할 짐이 더 많아지지 누려야 할 복이 많아지지 않습니다. 이런 핵심을 놓치고 말도 되지 않는 헛된 약속이나 남발하는 그런 시대정신과 교회의 문제에 대해 성도들은 정확한 판단과 처방을 가지고 있어야 합니다.

9. 죽음이 없으면 부활도 없다.

 오늘은 부활주일로 지키는 날입니다. 우리는 부활에 관한 성경적 의미를 너무나 잘 알고 있습니다. 죽음을 이기신 사건이고, 사단의 권세를 깨뜨리신 사건이고, 주님의 부활로 인해 예수를 믿는 우리에게 영원한 생명이 주어져 있고, 그 생명을 누리게 될 것이라는 것도 잘 압니다. 부활신앙은 우리에게 해방과 자유함을 가져다주는 것으로, 부활을 믿는 신자는 이제는 더 이상 죽음이라는 고통과 괴로움에 직면하지 않을 것이라는 교리도 익히 잘 알고 있습니다. 그래서 부활주일이 되면 거의 대부분의 교회는 부활하신 주님을 찬양하기에 바쁩니다.

계란 장식

 이런 저런 행사로 분주하게 진행되는 날이 부활주일이기도 합니다. 아이들은 삶은 계란을 예쁘게 색칠해서 서로 선물하기도 하고 어른들은 오래 전부터 준비 해 온 부활절 칸타타 발표나 연극 공연에 신경이 다 쏠리는 그런 주일이기도 합니다. 부활절을 맞이하기 전까지 엄숙을 넘어서 절대절명의 자기절제와 예수님의 고난에 대한 눈물어린 묵상은 부활주일 새벽연합예배를 기점으로 해서 환희와 기쁨의 함성으로 바뀌는 날이 부활주일이기도 합니다. 마치 '더도 말고 덜도 말고 한가위만 같아라'는 우리

나라 속담처럼 정말 '더도 말고 덜도 말고 부활주일만 같아라'는 생각을 가지도록 교회는 온통 잔치와 축제 분위기에 놓이는 날이 부활주일이기도 합니다. 또 그렇게 지내는 것이 부활의 참된 의미라고 생각합니다. 그래서 부활주일을 더 큰 축제 분위기에서 즐겁게 보내는 것이 우리의 모든 문제와 어려움을 한방에 날릴 수 있는 특효약으로 생각합니다.

부활주일만은 죄책감이나 고통이나 죄나 어려움이나 질병에 관해서 말해서는 안 되는 날로 생각합니다. 굳이 그런 것들을 말한다면 이제 그런 것에서 우리는 더 이상 염려할 필요가 없다고 말합니다. 그래서 고난주간의 그 엄숙한 시간과는 극한 대조를 분명하게 드러내어야 한다고 생각합니다. 그래서 부활주일에는 이런 저런 행사와 일이 많습니다. 물론 이런 특별한 행사들도 부분적으로 필요할 것이고 성경적 근거에서 행해지는 것들일 수 있습니다. 의심의 여지없이 부활신앙은 그것을 믿는 우리에게 분명한 기쁨과 생명을 주는 것이기 때문입니다.

부활은 특별 행사가 아니다

그러나 참된 부활신앙은 부활을 부각시킴으로 우리에게 각인되는 것이 아니라 참된 죽음을 통과해야만 바르게 이해될 수 있는 것입니다. 내가 십자가 앞에서 죽었다는 실제적이고 현재적인 경험 없이 치르는 부활절 행사는 하나의 유희에 불과합니다. 우리가 누려야 할 부활의 참된 의미는 우리가 죽을 수밖에 없는 존재라는 것을 깨닫는 것과 비례합니다. 죽을 수밖에 없는 나를 위해 고난을 받으시고 십자가에서 죽으신 주님의 죽음이 내 죽음이라는 것을 경험한 사람이어야 한다는 것입니다. 죽음이 없는데 어떻게 부활을 논할 수 있습니까? 십자가가 없는데 어떻게 빈 무덤을 목격할 수 있습니까? 죽어 본 경험이 없는데 그 사람이 다시 살아난다 해도 그것이 어떻게 부활신앙이라고 할 수 있겠습니까? 매년 치러지는 일회성 행사에서 벗어나 부활신앙이 영원히 신자의 삶에서 나타나야 하는 지속적 경험이 되기 위해서는 단번에 이루신 예수님의 십자가 사건의 참 의미를 반드시 이해해야만 합니다.

예수님 당시와 그 후의 사람들은 주님의 부활사건을 두고 여러 말이 많았습니다. 어떤 사람들은 예수님이 죽으신 것이 아니라 십자가 위에서 잠시 기절하신 것입니다. 그러다가 서늘한 동굴 무덤에 갖다 놓으니까 그때서야 정신이 들어서 동굴을 걸어 나오셔서 살아난 것처럼 되었다고 주장합니다.

어떤 사람은 제자들이 착각을 했을 것이라고 생각합니다. 너무나 예수님이 보고 싶고 예수님의 죽음이 절망적이었기에 그들은 주님이 절대로 죽을 분이 아니라고 생각했는데 그것이 나중에 소문이 되어서 예수님이 부활하신 것이라고 주장하기도 합니다. 이러한 주장은 한 마디로 상고의 가치가 없는 것들입니다. 주님은 십자가에서 물과 피를 다 쏟으셨습니다. 그런 상황에서 기절했다는 말은 거짓입니다. 예수님은 부활 후에 제자들에게 친히 나타나셨습니다. 그리고 십자가에서의 사건을 실제로 만져 보도록 하시면서 각인 시켜 주었습니다.

초대교회 사도들이 복음을 전하면서 두 가지 중요한 교리를 전했습니다. 하나는 예수님의 죽으심이고 다른 하나는 주님의 부활하심이었습니다. 여기에서도 분명합니다. 부활은 죽음과 떼 놓을 수 없는 것입니다. 궁극적으로는 부활신앙이 예수를 믿는 자들에게 각인되고 그 신앙으로 살도록 하겠지만 그리스도의 죽음과 대속의 의미를 통과하지 않은 부활은 반쪽의 신앙이라는 것입니다. 그래서 그들은 부활의 참 기쁨과 승리를 안겨다 주기 전에 자신의 죄와 악한 본성에 대한 회개의 눈물을 먼저 강조하였던 것입니다.

부활과 만병통치약

죽음을 정복하신 주님의 부활을 축하하기 전에 고난 가운데 침묵으로 일관하신 주님의 모습을 보면서 우리는 그 고난에서 하나님 한 분 만으로 만족하는 주님의 깊은 내면세계를 먼저 보아야 합니다. 우리와는 사뭇 다른 흐트러지지 않는 주님의 평정은 하나님으로 말미암는 완전한 만족을 우리에게 보여줍니다. 한 마디의 변명이나 자기 증명이 없이 침묵으로 일관하신 예수님의 모습은 우리가 진정으로 죽는 것이 무엇인지를 가르쳐 줍니다. 나 자신이 십자가와 함께 죽을 때 내 마음속에 찾아오는 내면세계의 평안함 즉, 하나님으로 말미암는 만족감을 보여주는 것입니다. 이것은 바로 하나님과 주님의 관계에서 오는 평정이고 만족감입니다. 수많은 사람들이 자기를 죽이려고 미쳐 날뛰는 것과는 달리, 주님은 요동치 않는 평정함을 보여 주었습니다.

그런데 우리에게 이런 평정함이란 찾아볼 수가 없습니다. 상황이 힘들고 고난이 심해서가 아닙니다. 주위 사람들이 나를 도와주지 않기 때문이 아닙니다. 단 한 가지 이유가 있다면 나와 하나님의 관계가 잘못되어 있기 때문입니다. 하나님과의 관계가 잘못되어 있는 한, 우리가 보는 시각과 관점은 늘 다를 수 있습니다. 하나님과 나의 관계를 흩뜨려 놓는 것은 무엇입니까? 그것은 언제나 내 생각, 내 욕심입니다. 이것이 죽어야 합니다. 이것을 십자가에 못 박아야 합니다. 그래야 진정한 부활신앙이 우리에게 들어 올 수 있는 것입니다.

그런데 죽음 없이 부활을 갈망하는 사람이 있습니다. 오히려 부활 신앙이 나를 변화시킬 수 있다고 생각합니다. 확고한 부활 신앙만이 더 이상 미래의 죽음과 고통과 두려움에서 극복 해 줄 것이라고 말합니다. 속지 마십시오.

부활은 만병통치약이 아닙니다. 자신의 욕심과 정과 세상을 사랑하는 마음을 죽이지 않고 부활을 얻을 수 있다는 사람은 암환자에게 진통제를 먹이는 것과 같습니다. 암세포를 죽이지 않고는 진통제 몇 알로 정상인의 삶을 살 수 없는 것입니다. 가슴이 답답하고 혼란스러울 때, 잠시 그 고통을 잊게 하는 진통제 정도로 부활신앙을 가지고 있다면 그 사람은 아직도 십자가가 무엇인지, 자신이 죽어야 하는 것이 무엇인지를 전혀 모르는 사람입니다.

10. 제대로 다루어지지 않은 기독교

 신약성경은 평화와 전쟁과 문화와 교육에 관한 어떤 일반적인 메시지를 주지 않습니다. 철저한 보수주의 신학을 표방하고 있는 부시 대통령과 그의 각료들이 세계 평화에 대한 근거와 악과의 전쟁에 대한 명분을 성경에서 찾는다고 해도 그들은 그것을 발견 할 수 없습니다. 왜냐하면 성경은 무엇보다도 그리스도에 관해서 말하기 때문입니다. 어떤 분들은 성경에서 삶의 방향을 발견했고 군자(君子)의 도(way)를 깨우쳤다고 하지만 정작 발견해야 할 복음(good news)은 놓치는 사람들이 있습니다. 또 신약 성경은 그 분을 이 세상의 다른 어떤 성자들과도 비교하지 말아야 할 것을 말합니다. 왜냐하면 예수님은 하나님 자신이 이 세상에서 하시고자 하는 일을 직접 수행하신 분이기 때문입니다.

 기독교란 무엇일까요? 복음이야 말로 이 세상의 유일한 희망입니다. 그동안 많은 다른 것들이 이 세상에서 시도되었습니다. 그러나 모두가 부족한 것으로 나타났습니다. 어떤 정치가나, 사상가나, 철학자들에게서 또는 세상 종교들에게서도 희망을 찾을 수가 없습니다. 그들이 고작 발견한 것은 "희망은 멀리 있지 않고 가까이 있습니다."라는 정도입니다. 오직 복음만이 가능합니다.

교회가 뭐하는 곳이야?

체스터튼 이라는 시인은 이렇게 말했습니다. "**기독교는 실패한 적도 부족함이 드러난 적도 없습니다. 다만 어렵다고 여겨져 시도되지 않았을 뿐입니다.**" 이 세상은 한 번도 기독교를 제대로 취급해 본 적이 없습니다. 기독교에 대해 말들은 많이 했고, 지금도 많은 사람들이 기독교를 종교 중의 종교라고 칭찬합니다. 그러나 세상은 기독교의 복음을 소홀히 다루었습니다. 오직 이 세상에 남겨진 교회만이 복음을 진정으로 다루었습니다.

그런데 현대의 가장 큰 비극은 복음이 무엇이고, 교회가 무엇이고, 그리스도인들이 해야 할 본분이 무엇인지에 대한 심각한 혼란에 빠져 있다는 것입니다. "도대체 예수 믿는 것이 뭐지?" "교회가 뭐 하는 곳이지?" 하면서 혼란스러워 하는 모습을 봅니다. 그러나 저는 사람들이 이렇게 혼란스러워 하는 것에 놀라지 않습니다. 왜냐하면 어쩌면 너무나 당연한 결과이기 때문입니다.

기독교를 일종의 낙관론적인 철학으로 생각하는 사람들이 있습니다. 또 도덕과 행위의 문제로 보는 사람들도 있습니다. 그러나 기독교는 이런 시대 흐름이나 사조의 유행이 아닙니다. 기독교는 사실입니다. 교회사는 세계 역사 전반에 걸쳐 나타납니다. 세계사는 바로 교회사를 말한다고 해도 과언이 아닙니다. 교회가 무엇인지, 교회에 일어나고 있는 현상이 무엇인지를 그 누구도 정확하게 말해 줄 수 없습니다. 오직 성경만이 그 대답을 가지고 있습니다.

교회가 무엇인가?

기독교는 가르침이 아니라 인물(person)입니다. 정치에 적용되어야 할 도덕이 아닙니다. 문화에 접목할 가치 기준이 아닙니다. 한 인물에 대해 말하고 있는 것이 기독교입니다. 삶의 질을 높이기 위한 하나의 프로그램이 아닙니다. 우리에게 가장 절실한 것은 바로 한 인물, 그리스도입니다. 기독교의 메시지는 세상의 개선이 아닙니다. 좀 더 나은 유토피아를 목적하는 것이 아니라 이러한 세상에도 불구하고 사람들을 변화시키며 장차 올 영광을 위해 사람들을 준비시키는 것입니다. 이 일을 교회를 통해 하십니다.

그런데 지금의 교회는 이 일을 하고 있지 않습니다. 단지 기독교가 삶의 질을 높여 줄 것이라는 기대 때문에 절(寺)이 아닌 교회를 선택하고, 최소한 그것을 이용할 수 있을 거라고 생각하는 사람들이 점점 교회로 들어옵니다. 물론 이들을 막을 수는 없겠지만 잠자고 있는 그들의 영을 깨워 주어야 할 책임이 교회에 있습니다. 그런데 지금의 교회는 무지를 깨우고 죽어가는 영혼을 일으켜 세우는데 힘쓰는 것이 아니라 잠깐 후면 없어질 육신의 안락과 쾌락을 위해 시간을 낭비하고 있습니다. 기독교의 본질은 여러분에게 무엇을 하라는 것이 아니라 예수님이 여러분을 위해 무엇을 하러 이 땅 위에 오셨는지 말해 준다는 사실을 여러분은 깨닫습니까?

11. 주님의 살과 피

성례에는 세례와 성찬 두 가지가 있습니다. 카톨릭에서는 여기에다가 몇 가지를 첨가해서 7가지의 성례식이 있다고 말합니다. 그러나 성경이 말하는 성례는 성찬과 세례, 두 가지 뿐입니다. 성례(聖禮)는 주님이 친히 제정하신 것인데, 영어로는 'sacrament'이고 라틴어로는 'sacramentum'입니다. 이 말의 원 뜻은 어떤 예식을 말하는 것이 아니라 법률 용어로 '공탁금(供託金)'이라는 말입니다. 법률상 어떤 문제가 생기면 법정에 얼마의 공탁금을 걸게 되는데, 이긴 편에서는 제 돈을 찾아가지만 진 편에서는 그것을 몰수당하게 되는 것입니다. 그래서 속전(贖錢) 또는 약속(約束)이라는 말의 뜻이 들어 있습니다. 그러니까 세례를 받고 성찬에 참여하는 것은 나 자신을 하나님께 온전히 드리는 행위인데, 그 드린 나 자신이 어떤 결과가 되든 순종하겠다는 뜻입니다.

하나님은 우리에게 말씀이라는 특별한 은혜를 주셨습니다. 이것은 구원의 도리를 일깨우고 하나님을 믿는 믿음을 가르치는 것입니다. 아울러 하나님은 우리에게 성례라는 은혜의 방도를 주셨습니다. 하나님의 말씀은 우리에게 구원의 도리를 가르쳐 주는 유일한 것이지만 은혜를 받는 길로는 성찬과 세례라는 두

의식을 주셨습니다. 그래서 성례는 구원을 얻기 위한 길이 되거나 이것을 행하지 않으면 구원이 없다고 말할 수 있는 것은 아닙니다. 그러나 구원 받은 사람은 함께 참여해야 할 의식이 있는데 그것은 친히 주님이 받으신 세례와 친히 주님이 제정하신 성찬입니다.

말씀이 성례보다 우위

또 중요한 것은 말씀과 성례의 관계입니다. 가톨릭교회는 하나님의 말씀보다 성례가 우선하고 높다고 말합니다. 말씀으로 구원을 얻는 것이 아니라 성례로 구원에 이른다고 가르칩니다. 그래서 가톨릭은 7가지 성례식을 말씀보다 더 소중히 여기는 것입니다. 그러나 성경에서 말하는 것은 말씀이 성례보다 우위에 있고 우선한다는 것입니다. 즉 말씀을 들음으로 믿음이 생기는 것이지 성례에 참여한다고 믿음이 생기거나 구원을 얻는 것은 아닙니다.

성찬에 관한 주장도 개신교에서도 조금씩 그 견해를 달리합니다. 루터파 교회는 "임재설"을 주장합니다. 이것은 성찬에 사용되는 떡과 포도주 안에 반은 물질로서의 떡과 포도주이고 반은 실제 주님의 몸과 피로 구성된다는 것입니다. 그래서 보이는 떡과 포도주를 먹고 마시지만 동시에 주님의 살과 피도 직접 마시게 된다고 합니다. 가톨릭에서는 '화체설'을 주장합니다. 성찬식의 포도주와 떡은 100% 주님의 살과 피로 순간적으로 변화된 것을 먹고 마신다고 주장합니다. 더 이상 떡과 포도주가 아니라 주님의 살과 피로 변했다는 것을 말합니다. 쯔빙글리라는 종교개혁자는 '기념설'을 말합니다. 주님의 죽으심과 고난을 단순히 기념하는 정도의 의식이라고 말합니다. 장로교에서는 이것을 '관계설'로 말합니다. 이 말은 구원에 관해서 절대적으로 필요한 것은 아닐지라도 그리스도와의 관계를 확인하는 은혜의 방편이 된다는 것입니다. 성찬에 참여할 때, 믿음으로 자신을 살피면서 그 떡과 포도주를 받아야 하는 이유는 그것이 나와 그리스도와의 관계를 더욱 돈독하게 하는 방편이기 때문입니다. 다시 말하면 믿음이 전제되지 않고 그리스도인으로서의 정당한 신앙고백과 그에 따른 행함이 없는 경우에는 성찬을 받을 수가 없게 된다는 말입니다. 그래서 성찬에 참여한다는 것은 믿음을 가지게 된다는 것이 아니라 믿음을 더욱 확고히 한다는 측면이 강조됩니다. 왜냐하면 주님이 성찬을 제정하실 때, 떡과 포도주를 통해 주님 자신과 우리의 관계를 하나로 묶어 두셨기 때문입니다. 그래서 참여하는 사람은 주님을 진정으로 구주로 고백하는 사람들에게 한정시키고 있습니다. 세례를 통한 고백 후에 성찬에 참여하게 하는 이유가 바로 그것입니다.

무분별한 성례

성찬은 말씀이 전제되지 않으면 이루어질 수가 없습니다. 주님은 성찬을 제정하시기 전, 많은 사람들에게 하늘나라에 대해 설교하셨습니다. 예수님은 성찬에 참여할 수 있는 사람들을 위해 이전에 그의 사역 기간 동안, 말씀으로 그들에게 믿음을 주셨습니다. 그런 믿음을 가진 자들이 이제 주님이 이 세상에 더 이상 계시지 않게 될 때는 그들의 믿음을 보강할 수 있는 것을 친히 주셨습니다. 그래서 우리는 주님이 오실 때까지 성찬을 거행하는 것입니다. 그러므로 성찬에 앞서 교회는 늘 말씀이 있어야 합니다. 그 말씀을 듣고 믿음을 고백하는 자들이 성찬에 참여하게 될 때에 그 은혜는 이루 말할 수 없이 풍성하게 되는 것입니다. 그런데 말씀 없이 마음대로 성찬을 거행하는 것은 조심해야 합니다. 그래서 교회에서 신자들이 모였을 때 말씀이 지속적으로 선포되는 교회 안에서 성찬을 거행하는 것이 옳은 것입니다. 아무데서나 몇 사람 모였다고 성찬식을 거행하거나 아무에게나 성찬을 집행하도록 하는 것은 조심해야 합니다.

성찬은 그리스도인으로서 앞으로의 삶에 대한 결단을 요구합니다. 성찬에 참여한다는 것 자체가 이제 앞으로의 삶은 그리스도와 끊을 수 없는 관계의 삶이라는 것을 인정하는 차원의 행위이기 때문입니다. 그런데 점점 이런 개념이 희박해져 갑니다. 하나의 형식 또는 의식 정도이지 앞으로의 삶에 대한 진지한 반응이 없습니다. 성찬에 참여할 때마다 성찬에 참여하는 의미가 무엇인지를 분명히 알 뿐아니라 성찬에 참여한 사람으로서의 본분이 무엇인지도 함께 알고 실천해야 합니다.

12. Positive Thinking 비판

저에게 풀어야 할 하나의 숙제가 있다면 그것은 믿음에 관한 것입니다. 많은 설교의 경우, "좋은 믿음을 가집시다."라는 구호성에 그치는 것을 보았습니다. 좋은 믿음을 갖자는 설교를 하는 만큼, 좋은 믿음은 어떻게 생기는 가를 설명하는 것이 저에겐 큰 고민입니다. 모세의 경우를 보더라도, 모세는 하나님 편을 드는데 이스라엘 백성은 왜 그걸 못하느냐? 하는 문제를 풀어야 합니다. 그냥 무조건 "이삭을 바친 아브라함처럼 좋은 믿음을 가집시다."라는 것은 뭔가 충분한 설명이 되지 않는다는 것입니다.

목사는 못난 사람

교회를 맡아 목회를 하다 보니 누구보다 목사에게 큰 유익이 있는 것 같습니다. 왜냐하면, 성도들이 한 가지씩 겪는 신앙상의 문제들을 목사는 거의 다 겪기 때문입니다. 이런 문제들과 어쩔 수 없이 결부될 수밖에 없으니까 목사의 신앙이 제일 좋아질 수밖에 없습니다. 그런데도 믿음 좋은 목사가 되기란 그리 쉽지 않습니다. 그런 것을 보면 목사는 정말 가려 뽑아도 한참 가려 뽑으시는 것 같습니다. 잘난 사람이 아니라 못난 사람 위주로 말입니다.

　저는 가끔 이런 생각을 해봅니다. '요즘 같은 좋은 휴스턴 날씨에 내가 평신도였다면 주일날 교회에 왔겠는가?' 죄송하지만 자신이 없습니다. 목사들은 안 올 수 없으니까 교회에 옵니다. 그리고 교회 장로님들은 체면 때문에 오기도 하고, 성가대 지휘자나 헌금 위원같이 순서를 맡은 분은 안 오면 표가 나니까 오기도 합니다. 이러한 '책임이 없는 상태에서 과연 내가 교회에 가겠는가?' 이런 점에서 평신도들이 목사보다 신앙이 훨씬 좋은 것 같습니다.

Positive Thinking 비판

　그런데 좋은 믿음을 갖는다는 것이 무엇입니까? 적극적인 마음을 갖는다고 해서 좋은 믿음이 생기는 것이 아닙니다. 무조건 믿는다고 해서 생기는 것은 더더욱 아닙니다. 그렇게 되면 그것은 신앙이 아니라 'Positive thinking', 즉 적극적인 사고방식이 되는 겁니다. 신앙은 이것과는 다릅니다. 휴스턴에도 이런 식의 설교로 유명한 교회가 있습니다. LA에 가면 로버트 슐러 목사가 목회하는 수정교회가 있고, 휴스턴에는 Lakewood 교회가 있습니다. 이 교회의 슬로건이 무엇인지 아십니까? Discover the Champion in You입니다. 결국 이 표어 하나만을 놓고 보더라도 이 교회는 인간을 의로운 존재, 정당한 존재로 전제하고 있다는 것입니다. 그러니 설교나 메시지가 늘 좋은 것, 행복을 줄 수 있는 것, 자기 속에 있는 승리감을 맛보는 적극적인 내용일 수밖에 없는 것입니다. 그러나 '믿음을 갖는 것'과 '내가 할 수 있다'고 격려하는 것과 부추기는 것은 다릅니다. 데살로니가전서 5장 16-18절에 보면, 항상 기뻐하고 범사에 감사하고, 쉬지 말고 기도할 것을 말씀하십니다. 그런데 이것을 "우리 모두 힘을 내고 분발합시다"라는 식으로 봐서는 안 됩니다. 스스로 이런 분위기와 낙천적인 마음을 가져서 이것을 유지하는 사람이 되라는 것이 아닙니다. 하나님이 우리를 이런 사람으로 만들어 가시겠다는 역설적인 표현입니다. 어떻게요? 우리가 그리스도 예수 안에 있을 때 가능하다는 것입니다.

미신과 신앙

그런데 우리는 성경의 위로가 되는 구절들과 축복을 주는 구절들을 자기 분발, 자기 최면으로 갖고 있는 경우가 많습니다. 가정이나 가게에 성구를 걸어 둔 것을 봅니다. 대부분의 내용이 이런 것입니다. "네 시작은 미약하였으나 네 나중은 심히 창대하리라", "내게 능력 주시는 자 안에서 내가 모든 것을 할 수 있느니라." "들어가도 복을 받고 나가도 복을 받고…" 다 그런 건 아니지만 이런 말씀을 자기 격려, 분발, 의지할 어떤 힘으로 갖고 있는 한, 잘못 걸어 놓고 있는 것입니다. 자기에게서 나오는 힘으로 자기를 의지하고 격려하는 것은 신앙이 아닙니다. 또 내가 교회를 정기적으로 출석하고 있다는 것으로, 십일조를 하고, 봉사를 하고, 전도를 하고 있다는 것으로 자신을 격려하고, 스스로 안심하려는 것은 신앙생활이 아닙니다. 신앙이 무엇입니까? 우리는 절망 상태에 있는데 외부로부터 공급되는 능력과 은혜를 얻는 것입니다. 모든 종교와 기독교의 다른 점은, 기독교만이 구원이 밖으로부터 온다고 믿는다는 것입니다. 구세주가 내가 아닌 제 3자라는 것입니다. 그러나 모든 다른 종교는 자신이 구세주입니다. 자기 노력, 자기 성찰로 열반에 이르고 부처가 된다고 가르칩니다. 믿음이란 내가 가진 힘이 아니라 믿음의 대상이신 예수 그리스도를 의뢰하는 것입니다. 내가 주를 위해 한 일로 내 믿음이 평가 받는 것이 아니라 그 일을 하게 하신 하나님의 뜻에 얼마나 온전히 순종하느냐에 믿음이 있는 것입니다. 나의 믿음으로 그리스도를 움직이면 이건 벌써 신앙과는 거리가 먼 것입니다. 이건 미신이고 부적입니다.

13. 구원 문턱인 회개

어떤 분이 저에게 전화를 주셨는데 한국에서 온지 얼마 안 되었고 한국에서는 교회라고는 한번도 가보지 않았는데 얼마 전부터 교회에 다니기 시작했다고 하였습니다. 그분이 이런 말씀을 했습니다. 교회에 가니까 너무 너무 좋은데 한 가지 걸리는 게 있다고 했습니다. 자꾸 자기보고 목사님이 죄인이라고 말하는 게 좀 짜증이 난다고 말했습니다. 그래도 교회에 가면 좋다는 것입니다.

사람은 그 마음에 끝까지 하나님과 겨루어 보고 싶은 생각을 가집니다. 그래서 끝까지 자기 고집대로 하나님과 겨루다가 망하는 것입니다. 그런데 은혜가 회복되면 자꾸 하나님께 돌아가고 싶은 생각이 듭니다. 죄짓는 생활이 지긋지긋하고 정말 깨끗한 모습으로 돌아가고 싶은 마음이 듭니다. 이것이 바로 하나님께서 나를 부르고 계신 것입니다. 어떤 사람이 자신의 잘못을 깨닫고 자꾸 눈물이 흐르고 회개하고 싶은 생각이 드는 이유가 무엇입니까? 이미 하나님께서 그를 부르고 계시기 때문입니다..

회개와 유감

그런데 많은 사람들이 회개라고 하는 것을 유감 정도로 생각합니다. 그러나 회개는 후회하는 정도가 아닙니다. 사실 회개에는 그런 부분이 있습니다. 그러나 중요한 것은 얼마나 슬퍼하며 눈물을 몇 방울 더 흘리느냐 하는 것이 아니라 의지적인 결단을 수반해야 합니다. 성경에서 말하는 회개는 다시는 반복하지 않는 것입니다. 만나지 말아야 할 사람을 만나고 있다면 그 관계를 완전히 청산해야 합니다. 만일 부정한 재산을 가지고 있다면 다 돌려주어야 합니다. 다른 말로 말하면 먹은 만큼 토해내어야 하는 것입니다.

하나님의 바른 말씀이 없으면 제대로 된 회개도 있을 수 없다는 것을 알아야 합니다. 말씀으로 진단을 받지 않았는데 무슨 회개가 나오겠습니까? 말씀이 없는 기도는 예를 들면 병들었을 때 민간요법과 같습니다. 그러나 하나님의 말씀은 나의 형편과 처지에 대한 정확한 진단입니다. 그러니까 하나님의 말씀이 들린다는 것 자체가 하나님은 나를 고치시고 계신 것이며 나를 부르고 계신 것입니다. 그래서 목사는 하기 힘들어도 설교해야 하고 성도는 듣기 싫어도 들어내야 합니다. 당장은 하기 힘들고 듣기 싫지만 나중에 정확하게 치료하는 약이 됩니다.

다른 어떤 거창한 예물이나 헌금보다 정말 하나님의 말씀을 붙들고 자기 입에서 나오는 죄의 내용을 들으면서 하는 기도를 하나님은 더 없이 기뻐하시는 것입니다. 그러니까 하나님의 말씀이 나를 건드리거나 아프게 할 때 그냥 넘어가면 안 됩니다. 왜냐하면 이 때가 바로 하나님께서 나를 부르고 계시는 시간이기 때문입니다.

우리가 회개하고 버려야 할 것은 무엇입니까? 그것은 헛된 우상입니다. '우상'이라는 것이 무엇입니까? 실제로 존재하지 않는 것인데 사람이 상상하여 만들어낸 것입니다. 우리는 사실이 아니면서도 마치 그것이 사실인 것처럼 생각해낸 것이 너무나 많습니다. 그런 것들이 우리 삶에 영향을 준다면 그것은 우상입니다. 우리의 손이 만들어낸 것이 아니라 우리 머리와 상상력이 만들어낸 것입니다. 우상은 인간의 상상력의 산물이고 일시적인 정신적 호기심을 만족시켜 줄 뿐입니다. 그런 심적인 만족은 하나님을 잃게 만들고 견딜 수 없는 고생을 하게 합니다.

돈 벼락

요즘 우리 주위에는 사실이 아닌 공상들이 많이 있습니다. 텔레비전 드라마도 그렇고, 컴퓨터 게임도 그렇고, 영화나 예술 가운데도 사람의 눈을 속이는 것들이 얼마나 많은지 모릅니다. 바람난 여자들과 남자들을 보십시오. 자기 남편이나 자기 아내를 놔두고 부적절한 관계를 맺는 사람들이 얼마나 많은지 모릅니다. 멋진 사랑을 할 마지막 기회라고 상상합니다. 그리고 멋진 행복이 기다리고 있을 것이라고 상상합니다. 또 어떤 사람은 돈벼락을 맞는 상상을 합니다. 그러나 돈이 벼락으로 내려오면 맞아 죽습니다. 마약에 자꾸 빠지는 이유는 현실을 도피하고 상상 속에서 슈퍼맨도 되고 신데렐라도 되고 싶은 것입니다. 이게 다 우상입니다. 지나친 생각, 집착, 중독, 끝장을 보아야 직성이 풀리는 것, 이런 것들이 다 우상입니다. 우리는 그런 것들의 실체를 보아야 합니다. 빨리 환상을 버리고 실체를 파악해야 합니다. 주어진 현실에서 나에게 주어진 일을 충실하게 해 나갈 때 주님이

나의 앞길에 대하여 계획을 세우시고 나의 길을 열어 주시고 인도해 주시는 것임을 알아야 합니다.

하나님을 믿는 것은 세상적인 생각과 정반대가 되는 것입니다. 하나님을 믿는 것은 위기 상황을 스스로 만들어가는 것 같습니다. 사실 하나님을 믿는 것은 완전히 모험입니다. 고아가 되는 것입니다. 하나님께서 도와주시면 다행이지만 도와주시지 않으면 이것도 아니고 저것도 아닌 상태로 망할 수밖에 없습니다. 이런 상황이 되면 두 가지 반응이 나옵니다. 하나는 할 수 있는 모든 인간적인 방법을 동원해 보는 것이고, 다른 하나는 "죽을 때 죽더라도 한번 확실하게 하나님을 경험하고 죽자" 라는 것입니다. 여러분은 어떤지 모르겠습니다.

회개를 한다는 것은 사실 나의 기질과 성향이 바뀌어지는 것을 말합니다. 차를 달리다가 맞은편에 설치된 도로공사 안내 간판 〈도로 폐쇄됨. 돌아가시오〉을 보면서도 끝까지 가서 직접 눈으로 확인해야 직성이 풀리는 사람이 있습니다. 이건 어리석은 사람입니다. 그런데 가장 복 받은 사람은 어떤 사람입니까? 일단 하나님의 말씀이 아니라고 하면 멈추어서 돌이킬 자세를 가지는 사람입니다. 젊은 사람들은 패기가 넘칩니다. 그래서 늘 시행착오를 많이 합니다. 그러나 나의 힘으로 아무 것도 할 수 없으며 하나님이 도우셔야 한다는 것을 알고 있는 사람은 급하게 서둘지 않습니다. 그러니까 불필요한 시행착오를 겪을 기회가 훨씬 적은 것입니다.

14. 무엇을 좋아하는 것과 그렇게 사는 것의 차이

 신자들 중에는 자신이 얼마나 설교 듣기를 좋아하고 또 설교를 많이 듣느냐, 또 얼마나 많이 성경을 읽고 공부하느냐, 또 얼마나 오래 기도하느냐 하는 것으로 자기 믿음이 좋다고 생각하는 사람들이 있습니다. 어떤 사람은 교회 생활이나 교리, 또는 신앙고백의 내용을 따지기를 좋아하는 사람들이 있는데 이런 사람들은 그렇게 의문을 가지고 질문을 하는 것 자체로 자신이 남보다 낫다는 생각을 은연중에 한다는 점입니다.

 많은 사람들이 설교를 듣고 만족해하는 것이 신앙생활이라고 생각하고 성경공부 자체를 신앙생활이라고 생각합니다. 기도 또는 Q. T.(경건의 시간)자체를 신앙생활이라고 생각합니다. 그러나 이런 것들은 신앙생활이 아니라 신앙생활을 위해 영양을 공급받는 도구일 뿐이고 습관일 뿐입니다.

설교 중독자들

 설교를 듣고 만족해하는 사람이 믿음이 좋은 사람이 아니라 그 설교로 인해 내 삶이 변화되는 것이 신앙생활입니다. 성경공부를 하는 것 자체가 신앙생활이 아니라 그것을 통해 내가 성장하고 내 삶에 행함의 열매가 나타나야 하는 것입니다. 기도 자체가 신앙생활이 아니라 기도한 만큼 내 삶을 바꾸어야 하는 것이 신앙생활입니다. 멋진 신앙고백을 암송하는 것이 신앙생활이 아니라 그 고백대로 사는 것이 중요합니다. 이걸 놓치면 신앙생활의 주객이 전도됩니다.

성경적으로 볼 때 교회의 세 가지 주요한 은혜의 방편으로 말씀과 성례와 권징을 말합니다. 말씀은 설교를 말하는 것이고 성례는 세례와 성찬에 참여하는 것이고 권징은 교회의 질서와 순수성을 위한 제도적 장치입니다. 교회는 늘 말씀이 풍성하게 있어야 합니다. 아울러 구원 얻는 자의 수가 늘어나야 하고 그리스도의 삶에 동참하는 사람들이 한 뜻으로 사명을 다해야 합니다.

그리고 교회는 순수성을 지켜야 합니다. 잘못된 교리나 배교적인 사상 등이 교회에 들어오지 못하도록 제도적 장치를 마련해야 합니다. 그리고 교회 내에서도 성도들이 죄를 짓거나 악을 범할 때 그들을 말씀으로 다스리고, 경고하고, 치리하는 제도가 시행되어야 합니다. 왜냐하면 교회는 세상의 어떤 기관과 다른 거룩을 추구하는 곳이기 때문입니다.

지금의 많은 교회들은 위의 세 가지 은혜의 방편을 도구로 생각하지 않고 그것 자체를 신앙생활이라고 생각합니다. 예배에 참석해서 말씀을 듣고 있는 한, 자기 신앙은 수준 이상이라고 생각합니다. 가끔 헌금도 크게 한번 하면 스스로 만족해하고 안

심합니다. 자기가 듣고 이해한 것은 다 자기의 것이 되었고 또 이해한 만큼 믿음도 비례해서 자랐다고 생각합니다. 예배 후에도 설교나 성경 공부한 내용을 가지고 토론을 벌이고 논쟁을 즐깁니다. 그러면서 자기는 신앙이 좋다고 생각합니다.

성찬에 참여하면서 눈물을 흘리기도 하고 주님의 십자가와 구원의 은혜에 감격하기도 합니다. 또 교회가 순수하지 못할 때, 교회 내에 이상한 교리나 배교적인 사상들이나, 세상 방식들이 들어올 때 누구보다도 앞장서서 반대합니다. 교회에 문제가 생기면 어느 누구보다도 발 벗고 나서서 문제 해결에 주도적인 역할을 하는 사람도 있습니다. 목사가 문제의 장본인이면 목사를 쫓아내기도 하고 교인들이 문제이면 목사 편을 들기도 합니다. 심지어는 법정투쟁도 마다하지 않습니다.

잘 변하지 않는 기질

그러나 이러한 일을 하고 있는 것 보다 더 중요한 것은 그렇게 하고 있는 나 자신이 얼마만큼 변하고 성숙하게 되었느냐 하는 점입니다. 아무리 진리를 위해 싸운다고 할지라도 그 진리가 자신에게는 아무런 상관이 없고 전혀 자신을 변화시키거나 성숙시키지 못하는 것이라면 그건 소위 말하는 "십자가를 지는 싸움"이 아닙니다. 무조건 옳고 바른 것만을 위해 싸우는 것이 십자가를 지는 것이라고 생각하지만 성경이 말하는 십자가를 지는 것은 따지는 것이 아니라 자기를 부인하는 것이기 때문입니다.

인간은 좀처럼 쉽게 변하지 않습니다. 우리의 습관과 삶의 태도 그리고 잘못된 영적인 기질들은 잘 고쳐지지 않습니다. 사람의 마음속에는 아주 강한 고집이 있습니다.

신앙생활은 바로 이러한 고집과의 충돌에서 벌어지는 것들입니다. 더 나쁜 것은 인간은 말씀은 듣고 좋아하면서도 그렇게 살지 못하는 자신에 대해서는 늘 변명한다는 사실입니다. 성경에 대해 많이 알고 있다고 자랑은 하면서 아는 만큼 살지 못하는 것을 지적 받으면 늘 핑계를 댑니다. 기독교에 대해 토론하기를 좋아하고 논쟁하기를 좋아하면서도 상대방을 대하는 태도나 삶의 모습이 그리스도를 닮아가지 않는다면 진정한 믿음의 사람이라고 보기 어려울 것입니다.

15. 웃어야 할 때가 아니라 울 때다.

　많은 사람들이 예수를 믿으면 슬픔은 없고 기쁨만 있을 거라고 생각합니다. 궁극적으로는 기쁨을 얻겠지만 그 기쁨을 얻기 위해 흘려야 할 눈물과 경험해야 할 슬픔이 많다는 걸 알아야 합니다. 성경은 여러 곳에서 지금은 웃고 즐거워 할 때가 아니라 울고 슬퍼할 때라고 말합니다. 자신들이 이루어 놓은 업적이나 조금 변화된 삶의 내용을 두고 자기만족에 빠져 저마다 잔치를 벌이며 기뻐해야 할 때가 아니라 아직도 가야할 신앙의 길은 먼데 그 길을 자꾸 이탈하고 싶은 나의 불신앙 때문에 통곡하며 울어야 할 때라고 말합니다.

　교회와 교인들은 자기만족에 빠지기가 얼마나 쉬운지 모릅니다. 눈에 보이는 결과나 주위의 칭찬으로 가리어져 눈에 보이지 않는 세계에 대한 인식 없이 교회를 다니는 사람들이 있습니다. 교회 내에는 참 신앙을 갈망하는 사람도 있지만 거짓된 신앙에 만족하고 있는 사람도 다수입니다. 이들이 웃고 즐거워하는 이유가 무엇입니까?

웃음은 잠시 뒤로

　그것은 이미 그들에게 하나님의 복과 은혜, 그리고 교회의 부흥은 이루어졌다고 생각하기 때문입니다. 그들에게 힘든 어려움의 시간이 지나가고 평안한 때가 왔기 때문인지, 아니면 경제적인 형편이 좀 나아졌는지, 아니면 그들이 그토록 바라는 문제해결이 되었는지 구체적으로 알 수 없지만 한 가지 알 수 있는 것은 지금은 그런 것으로 웃고 즐거워할 때가 아니라 오히려 슬퍼하며 통곡해야 할 때라고 말합니다.

세상 사람들은 지금 웃고 즐거워하기도 모자라는 시간을 보내고 있습니다. 그들이 내세우는 슬로건은 "재미있게 신나게 그리고 화끈하게" 입니다. 자기들이 살고 있는 이 세상이 즐거움을 위해 존재하는 곳이라고 생각할 뿐입니다. 그러나 지금의 시대는 웃고 즐거워할 때가 아니라 통곡하고 울어야 할 때입니다.

하나님 없이도 만족하며 살아가는 이 세상을 향해 아무도 나서서 담대히 말하는 사람이 없는 이 시대에 당당히 세상을 향해 그리스도인이 던져 줄 수 있는 메시지는 "부자 되세요", 또는 "행복하세요"가 아니라 **"회개하라 천국이 가까왔느니라"**입니다. 세상적인 기준에서 스스로 만족해하고 배부른 상태에 있는 것이 망하는 길인 줄 모르고 있는 세상을 향해 던질 수 있는 말은 **"슬퍼하며 애통하며 울지어다. 너희 웃음을 애통으로, 너희 즐거움을 근심으로 바꿀지어다"** 입니다.

그런데 더 안타까운 것은 이 말씀은 세상 사람들이 아니라 교회를 향한 질책이라는 점입니다. 이미 교회도 세상을 점점 따라가고 있고 어쩌면 더 앞질러 가고 있는 상황인지도 모릅니다.

여전히 교회 안에서 세상적인 것들이 자랑되고 있고, 세상의 위치가 곧 교회의 신앙의 위치인줄 알고 착각하고 살아가는 사람들이 점점 늘어나는 상황임에도 불구하고 이 현실을 안타깝게 생각하는 사람들은 거의 없습니다.

많은 교회가 교인 수가 점점 늘어나는 것에 대단한 만족감을 가지고 있습니다. 점점 기발하고 참신한 교회 프로그램들이 쏟아져 나오는 것으로 자랑하고 있고, 다른 교회가 못하는 일을 우리 교회가 잘 해내고 있다는 자부심과 맹목적인 충성만 가지고 있으면서도 그것이 얼마나 하나님의 마음을 아프게 하는 것이 될 수 있는지를 모르고 살아가는 교인들이 많습니다.

왜냐하면 교회의 부흥을 달라고 그렇게 기도하면서도 정작 부흥을 위한 회개와 삶의 변화에는 관심 없는 세대를 볼 때 지금은 부흥이 왔다고 기뻐하고 즐거워하고 축제나 파티를 벌일 때가 아니라 가슴을 찢고 통곡해야 할 때입니다.

아직도 주님이 요구하시는 목표를 향해 가야할 길은 멀고 우리 자신을 볼 때, 그 길을 과연 갈 수 있을까 하는 확신마저 모호한 상태인데도 저마다 교회는 다 된 줄로 알고 축제를 벌이고 있는 모습을 볼 때, 하나님은 얼마나 통곡하실까를 생각해 봅니다. 지금 이 시대는 파티를 열고 자축해야 할 만큼 하나님의 뜻에 도달해 있는 것이 그리 많지 않습니다.

축제예배는 곤란

많은 사람들이 예배는 축제여야 한다고 말합니다. 물론 예배의 요소 중에 축제적 요소가 없는 건 아닙니다. 그러나 예배를 축제로 드리기에는 아직 우리의 현실은 너무나도 깨뜨려야 할 것이 많습니다.

우리의 예배 안에는 아직도 경박한 웃음보다는 흘려야 할 눈물이 더 많고 슬퍼하며 통곡하고 회개해야 할 죄가 더 많다는 것입니다. 내 신앙이 이 정도라고 남에게 말할 수준에 있는 사람처럼 간증을 하고 다닐 때가 아니라 아직도 씻겨야 할 부분이 많고, 하나님으로부터 채워야 할 것이 많은 존재라는 걸 깨달아 사람들 앞에 서는 것이 아니라 하나님 앞에 무릎 꿇는 사람들이 되어야 합니다.

16. 하나님을 놓치고 행하는 일들

한 나라가 부강한 나라가 되기 위해서는 지도자가 어떤 사람이 되느냐 하는 것도 중요하지만 더 중요한 것은 그 지도자를 지원해 줄 수 있는 탁월한 인적 자원이 얼마나 풍부한가라는 점입니다. 미국이라는 나라가 세계를 리더 해 나갈 수 있는 이유 중에 하나는 대통령이 탁월해서라기보다는 정치, 경제, 사회 문화 또는 예술 등의 각 분야에서 탁월한 능력을 발휘하는 인적 자원들을 많이 보유하고 있기 때문입니다. 이들의 지혜와 지식과 경험이 바탕이 되어 미국이라는 거대한 나라 뿐 아니라 세계를 이끌어 간다고 볼 수 있습니다.

그렇다면 교회는 어떻습니까? 교회를 움직이고 한 신자의 생활을 움직이는 것은 하늘로서 온 지혜여야 하고 세상에서 배운 지혜, 또는 경험이 아니라는 점입니다. 다시 말하면 어떤 사람이 세상적으로도 훌륭하면서 신앙생활도 잘 하는 것과 세상적으로 훌륭하기 때문에 교회에서 좋은 일꾼이 될 것이라고 생각하는 것은 별개라는 점입니다. 왜냐하면 교회와 세상은 구별된 다른 세계이기 때문입니다. 세상과 교회는 통용되는 원리가 다른 곳입니다.

똑똑한 사람, 겸손한 사람

교회 안에는 하나님이 주신 지혜로 다스려져야 합니다. 그런데 이 지혜는 우리가 생각하는 것 같이 무슨 큰 업적이나 성과가 아니라 한결 같이 우리 인격과 성품에 관한 것들로 가득 차 있습니다. 이 세상이 필요로 하는 사람은 어떤 사람입니까? 이 세상은 똑똑한 사람을 필요로 합니다. 그것으로 무언가 많은 업적과 성과를 거두기 위해서입니다. 그러나 교회는 똑똑한 사람이 아니라 겸손한 사람이 요구됩니다.

일차적으로 교회는 어떤 일을 하기 위해서 존재하는 곳이 아니라 아무런 일도 할 수 없다고 고백하는 사람들이 모여 있는 곳입니다. 무언가 큰 일을 하기 위해 존재하는 것이 교회가 아니라 하나님의 일을 이루기 위해 내가 깨뜨려야 할 것이 무엇인지를 배우는 곳입니다. 어떤 분은 교회는 교인들에게 부담을 주면 안 된다고 합니다.

그러나 교회는 부담을 주는 곳도 아니지만 부담을 덜어드리는 곳도 아닙니다. 교회에 나오면 무조건 평안하고 기쁨이 충만한 것이 아닙니다. 그러면 왜 교회에 나가냐? 고 반문하시는 분에게는 사실 할 말이 없습니다. 평안하고 부담 없이 지낼 수 있는 곳으로만 교회를 생각했다면 그런 교회는 이 지구상에 없습니다.

찰스 스펄전 목사님에게 한 교인이 찾아와서는 질문하였습니다. "목사님, 문제 없는 좋은 교회 있으면 소개해 주세요." 목사님 왈, "그런 교회 찾거든 저한테도 좀 알려 주세요."라고 하였습니다.

교회가 무언가를 이루려고 모이고 무언가를 성취하는데 관심을 가지면 필요한 사람들만 환영받게 되고 유능하고 실력 있는 사람들만 대접받게 됩니다. 그러나 교회는 어떤 일을 하기에 앞서 정작 자신이 하나님 앞에서 어떤 삶을 살고 있고 어떤 성품의 변화를 겪고 있는가에 정신을 바짝 차려야 합니다.

세상에서 얻은 경험과 지식과 지혜들은 다 수평적인 것들입니다. 누구의 도움을 받아서 또는 내가 노력해서 얻은 것들입니다. 그러나 위로부터 오는 지혜는 세상적인 경험이나 지식 차원이 아니라 하나님과 나와의 수직적인 관계에서 오는 지혜입니다. 어느 누구도 나에게 공급해 줄 수 없는 하나님으로부터만 오는 지혜입니다. 이건 하나님을 아는 것으로만 가능한 지혜입니다.

아무리 세상적으로 많이 알고 똑똑하다고 해도 내 마음속에 하나님을 경험한 일이 없고 나 자신의 죄를 적나라하게 파헤쳐 보지 않는 사람, 그래서 하나님 앞에서 회개하는 것이 무엇인지, 눈물 흘리면서 통회하는 것이 무엇인지를 모르는 사람은 진정한 그리스도인이 아닙니다. 하늘로부터 온 지혜는 모두 성품적이고 인격적이며 그런 변화를 요구하는 것들이기 때문입니다.

초라함을 느낄 때

지금까지 신앙생활 하면서 하나님 앞에서 자신이 초라해진 경험이 없는 사람은 그리스도인이 아닙니다. 눈물을 흘려 본 적이 언제입니까? 눈물을 흘린다고 다 겸손하고 신앙이 좋은 사람은 아니지만 하나님을 경험하고 자신의 죄 된 모습을 본 사람은 눈물을 흘리지 않을 수 없게 됩니다.

기도할 때는 물론이고 찬양을 부를 때도 눈물이 나오고 말씀을 들으면서 그 말씀이 마음속에 강하게 역사할 때, 어떻게 다리를 꼬고 영화를 보듯 예배를 감상하면서 앉아 있을 수가 있느냐 하는 것입니다.

억지로 조장되는 성령체험이나 분위기에 고조된 회개운동은 우리가 지양해야 하지만 성령님 없이 얼마든지 살 수 있다는 교만한 생각도 빨리 버려야 합니다. 하나님에 대한 지식 없이 추구하는 성령운동도 피해야 하지만 성령의 기름 부으심 없이 시도하는 종교적 열심과 지식도 피해야 합니다.

제 2 부
쉽지 않은 교회

교회는 세상의 가려운 부분을 시원하게 긁어 주는 데에 그 역할이 있는 것이 아니라 하나님이 원하시는 것이 무엇인지를 찾고 그것을 소중히 여기는 것으로 그 책임을 먼저 다해야 할 것입니다. 하나님이 원하시는 것은 영적인 실력이며 성숙한 삶입니다.

17. 또 하나의 교회

어떤 목사님이 제직 수련회 설교자로 그리고 강사로 초청 받아 간 적이 있었습니다. 거기서 목사님은 참석한 많은 그리스도인들에게 한 가지 제안을 했습니다. "지금부터 우리 모두는 허심탄회하게 기독교에 대해서 질문과 토론을 나누어 봅시다." 그때 이곳저곳에서 많은 질문들과 이야기들이 쏟아져 나왔습니다. 어떤 분은 "교회가 너무 세속적인 것 같다" "교회에도 사랑이 없습니다." "목회자들이 너무 이기적이고 자기 욕심만 채우는 것 같습니다." 등등…….

많은 사람들이 교회 비판, 목회자 비판 등을 늘어놓았습니다. 모든 질문과 토론들을 다 듣고 난 후 강사 목사님은 이렇게 답변했다고 합니다.

"예, 여러분들의 말씀들이 부분적으로는 옳습니다. 교회에 대한 질타도 옳고, 목회자에 대한 충고도 옳습니다. 그러나 한 가지 여러분에게 말씀드리고 싶은 것이 있습니다. 저는 초두에 말씀드리기를, 기독교에 대해서 질문과 토론을 나누자고 했습니다. 그런데 이렇게 많은 사람들 중에 어느 누구도 십자가에 대해서, 예수님에 대해서, 복음에 대해서 질문하시거나, 토론을 시작하신 분은 한 분도 없었다는 것입니다. 그만큼 우리는 기독교에 대한 잘못되고 경박한 신앙 내용을 갖고 있다는 사실입니다."

이미 존재하는 교회

휴스턴에는 이미 약 40여개의 한인교회가 있다고 합니다. 많다면 많은 교회가 있음에도 불구하고 또 새로운 교회를 세운다는 것이 어쩌면 성도들에게나 세상 사람들에게 거슬리고 유쾌하지 않은 일인지도 모르겠습니다. 그러나 저는 이런 문제를 일일이 말씀드리고 싶지는 않습니다. 그런 모든 일에 대꾸하거나 토론을 벌이는 것은 마치 앞의 예화처럼 신앙의 본질이 아닌 비본질적인 것에 대해 우리가 격분하는 모습으로 비쳐질 우려가 있기 때문입니다. 많은 분들이 교회가 새로 세워지는 것이 목회자 한 사람의 생활을 성도들이 책임지기 위함도 아니고, 세상의 어떤 동호회와 같이 서로의 안위와 친목을 다지기 위함도 아니라는 것을 잘 아실 것입니다. 그러나 오늘날 교회의 현실은 어떠합니까? 또 성도들의 신앙상태는 어떠합니까?

저는 어려서부터 신앙생활을 해 온 터라 어느 정도 교회생활이라는 전형을 알고 있습니다. 그런데 점점 신앙이라는 것이 어떤 것인지를 체득하면서 저의 마음에 풀리지 않는 숙제가 하나 생기기 시작했습니다. 그것은 많은 그리스도인들이 교회 내에서, 즉 신앙이라는 테두리 안에서는 누구보다도 열심이고, 감히 근접할 수 없는 탁월한 업적을 과시하는데 그 능력이 알고 보면 세상에서는 통하지 않는 것이 대부분이고, 오히려 세상에 주눅이 들어 거룩한 책임을 회피하고 있다는 점입니다. 하나님의 은혜를 너무나 많이 받은 당당한 그리스도인으로서의 삶은 없고, 그저 세상 사람들과 똑 같은 수준에서의 삶의 방식을 따라 가고 있더라는 것입니다. 그리고 그 문제의 심각성조차도 인식하고 있지 못하고 있다는 점입니다.

신앙의 무지

저는 개인적으로 이러한 근본적인 이유는 바로 무지에서 비롯된 것이라고 생각합니다. 하나님에 대한 무지, 말씀에 대한 그릇된 이해, 십자가와 복음에 대한 감상적인 태도, 편의주의의 신앙 양태, 업적 중심의 교회 부흥 등이 우리를 이렇게 나약한 그리스도인으로 만들어 놓았다고 생각합니다. 이런 말씀을 드린다고 해서 젊은 목사인 제가 모든 것을 다 해결 할 수 있는 만능키를 가지고 있다는 뜻은 아닙니다. 그리고 기존의 교회들이 잘못하고 있다는 것을 말하는 것은 더욱 아닙니다. 다만 저는 교회 공동체를 허락하신 하나님의 진정한 뜻을 알아가고 싶습니다. 한 목사를 목회자로, 흩어져 있는 많은 사람들을 성도로 부르시고 그들이 교회를 이루도록 하시는 하나님의 숨겨진 비밀을 그 공동체를 통해 우리가 먼저 배우고 알아가고 싶습니다. 또한 그 비밀을 예배와 말씀을 통해 계속 공급받고, 기도의 깊은 교제를 통해 정화되고, 성령의 도우심을 통해 일관된 삶을 사는데 헌신하자는 것입니다.

그래서 이제 우리는 누구보다도 당당하고 떳떳한 그리스도인으로 살아가고 싶습니다. 우리의 사고와 인식의 범위와 내용들을 하나님의 것으로 채워보자는 것입니다. 이제 더 이상 우리는 세상이 주는 값싼 싸구려 행복이 아니라 진정한 하늘의 복을 누리는 그리스도인이 되어야 합니다. 기독교와 복음에 대한 분명한 이해와 그에 맞는 책임 있는 삶의 모습, 아울러 우리 이름을 내기 위한 방편이 아니라 하나님의 영광을 위한 그런 교회가 되기를 바라는 마음은 저만의 바램이 아니라 모든 이의 소원이 되기를 바랍니다.

18. 귀하지만 쉽지 않은 교회

미국 캘리포니아주에 위치한 새들백 교회의 담임 목사인 릭 워렌(Rick Warren)목사는 교회를 개척할 당시 마을 주변의 불신자들을 상대로 설문조사를 했다고 합니다. 왜냐하면 도대체 사람들이 기독교에 대해서, 특별히 교회에 대해서 어떤 생각을 가지고 있는지가 궁금했었고, 또 그 조사를 토대로 접촉점을 찾고 싶었던 이유에서였다고 합니다. 많은 대답이 있었는데, 그 내용을 읽은 지가 오래 되어서 저의 기억이 정확하지는 않습니다만, 그 중 몇 가지로 요약해 보면 이런 것이었습니다.

첫째는, 설교가 너무 재미없습니다. 둘째는, 교회가 돈을 너무 강조합니다. 셋째는, 크리스천들이 비도덕적인 것 같습니다. 넷째는, 교회가 시대에 너무 뒤떨어진다.

저는 여기서 대부분의 불신자들이 갖는 교회에 대한 생각은 미국이나 한국이나 별로 다르지 않다고 봅니다.

'**설교가 재미없다**'라는 것이 설교의 내용과 영적 깊이를 꾸짖는 것이라고 한다면 설교자들은 귀담아 들어야 할 것입니다. 사실 교회에 오는 사람들은 그들이 믿는 사람이든 그렇지 않든 설교를 세상의 무슨 강연이나 성공 스토리 사례 발표정도로 생각하는 사람은 없을 것입니다. 설교는 그들에게 순간의 용기를 북

돌아 주는 청량음료가 아니라는 사실을 알 필요가 있다고 봅니다.

'돈을 너무 강조합니다.' 라는 말이 교회를 세상의 가치관과 경영원리로 움직여 나가려고 하는 것을 꼬집는 말이라면 교회는 그냥 흘려듣지 말아야 할 것입니다. 교회에 들어온 가장 나쁜 세상의 원리는 '교회에도 돈이 있어야 된다'라는 생각일 것입니다. 그리고 교회 일에 맞는 전문가가 필요하다고 생각합니다. 의외로 이런 생각이 많이 들어와 있습니다. 그러나 교회는 물질과 전문지식에 의해서 움직여지는 것이 아니라 그것들을 부어주시는 하나님의 은혜로 이루어지는 것입니다. 또 그 은혜를 깨달은 자들의 수고와 헌신으로 교회는 커 가는 것입니다. 그 일에 꼭 돈이 필요한 것도 아니고 전문가가 필요한 것은 아닐 것입니다.

'그리스도인이 비도덕적입니다.'라는 말은 신앙의 이원론을 꾸짖는 것입니다. 특별히 어떤 영성신학자가 한국 그리스도인의 특징을 말하면서 이렇게 비꼬아 말한 적이 있습니다. "한국 그리스도인들은 세상용 가면과 교회용 가면을 잘 쓰고 다닌다." 여러분은 어떻게 생각하십니까? 이렇게 된 데에는 많은 이유가 있겠지만 저는 구원과 복음에 관한 이해의 부족 때문이라고 생각합니다. 많은 경우 신앙을 어떤 전형이 있는 것처럼 생각해서 형태와 스타일로 고정해 버리는 형식주의가 가장 큰 문제라고 봅니다. 우리가 보통, 저 사람은 "믿음이 좋다." 라고 할 때 떠올리는 이미지가 대개 형식화된 어떤 상으로 나타납니다. 이 문제는 두

고두고 풀어야 할 문제라고 생각합니다.

'시대에 뒤떨어진다.'는 말은 교회의 세상에 대한 태도를 말한다고 생각합니다. 사실 교회는 이 세상에 있지만 세상에 속하지는 않는 독특한 신적 기관입니다. 또한 세상에 의해서 지배 받거나 규정되지는 않지만 세상을 향해 나아가야 하는 것은 분명할 것입니다. 그렇다고 이들의 비판을 그대로 받아들여서 무조건 세상의 풍습과 유행을 따르려고 한다면 더 큰 위험에 빠질 것입니다. 어떤 교회들은 너무 세상을 쉽고 만만하게 본 결과로 일정한 구분과 선이 없어져 버렸다고 생각합니다. 시대를 무시할 수는 없지만 시대에 편승하려는 어떤 유혹에서 교회는 그 순수성을 반드시 지켜야 한다고 봅니다. 왜냐하면 이 세상은 아직 우리가 모든 것을 다 넘겨줘도 될 만큼 안전지대가 아니기 때문입니다.

속지 말아야...

우리가 한 가지 더 알아야 할 것은 이것입니다. 불신자들이 불만을 갖고 있는 위의 네 가지를 그들이 원하는 대로 다 들어주고 해결해 주는 것으로 그들이 크리스천이 되는 보증수표가 될 수 없다는 사실입니다. 설교를 지루하지 않게 하면 될까요? 돈 이야기는 입 밖에도 내지 않으면 될까요? 가장 도덕적인 삶을 100% 살면 될까요? 교회가 다양한 프로그램으로 시대에 앞서 달려 나가면 될까요?

속지 마세요. 이것은 어디까지나 그들이 말하는 불평일 뿐입니다. 아마 이런 것들이 다 충족되고 난 다음에는 또 다른 교회에 대한 불만사항을 그들은 서슴없이 말할 것입니다. 우리는 세상이 말하는 것에 귀를 기울일 필요는 있지만 그들에 의해 교회가 지배 받거나 조정 될 수는 없다는 사실을 다시 확인해야 합니다.

교회는 세상의 가려운 부분을 시원하게 긁어주는 것에 그 역할이 있는 것이 아니라 오히려 하나님이 원하시는 것이 무엇인지를 찾고 그것을 소중히 여기는 것으로 그 책임을 먼저 다해야 할 것입니다. 하나님이 원하시는 것은 영적인 실력입니다. 그리고 성숙한 삶입니다. 이것이 바로 우리가 세상에 나갔을 때에도 세상에게 지지 않고 당당하게 살 수 있는 비결입니다. 그 당당함이 세상으로 하여금 하나님께로 돌아오도록 하는 표지판이 되는 것입니다. 이런 의미에서 교회와 신앙생활은 귀한 것이지만 절대로 쉬운 것이 아닙니다.

19. 우정 충만한 교회

어느 선배 목사님이 그 교회 부교역자를 향해 진지하게 충고하던 내용이 생각납니다. "여러분, 목회는 인간관계입니다. 원만한 인간관계는 목회의 생명입니다. 여러분은 할 수 있는 대로 인간관계를 잘 해야만 목회에 성공할 수 있습니다." 이 말에 전혀 일리가 없는 것은 아닙니다. 목회라는 것이 보이지 않는 하나님과의 관계에서 비롯되어 보이는 사람과의 관계로 이어지는 사역이기 때문입니다. 그러나 목사와 성도가 인간관계로 맺어지거나 교회의 기초가 인간관계로 세워지는 한, 그 교회는 엄청난 영적 결함을 가지게 됩니다.

개인적으로, 목회에 있어서 가장 나쁜 것은 끈끈한 인간관계를 기초로 맺어진 교회라고 생각합니다. 왜냐하면 이런 교회에서 거룩한 부흥과 영적인 각성이 일어나는 법이 없기 때문입니다. 교회의 기초가 무엇인가 하는 것은 매우 중요합니다. 왜냐하면 그 기초가 사단이 노리는 시험의 대상이 되기 때문입니다. 돈이 기초가 되어 세워진 교회는 돈이 그 교회의 걸림돌이 되고, 실력 있고 재능 있는 사람들이 기초가 되어 세워진 교회라면 그 똑똑함과 재능이 그 교회의 걸림돌이 됩니다. 인간관계로 기초한 교회라면 그 인간관계 때문에 질질 끌려가는 교회가 됩니다.

Relationship 과 Fellowship

끈끈하고 다정한 인간관계를 교회 생활 속에서 구축하고 싶다는 소망을 가지고 있는 한, 그 교회는 교회의 본질에서 이탈하는 것입니다. 물론 요즘처럼 많은 사람들이 소외감을 느끼고 외로움을 느끼는 시대에는 더욱 인간관계를 중시하는 것은 당연할지도 모릅니다. 그래서 하나님과의 절대적 관계인 Relationship보다는 인간관계에 비중을 둔 Fellowship(친교)에 교회가 더 치중하는 것인지도 모릅니다. 그래서 교회를, 말씀을 듣고 기도하고 영적인 은혜를 공급받는 처소가 아닌, 끈끈한 정을 나누는 '만남의 장'으로 쉽게 제공합니다. 그리고 이런 시도는 어느 정도 교회 성장에 효과를 발휘하는 것처럼 보입니다. 그러나 목사와 성도와의 관계, 그리고 성도와 성도와의 관계는 인간관계의 정이 아니라 그리스도와의 관계여야 합니다.

아무리 많은 사람들이 교회 문턱을 드나들고 있다 해도 그릇된 만족을 추구하는 곳에는 거룩함도 없고 경건함도 없고 애끓는 간절함과 기도나 눈물도 없습니다. 목사와 성도의 관계, 그리고 성도와 성도의 관계에 있어서 인간관계는 바로 교회가 그릇된 자기만족에 빠지는 원인이 됩니다. 하나님 나라의 실현에 대하여 목마르기 보다는 인간관계에 목말라하고 만족하는 무기력한 교회가 됩니다.

하나님 자신에 대한 목마름이 없고 그 나라에 대한 갈망이 없는 신자들이 자신을 거룩한 삶으로 인도하는 진지한 목양을 기뻐할 리가 없는 것입니다. 인척관계나 목회자의 인간적인 친분을 중심으로 시작하는 교회가 부흥을 보지 못하는 이유도 이 때문입니다. 더 큰 문제는 이러한 인간관계를 중심으로 이루어진 교회는 하나님의 말씀에 은혜를 받고 진정한 목양을 받고 싶어 하는 사람들로 하여금 쉽게 교회 안으로 들어오지 못하도록 담을 쌓게 된다는 것입니다. 교회가 친목과 우정으로 충만해지는 것과 신령한 은혜로 충만해지는 것은 같은 것이 아닙니다. 하나님의 은혜에 대한 갈망이 인간관계로 대치된다면, 그로 인해 즐겁고 부담 없는 교회생활은 가능할지 몰라도 신령한 사람은 절대로 될 수 없는 것입니다.

사교 클럽

혹 여러분 중에 주일날 그렇게 열심히 봉사하고 집으로 돌아오는 길에 가슴이 무너져 내리는 것 같은 공허함을 맛본 적은 없습니까? 함께 어울려 있을 때는 즐겁고 무엇이 되어가는 것 같은 데 혼자가 되었을 때 자신 안에 아무것도 남아 있지 않는 것 같은 불안감을 느껴 본 적은 없습니까? 이 모두가 교인들 간의 교제가 부족해서가 아니라 하나님의 신령한 은혜가 없기 때문입니다. 교회가 신령한 은혜 없이 단지 끈끈한 인간관계로 교회의 사명을 감당 할 수 있다고 생각하는 것은 사교 단체를 설립하는 정신이지 하나님의 교회를 세우는 정신은 아닙니다.

교인들이 교회에 나오게 되는 이유는 복음 때문이고 그리스도 때문이어야 합니다. 그리스도가 아니라면 교회 내에서 만날 이유가 없기 때문입니다. 그리스도 때문에 목회자의 목양을 받는 것이지 목사와의 친분 때문에 교회에 나오는 것이 아닙니다. 한 목회자의 고매한 인격 때문이라든지, 그의 뛰어난 지식 때문이라든지, 교회의 아름다운 건물 때문이라든지, 아니면 어떤 성도와의 친분관계나 사업상의 이익 때문에 교회를 선택했다면 여러분은 반쯤 실패한 채로 교회생활을 시작한 것입니다.

20. 우리가 모인 이유

오늘은 개척하고 교회를 설립한 지 1년이 되는 시점입니다. 사실 교회를 시작하고 세우는 것이 목사와 그리고 함께한 성도들이 자원하여 감당하는 것이기는 하지만 엄밀히 따지면 교회의 시작은 주님의 뜻으로 말미암는 것이고 그 뜻에 순종하여 섬기는 저와 여러분들이 있을 뿐입니다.

지금까지 저와 여러분은 누가 잘했다, 못했다를 따질 것이 없고 각자의 영적인 수준과 실력만큼 여기까지 온 것인지도 모릅니다. 그리 쉽지 않은 누구나 경험하지 못하는 우리에게 주어진 신앙의 독특한 여정을 인내하면서 걸어왔습니다. 도중에 우리가 겪었던 어려움들의 대부분은 하나님의 뜻에 대한 조급함 때문이었습니다. 지나온 지금 그 모든 것이 하나님의 때에 우리를 향한 계획이었음을 우리는 함께 느꼈습니다.

성경의 하이라이트

교회를 시작하기 전, 저의 마음속에서 떠나지 않았던 한 가지 고민이 있었습니다. 미국에 오기 전, 부교역자로 섬기면서 틈틈이 한국에서 많은 교회를 탐방하고, 교회에 관한 많은 성경적 자료를 연구하고, 또 오랜 시간 동안 책과 씨름 하면서 나름대로 얻었던 결론이 하나 있었습니다. 그것은 교회를 향한 하나님의 애끓는 마음이었습니다. 이 시대뿐만 아니라 창조이후 여러 세대를 거치는 동안 하나님은 이 세상에 한 가지 독특하고 구별된 것을 염두에 두고 계셨다는 것을 알게 되었습니다. 그것이 바로 교회였습니다. 예수님께서 이 땅에 내려오시고 친히 교회를 세워 주셨다는 것은 하나님의 교회를 향한 계획의 하이라이트라고 할 수 있을 것입니다. 그리고 천국의 삶이 바로 이 지상에서의 교회의 삶과 연관된다는 것을 분명히 알게 되었습니다. 이런 관점에서 성경을 다시 보았을 때 교회를 향한 하나님의 엄청난 계획과 그 치밀함에 놀라지 않을 수 없었습니다. 창세기의 이야기가 그것이었고 계시록의 이야기가 교회의 완성을 말하는 것이었습니다.

그러면서 과거 교회사에서 일어났던 부흥의 역사에 대해 관심이 생기기 시작했고 그들의 자료들과 역사에 관한 책을 읽으면서 또 한 가지 공통점을 발견하게 되었습니다. 그것은 바로 교회의 성장과 부흥은 어떤 주기를 타고 오르락내리락 했다는 점인데, 그 주기의 가장 중요한 기준이 하나님의 말씀에 대한 목사와 신자들의 태도였다는 것입니다. 성경에 대한, 즉 하나님의 말씀에 대한 절대적 신뢰와 바른 강단의 선포가 있었던 시대에는 영적 부흥을 경험했지만 강단이 타락하고 그 힘을 잃어 버렸을 때 여지없이 교회의 타락이 뒤 따랐다는 것을 알 수 있었습니다.

죽는 만큼 힘들지만…

　이러한 사실을 말씀과 교회사를 통해 익히 알고 있는 저로서는 목회를 하고 교회를 맡아 섬긴다는 것이 처음에는 죽는 것보다 더 힘들 것이라는 부담감으로 다가왔습니다. 왜냐하면 그 일을 감당하기에 아직도 저는 모자라는 부분이 너무 많기 때문입니다. 그러나 얼마 있지 않아 하나님은 저에게 지금 현 시대의 한국교회의 실체를 부분적으로 보여주셨습니다. 특별히 이곳 휴스턴에 와서 그 실체를 더 피부로 느낄 수 있었습니다. 어느 정도 예상은 했지만 교회의 부패와 타락, 그리고 오도된 기독교의 진리, 그러면서 여전히 자신들은 하나님의 백성이라는 안일한 신념, 이런 것들로 가득 차 있는 교회의 현실 앞에 가슴을 치고 눈물을 흘리지 않을 수 없었습니다. 그렇게 고민하고 기도하는 중에 하나님께서는 교회를 시작하도록 하셨습니다.

　저는 이런 목표를 두고 교회를 시작했습니다. "교회는 하나님의 말씀이 제대로 선포되어야 하는 곳입니다. 그러기 위해서는 목사인 나 자신이 먼저 말씀에 대한 확고한 입장을 가지고 있어야 하고 말씀에 대한 진지함이 설교에 배어 나와야 하고 그렇게 될 때 목사는 물론이고 성도들도 설교를 믿을 수 있는 것입니다." 다시 말해 설교라는 말씀 선포를 통해서 목사도, 교인도, 궁극적으로 교회도 바르게 성장할 수 있다는 확신입니다. "그래서 다른 어떤 일보다도 이 설교 사역에 목사인 내가 목숨을 걸어야 합니다." 고 생각했습니다. 그리고 또 한 가지는 교회를 바라보는 시각이었습니다. 교회는 교회 자체를 유지하는 것이 목적이 아니라 교회를 통해 각자의 삶이 거룩해져서 주님을 닮는 것에 신앙의 목표를 두어야 한다는 것입니다. 그래서 교회 안에서만 맹목적으로 충성하고 열심을 내는 종교적인 명분에 매여 있는 사람들을 만들기 보다는 그 열심과 충성이 자연스러운 은혜의 결과로 삶에서 열매 맺기를 원했습니다.

철이 빨리 든 우리들

그런데 알고 보면 이러한 일도 그 교회 성도들이 제대로 감당하지 못하면 소용이 없습니다. 목사가 생각하는 교회방향에 함께 공감해 주고, 동역해 주고, 섬겨주는 성도들이 없으면 아무것도 아닙니다. 이런 점에서 저는 저희 교회 성도님들이 무척 자랑스럽습니다. 저보고 누가 좀 와서 "교인 자랑 좀 해 주세요." 라고 부탁하는 사람이 없어서 그렇지, 기회만 주어진다면 밤을 새워 자랑하고 싶은 솔직한 마음입니다. 여러분들 개개인은 그 개성이 다르고 성격이 다르지만 한 가지만은 동일한 마음을 저는 매주 읽을 수 있습니다. 하나님을 사랑하고 교회를 사랑하는 마음과 말씀에 대한 사모함입니다. 나중에 우리 교회를 사람들이 평가할 때 이것을 가장 먼저 떠올리게 될 것입니다. 실제로 지금 그런 이야기가 전해지고 있습니다. 그래서 저는 행복한 목사입니다. 그렇다고 여러분들이 '나는 다른 교회 교인들보다 한 수

위다.' 라고 생각하지는 마십시오. 다만 여러분들은 영적으로 철이 조금 빨리 든 것뿐입니다.

  부족하지만 저의 설교를 계속 들으시는 분이 꽤 있는 것 같습니다. 그리고 어떤 분들은 주위 분들에게 전해드리기도 하고 들었던 설교에 대해 이런 저런 이야기도 나눈다고 합니다. 이런 이야기를 들으면 목사가 기분이 좋을 것 같지만 사실은 그 반대입니다. 그러나 저는 짐이라고 하면 짐일 수 있는 이 일에 충성을 다하고 싶습니다. 왜냐하면 저의 설교를 듣는 것을 시작으로 해서 궁극적으로 말씀 속에 살아계신 하나님을 직접 만나고 경험하는 사람들이 점점 늘어날 것이기 때문입니다. 저의 한 가지 소원은 이것입니다. 휴스턴에 있는 모든 주의 백성들이 말씀 속에 살아서 역사하고 계신 하나님을 경험하는 것입니다. 그리고 우리 교회가 휴스턴에서 제일 큰 교회가 되는 것에는 관심이 별로 없습니다. 그러나 한 가지 관심, 아니 저의 집착이라 할 만큼 관심이 가는 것이 있습니다. 그것은 말씀의 은혜가 끊임없이 솟아나는 교회가 되는 것이고 그 교회 안에서 몸담고 신앙 생활하는 분들이 주님을 닮아가는 것입니다.

21. 교회를 다니는 이유

한국에 있는 교회와 이민교회는 몇 가지 다른 점이 있는데 그 중에 하나는 한국교회를 출석하는 사람들 대부분은 신앙생활을 하기 위해서인데 반해, 이민교회 교인들은 꼭 그렇지 않다는 것입니다. 한국은 교회가 아니더라도 얼마든지 재미있고 갈 데가 많습니다. 종교를 가지지 않아도 얼마든지 위로를 받을 수 있고 자아를 실현할 만한 프로그램들이 많습니다. 이런 분위기에서 굳이 교회를 다닌다는 것은 신앙이 그 첫 번째 이유가 됩니다.

반면에 이민교회의 출석 동기는 신앙이 목표가 아닌 경우가 많습니다. 왜냐하면 이민이라는 상황은 어떤 사회보다 교회라는 조직과 깊이 연관되어 있기 때문입니다. 그래서 그 사회에 기독교가 영향을 끼치고, 다수가 교회 출석을 하는 입장이라면 교회라는 조직에 관여하는 것은 당연한 것입니다. 그래서 이들 중에는 교회는 떠나지 않으면서 신앙엔 관심이 없는 사람들이 있습니다. 그 중에는 어디 놀러 갈 데가 없어서 교회를 기웃거리는 사람도 있습니다.

교회 멤버와 그리스도인

교회의 멤버가 되는 것과 그리스도인이 되는 것은 다른 것입니다. 정기적으로 교회라는 조직에 동참하는 사람이 되는 것과 그리스도를 머리로 하고 믿는 사람들을 지체로 하는 그리스도인이 되는 것은 구분해야 합니다. 왜냐하면 교회가 주는 혜택 때문에 교회를 떠나지 않고 있는 사람들이 상당 수 있기 때문입니다. 뒤집어 말하면, 교회로부터 받는 혜택이 중단되면 교회를 다닐 이유가 없는 사람이 있다는 것입니다. 비즈니스 때문에, 자녀들 때문에, 또는 자아실현을 구실로 또는 취미활동이나 여가선용으로 교회를 출입하는 사람들이 있습니다.

형식적으로는 교회를 떠나지 않았지만 그 마음이 하나님을 떠나고 그의 삶이 하나님의 말씀에서 떠난 것이라면 그는 진정한 그리스도인이 아닙니다. 교회 안에도 교회는 붙잡으면서도 하나님을 버리는 길을 택하는 사람들이 점점 늘어갑니다. 이들에게 교회는 하나님이 임재하거나 하나님의 거룩함 때문에 죄를 회개하거나 엎드려 예배하는 곳이 아니라, 그저 자신의 이익을 위해 발을 걸쳐 놓은 곳일 뿐입니다.

우리의 생각 속에서 빨리 지워야 할 시급한 문제 중의 하나는 교회는 사람들의 마음을 만족시켜주는 곳이라는 생각입니다. 교회는 교회에 들어 온 사람들을 만족 시켜주거나 어떤 혜택을 제공하는 곳이 아닙니다. 오히려 그 반대입니다. 그들을 정죄하는 곳이고 그들을 꾸지람 하는 곳입니다. 교회에 들어 온 사람들에게 교회가 제일 우선적으로 주어야 할 것이 있다면 비즈니스 소개나 정보교환이 아니라, 자신을 하나님 앞에서 점검하도록 철저히 낮추는 것입니다.

물론 교회에 들어 온 사람들 중에는 낙심 가운데 있거나 어려움에 처한 사람들도 있습니다. 위로가 필요해서, 또 도움이 필요해서 교회를 찾는 사람들도 있습니다. 그때 교회는 위로해야 하고 그들에게 도움을 줄 수도 있습니다. 그러나 우리가 줄 수 있는 도움과 위로는 머지않아 한계에 부딪히게 되고 그렇게 잘못 길들어진 교인은 더 나은 혜택과 도움을 요청하는 악순환이 벌어집니다. 마침내 이런 도움이 공급되지 않을 때 교회를 떠납니다. 물론 그동안의 교회 생활에서 신앙의 본질과 복음을 들어볼 기회를 가지지 못했다면 이 사람은 교회만 떠난 것이 아니라 진리에서 이탈하게 되는 것은 너무나 당연한 결과입니다.

만병통치약은 없다

교회가 교인들에게 이 세상의 생존경쟁에서 살아남을 수 있는 비법을 제공하고 그들이 원하는 것이라면 무엇이든 들어 줄 준비를 갖추고 문턱을 낮춘다는 명목 아래 행하는 각종 프로그램들은 저를 가슴 아프게 합니다. 교회가 그들의 영혼의 상태를 제대로 진단하고 그에 따른 영적인 처방전과 치료책을 제시하지는 않으면서 모든 교인들의 필요를 채워주어야 하는 장소로 전락하는 것은 면허 없는 돌팔이 의사가 만병통치약을 선전하면서 연명해 가는 것과 같습니다.

처음부터 신앙이 좋은 사람으로 태어나는 건 아닙니다. 하지만 교회는 교인들을 그런 사람으로 만들 책임이 있습니다. 이 책임을 다하기 위해, 필요한 프로그램이나 어떤 행사라면 얼마든지 사용할 수 있을 것입니다. 행사를 위한 행사, 교회를 유지하기 위해 만들어 놓은 인위적인 프로그램들은 더 계발해야 할 것이 아니라 버려야 합니다. 오직 교회는 교인들을 그리스도인으로 만드는데 관심을 가져야 합니다. 참된 그리스도인은 프로그램이나 행사로 이루어질 성질의 것이 아닙니다. 한 명의 교인이 진정한 그리스도인으로 변화되는 데 걸리는 시간과 비용은 특별 행사 하나를 치러내는 것보다 훨씬 많이 들 것입니다. 그러나 이 귀한 일에 힘을 다하고 애를 쓰는 교회가 좋은 교회입니다.

22. 교인 수, 건물, 돈

개척교회로서 그리 많지 않은 교인들과 목회를 하는 나 같은 목사에게 "목사님, 교인 수는 많이 늘었습니까?" 라는 질문은 답변하기 참 곤란하게 만듭니다. '뻥 튀겨서 교인 수가 많다고 말해 버릴까? 아니면 장황한 설명을 하면 이해를 하실까? 이런 저런 설명이 변명으로만 보이지는 않을까?' 짧은 순간에 많은 생각이 지나갑니다.

그래서 개인적으로 이런 질문을 받으면 나는 우리 교회에 등록해서 출석하는 교인 수를 정확하게 말해 줍니다. 그러면 더 이상 숫자 가지고는 질문을 하지 않습니다. 그 분이 많다고 생각하든 적다고 생각하든 그래서 저를 소위 유능(?)하다고 생각하든 그렇지 않다고 생각하든 자유로 맡기고 싶은 생각 때문입니다.

엘리베이터가 있는 교회

교인 수가 늘어나면 교회는 건물에 관심을 가지게 됩니다. 좁은 공간에서 제대로 된 신앙생활이나 아이들 교육 또는 다양한 활동들을 하기가 여간 불편한 게 아니기 때문입니다. 특히 미국 교회를 빌려 쓰거나 건물을 임대해 쓰는 교회일수록 교인수가 늘어나면 자기 건물에 대한 애착은 더 커집니다.

그래서 교회와 교인들은 조금 무리를 해서라도 예배당 건축을 서두르기도 합니다. 다 그런 건 아니지만 간혹 교회끼리 경쟁하듯 예배당 건물을 화려하게 짓기도 합니다. 그래서 "최고급 파이프 오르간이 있는 교회" 또는 "엘리베이터가 있는 교회"등의 자랑을 나누기도 합니다.

이민교회의 현실적 문제를 다룬 어떤 책에서 한국교회의 세 기둥이 있는데 첫째는 숫자이고, 둘째는 건물이고, 셋째는 돈이라는 글을 읽은 적이 있습니다. 이 세 기둥이 불행하게도 이민교회의 현실을 어느 정도 반영하는 것 같습니다. 그렇다고 교회가 부흥하여 성장하는 것과 큰 예배당을 통해 교회가 방주의 역할을 감당하는 것, 그리고 넉넉한 교회 예산으로 주님의 사랑을 실천하는 것을 잘못이라고 말하고 싶은 것은 아닙니다. 이런 교회는 마땅히 칭찬 받아야 하고 좋은 모델로서 다른 교회는 본을 받아야 합니다.

개인적으로 존경하는 목사님 중에는 교회가 커지는 것에는 도무지 관심이 없는 분을 알고 있습니다. 그 분의 말을 빌리자면, 교인수가 늘어나는 것에 목회의 초점이 있는 것이 아니라 교회에 속한 한 사람 한 사람이 진정한 그리스도인으로 변화되는 것이 목회라는 것입니다.

그런데도 그 교회는 사람이 계속 늘어나고 있습니다. 이 행복한 고민(?)을 해결하기 위해 목사님은 교회를 분립해서 독립교회로 개척을 시킵니다. 그리고 자신이 목회하고 있는 여러 명의 교인들을 여러 명 개척교회로 보내어 신앙생활 하도록 합니다.

그렇게 해서 분립 개척된 교회가 약 8개가 됩니다. 물론 개척된 교회와는 그 이후로는 전혀 관계하시지 않습니다. 개척된 이상 그 교회 목회자가 전적으로 하나님 앞에서 목회하도록 소위 말하는 내정 간섭(?)을 하지 않습니다. 교회 이름도 그 목회자와 교회가 정하도록 하지 "제2 OO교회" "자매 교회"라는 연결 고리도 끊어 버립니다.

분립합시다.

가끔 나에게도 이런 질문을 합니다. "목사님은 교회가 커지고 교인이 늘어나면 그 다음은 어떤 방향으로 목회를 하실 생각입니까?" 이럴 때 나는 위의 목사님의 예를 설명하면서 답을 대신합니다. 물론 이 방법이 절대적인 것은 아닙니다. 얼마든지 다르고 바른 방법들도 있을 것입니다. 그런데 이렇게 고집하는 이유는 교회는 절대로 수를 늘리는 곳이 되어서는 안 된다는 생각 때문입니다.

일단 교인 수가 늘어나면 목회자는 그 교인을 제대로 감당할 수가 없습니다. 그러면 평신도 지도자를 세우면 되지 않느냐고 쉽게 말합니다. 그러나 그 결과가 썩 좋지 않기도 하지만 이 생각도 내가 아니면 안 된다는 생각일 수 있으며 결국 수에 연연하는 생각입니다. 수와 건물과 예산에 매달리면 복음의 중요한 가치를 잃어버리기가 쉽고 신앙의 본질에서 벗어난 비본질적인 싸움에 교회가 매달릴 가능성이 높아집니다.

교인 수가 늘어나는 것도 중요하겠지만, 더 중요한 것은 그들이 참된 그리스도인이 되는 것입니다. 예배당 건물도 필요하겠지만, 그 교회에 끊임없이 공급되는 하나님의 은혜가 있느냐가 더 중요할 것입니다. 교회 예산이 넉넉해져서 무슨 일이든 잘 해내는 것도 자랑이고 복일 수 있지만, 좀 부족해도 그리스도를 사랑하는 마음에서 우러나오는 섬김이 있느냐가 더 중요하지 않을까요?

23. 교회는 다녀도 예수를 믿지 않는 사람들

　자녀들 중에 학교도 잘 다니고 공부도 열심히 하는 착한 아이였는데 친구를 잘못 사귀는 바람에 나쁜 일에 빠져 아이가 점점 삐뚤어진 이야기를 듣게 됩니다. 이런 탈선은 그 아이의 전부를 빼앗아 간다고 해도 과언이 아닙니다. 왜냐하면 그 자녀가 다시 정상적으로 돌아오는 데는 오랜 시간이 걸리고 자신뿐만 아니라 다른 사람의 인생도 망치게 되기 때문입니다.

　신앙에 있어서도 마찬가지입니다. 사람이 잘못된 가르침으로 시작하거나 바른 신앙에서 탈선을 하게 되면 신앙만 이상해지는 것이 아니라 사람 자체도 완전히 다른 사람이 되어 버립니다. 예수를 믿어서 완전히 딴 사람이 되는 경우도 있지만 예수를 믿다가 탈선한 사람들도 완전히 다른 사람이 될 수 있습니다.

　많은 분들과 신앙에 관해 이런 저런 이야기를 나누다 보면, 늘 안타까운 것이 있습니다. '이 분이 처음부터 바른 신앙의 길로 들어섰다면 굉장히 예수를 잘 믿을 사람인데…'하는 아쉬움입니다. 말씀에 대한 사모함도 있고, 열정도 있고, 잘 믿어 보겠다는 소원도 있는데 정작 그 신앙의 내용에 알맹이가 없고 성경적이지 못할 때 이 분은 그만큼 시간을 허비한 꼴이 됩니다.

진리에 대해 무지한 사람

　신앙생활 하는 교인들은 목사가 설교하고 가르치는 내용대로 따라가게 되어 있습니다. 결국 신앙생활이라는 것은 설교와 말씀을 배우는 것으로 시작합니다. 그렇기 때문에 교회는 바른 진리를 선포해 주어야 합니다. 그저 물에 물탄 듯 두루뭉술하게 선포할 게 아니라 분명하고 선명하게 선포해야 합니다. 그래야 신앙생활을 처음으로 하는 사람들이나 새로 신앙생활하는 분들에게 그만큼 시행착오 할 시간을 줄일 수 있기 때문입니다.

　진리에 대한 왜곡만큼 이 시대에 안타까운 것은 없습니다. 성경은 전 세계에 퍼져있지만, 진리는 점점 왜곡되어 나타나고 있습니다. 교회는 거의 없는 곳이 없을 정도로 우뚝 세워져 있지만, 그 안에는 진리가 선포되지 않고 있습니다. 예수 믿는 사람들은 전 세계에 흩어져 있지만, 그 사람들 중에 상당수가 진리를 들어본 적이 없는 사람들이 있습니다. 많은 사람들이 교회를 출입하고 있지만, 상당수가 예수를 믿지 않는 사람들입니다. 교인들은 말씀에 대해 무지한 사람이 되어 버렸습니다.

　교회가 많은 사람들에게 실망을 줄 수 있다는 것을 인정해야 합니다. 믿는 사람들이 삶의 본을 보이지 않을 때, 특히 교회가 외형주의를 지향하거나 물량주의로 흐르면 아무것도 내세울 것 없는 어린 신자들은 교회에 붙어 있지를 못합니다.

무엇보다도 예배 시간마다 하나님의 말씀이 제대로 선포되지 않거나 복음이 분명하게 드러나지 않는다면 거기에 앉아 있는 많은 사람들의 영혼은 점점 병들어 갈 것입니다. 그리고 급기야는 은혜 없는 형식적인 신앙생활을 하게 되든지, 아니면 그 교회를 떠나든지 둘 중의 하나가 될 것입니다. 그렇기 때문에 교회는 죽으나 사나 복음만을 선포해야 합니다. 그래서 모두가 하나님 앞에서 죄인이고 자랑할 것이라고는 하나도 없다는 것을 귀가 따갑도록 들려주어야 합니다.

교회가 자기를 알아주지 않기 때문이라든지, 인간적인 문제로 교회를 떠나는 것은 실족하는 게 아닙니다. 신앙의 내용을 가져 본 적도 없는 데 무엇을 잃는다는 말입니까? 교회는 누구에게나 열려 있습니다. 복음은 차별이 없기 때문입니다. 그래서 믿음이 전혀 없는 사람도 강도도 살인자도 누구나 교회에 들어올 수 있습니다. 그러나 교회에서 복음이 제대로 선포되어도 그 복음은 교회에 들어 온 사람 모두의 것은 되지 않습니다.

왜냐하면 그 복음의 내용이 그 사람과 철저하게 싸우기 때문입니다. 진리가 그 사람의 죄와 잘못된 부분을 고치려 하기 때문입니다. 그런데 여기서 도망가는 사람들은 복음을 듣기는 했지만 그 복음이 자기의 것은 되지 않는 사람입니다. 그래서 복음이 주는 부담감 때문에 교회를 떠나게 됩니다.

교회에만 붙잡아 두면 뭘 해?

많은 사람들은 일단 교회에 들어 온 사람들을 붙잡아 두어야 한다고 생각합니다. 그래서 인간적인 방법으로 접근하고 관계해서 교회에 등록시키려 합니다. 복음을 통해 스스로 그 복음에 부딪히게 만드는 것이 아니라 일단은 인간적인 관계나 프로그램으로 그 사람을 잡아 두는 것이 급선무라고 생각합니다.

교회에서 제대로 복음이 선포되면 그 사람은 둘 중의 하나로 반응을 하게 됩니다. 그 복음 앞에 무릎을 꿇든지 아니면 예수를 믿지 않든지 둘 중의 하나입니다. 교회에 잘 다니는 사람이라고 그가 예수를 믿는 사람이라고 생각하면 큰 오산입니다. 교인들이 많으면 우리 교회는 좋은 교회, 또는 복 받은 교회라고 생각합니다. 그러나 그 교회 안에 있는 교인들이 교회 안에 머물러 있는 이유가 복음이 아닌 다른 것이라면 나중에 비싼 대가를 치루게 된다는 것을 알아야 합니다.

24. 예수는 믿어도 교회 다니지 않는 사람들

주일 이른 아침, 한 아들이 엄마한테 교회 가기 싫은 이유 세 가지를 말하면서 떼를 쓰고 있었습니다. 첫째는 더 자고 싶은데 일찍 일어나는 게 싫다는 것입니다. 둘째는 교회에 보기 싫은 사람들이 있다는 것이고, 셋째는 하루 종일 교회에 있으면 놀러 갈 수가 없다는 것입니다. 이때 엄마가 교회에 꼭 가야하는 이유 세 가지를 아들에게 말하였습니다. 첫째는 예수님도 새벽부터 기도하셨기 때문이고 둘째는 사람을 보러 교회 가는 건 아니기 때문이고 셋째는 결정적인 이유인데 너는 그 교회 담임목사이기 때문이라는 것입니다.

교회에 등록하는 것과 정기 예배에 참석하는 것을 거절하는 사람도 있고, 하나님은 사랑하지만 교회는 싫어하는 사람도 있습니다. 예수를 믿는다고 하면서도 지금 교회를 다니지 않는 이유 몇 가지를 설명하는 사람들과 이야기 하면서 느끼는 것은 신앙생활에 있어서 본질적인 문제와 지엽적인 문제를 잘 구분하지 못하고 있다는 것입니다.

이들에게는 한 가지 이유를 잠재우고 나면 또 다른 이유가 줄줄이 나오게 되어 있습니다. 이런 사람들을 위해 목사가 할 수 있는 일은 그 사람이 언젠가는 교회에 나올 만한 충분한 이유,

즉 하나님을 발견하게 해 달라고 기도하는 것뿐입니다.

미국교회를 다니는 사람들

내가 알기로는 교회에 어떤 문제가 일어나서 그 교회를 떠나는 사람들 중에는 당분간 미국교회를 다니거나 아니면 교회 나가는 것을 쉬려고 하는 사람들이 있습니다. 그동안 교회 생활이 너무 힘들고, 받은 상처가 크고, 실망한 게 많다는 이유입니다. 그래도 자기는 예수를 믿는 사람이라고 쉽게 생각합니다.

정기적으로 예배를 드리지 않아도 또 교회에 나가지 않아도 내 신앙과 믿음은 경건서적을 사서 읽거나 설교 테잎을 들으면서 얼마든지 챙길 수 있고 방해 받지 않을 수 있다고 생각합니다. 물론 그도 예수를 믿는 사람일 수 있을 것입니다. 그러나 진정으로 예수를 믿는 사람은 교회를 가고 싶으면 가고, 가기 싫으면 안 가도 되는 곳으로 생각하지 않는다는 것입니다.

성경은 고립된 그리스도인에 대해서는 거의 언급을 하지 않습니다. 믿음의 사람은 언제나 공동체를 이룹니다. 바울은 "**모이기를 폐하는 어떤 사람들의 습관과 같이 하지 말고 오직 권하여 그날이 가까움을 볼수록 더욱 그리하자**"(히 10:25)고 하였습니다. 성경은 고립되어 은둔하고 혼자 명상을 즐기는 따위의 감상적 발상을 말한 적이 없습니다. 또 별로 감사를 느끼지도 못하는 상태에서 하나님께 예배를 드리고 찬양을 드리는 것은 위선이라고 생각합니다. 인간의 감정이 중요한 것은 사실이지만 성경은 우리가 느끼는 방식에 대해서는 시간을 거의 허비하지 않습니다.

인터넷으로 예배를 드린다구요?

만약 우리가 혼자 집에 있으면서 성경을 읽고 인터넷으로 예배를 대신한다면 편하기는 하겠지만 많은 것을 놓치게 될 것입니다. 왜냐하면 우리는 자기도 모르는 사이에 주변 문화의 지배를 받고, 무지함에 지배를 받고, 스스로도 미처 몰랐던 편견에 의해 왜곡된 시각으로 성경을 읽고 신앙의 방향을 엉뚱하게 잡을 수 있기 때문입니다. 이렇게 되면 예수를 믿는 사람이라고 말하긴 하지만 이상한 그리스도인이 되기 쉽습니다.

우리는 늘 '교회 때문에' 또는 '누구 때문에' 자기 신앙이 이렇게 돌 같이 굳어졌다고 핑계 대지만 그럼에도 불구하고 교회생활을 통해 주시는 하나님의 은혜와 긍휼을 맛보지 않는 사람들의 마음은 결국 가시나무로 변하게 됩니다. 그리고 그 마음 안에는 참된 안식을 누릴 수 없는 황폐한 것으로 가득 차게 되어 회복되기 힘든 사람으로 변해갑니다. 그러므로 우리는 이 세상에서 하나님의 백성으로 살아갈 수 있는 어떤 원동력을 간직하고 살아야 하는데 그 원동력은 바로 은혜가 있는 교회생활입니다.

교회를 다니면서도 은혜를 맛보지 못하는 사람도 아주 심각한 병에 걸려 있는 증거가 되기도 하지만 예수를 믿는다고 하면서 정기적인 예배에 출석하지 않고 교회 공동체에 관여하지 않는 사람들 또한 영적 불감증에 걸려 있다는 걸 알아야 합니다. 단지 성전 뜰만 밟고 다니는 사람에게 차원 높은 고백이 나오기 만무한 것처럼 교회에 나오지 않으면서도 〈리얼 크리스천〉이라고 생각하는 것은 영적 무지의 소치일 뿐입니다. 이 어두운 세상을 혼자 살아가기에는 너무나 역부족이어서 주님의 도움과 은혜 없이는 한 순간도 살아갈 수 없다는 고백을 할 줄 아는 사람만이 하나님의 크신 긍휼을 맛보게 되는 것입니다.

25. 무너지는 교회들

이런 말을 들은 적이 있습니다. "아무리 힘들고 어려워도 우리 나라는 절대로 망하지 않습니다."는 것입니다. 왜냐하면 한국에 는 교회가 이렇게 많고 신자가 이처럼 많기 때문에 하나님께서 감히 멸망시키시지 못한다는 것입니다. 성경을 보면, 이스라엘 이 우리와 꼭 같은 생각을 했던 적이 있습니다. 하나님은 절대로 당신의 집인 성전을 멸망시키지 못한다는 것입니다.

그러나 이스라엘의 성전은 파괴되었습니다. 이유는 그들이 하 나님의 언약을 버리고 더 이상 하나님께 헌신적이지 않았기 때 문입니다. 우리는 내가 꼬박꼬박 교회에 나가는 한, 망하지 않을 것이라고 생각합니다. 교회 일에 열심히 관여 하는 한, 하나님이 복을 주실 것이라 믿습니다. 교회에 이렇게 사람들이 몰려오는 데 어떻게 망할 수 있느냐고 반문합니다. 넉넉한 예산이나 탁월 한 은사를 가진 사람들이 교회를 지키고 있는 한 교회는 영원할 것이라고 믿습니다. 게다가 훌륭하고 유명한 목사 밑에서 신앙 생활 하는 한, 우리 교회가 가장 좋은 교회라고 생각하기 쉽습니 다. 이런 교회에 몸담고 있는 한, 내 신앙도 그리 나쁘지 않다고 안심하게 됩니다. 가끔 분에 넘치는 헌금이라도 한 번 하고 나면 다 된 사람으로 안심합니다.

무너지는 교회들

 그러나 그 안에 하나님을 믿는 제대로 된 신앙이 없으면 그 교회도 무너집니다. 건물이 없어지고 교회가 문을 닫는 것만이 망하는 것이 아닙니다. 겉으로는 아무런 문제가 없는 것처럼 보이지만 그 안에 있는 대부분의 교인들이 제대로 된 신앙이 없으면 그 교회는 무너집니다. 하나님이 원하시는 것이 무엇인지에 대한 진지한 고민과 반응 없이 즐거움과 편안함만을 추구하다가는 언제 무너질지 모릅니다.

 예배만 드려주고 헌금만 하면 자기들을 더 이상 해코지 않을 수준으로 하나님을 아는 경박한 태도야말로 미신, 그 이상도 그 이하도 아닙니다. 예배를 빠지면 괜히 찝찝하고 뭔가 불길한 일이 생길 것 같아 액땜하듯 예배를 드리고는 하고 싶은 것 다 하고 사는 태도야 말로 하나님을 모독하는 행위일 수 있습니다.

 자기 마음대로 살아도 간섭하지 않는 교회나 설교 시간에는 절대로 죄에 대해서 설교 하지 않고 교인들의 마음에 부담을 줄 내용은 아예 설교 본문으로도 택하지 않는 그런 강단의 선포는 이미 하나님을 떠난 신앙인 것입니다. 이 사람, 또는 저 사람이 걸려서 하나님의 뜻을 그대로 전하지도 못하고 내려오는 설교자의 강단과 그런 예배에 익숙한 사람들이 모여 있는 한 교회의 영적 부흥은 사실 불가능한 것입니다.

심방은 사절입니다

 심방을 하지 않는다는 조건으로 교회 등록을 하는 사람들이 있는가 하면 주일 예배 외에는 더 이상 강요하지 말라고 말하는 사람들도 있습니다. 사생활을 침해 받기 싫을 뿐 아니라 교회가 이런 저런 것으로 부담을 주거나 강요하면 더 이상 교회에 나갈 수 없다고 등록할 때 으름장을 놓는 사람도 있습니다. 이게 무슨 신앙생활입니까? 이건 종교놀이고 신앙을 가장한 취미생활입니다. 자기를 하나님 앞에서 포기하거나 지적을 당해 본 적이 없는 사람이 어떻게 그리스도인이라고 말할 수 있습니까?

 우리 편에서 교회를 안전하게 지킬 수 있는 길이 있습니다. 철옹성과 같이 아무도 무너뜨릴 수 없는 높은 성을 쌓을 것이 아니라 우리 마음속에 하나님이 원하시는 것을 쌓으면 됩니다. 넉넉한 교회, 다양한 은사를 가진 교회, 의사전달이 원활하고 무엇이든 일사천리로 움직여지는 교회가 누구도 무너뜨릴 수 없는 높은 성이라고 생각하기 쉽습니다. 그 안에서 무슨 일을 해도 안전하다고 생각합니다.

 그러나 가장 안전한 교회는 하나님의 뜻에 순종해서 각자가 거룩한 삶을 사는 것입니다. 하나님이 교회를 주시고 그곳으로 사람을 불러 모아 주시는 이유가 바로 이것입니다. 교회 안에 들어 온 사람들이 모두 잘 되고 복을 받기 위해서가 아니라 그 안에 있는 성도들이 거룩한 삶을 살게 하기 위해서입니다.

26. 교회 바깥 이야기

교회 안에서는 기도도 잘하고 말만 하면 '할렐루야' 또 '사랑합시다'만 할 줄 아는 사람이 세상에서는 욕쟁이라는 별명을 가진 사람이었다면 우리는 굉장히 놀라게 될 것입니다. 어떻게 저런 두 가지 삶이 가능할까? 그래서 우리는 교회용 가면과 세상용 가면을 번갈아 써 가면서 교회에 출입하는 사람들을 볼 때 이런 의문이 듭니다. "과연 기독교가 저 사람에게는 어떤 의미가 있는 것일까요?"

어떤 분 중에는 교회에 들어오지 않는 이유가 소위 장로라고 하고 안수집사라고 하는 사람이 세상에서는 안 믿는 사람보다 '더 엉망으로 산다'는 것 때문에 기독교 자체에 대해 혐오감을 가지고 있는 사람들도 있습니다. 그리스도인이 이런 두 가지 다른 삶을 사는 것을 '이원론적이다'라고 말할 수 있는데 믿지 않는 많은 사람들 중에는 이런 신자들의 이원론적인 삶 때문에 예수를 믿지 않으려고 합니다.

하루아침에

우리가 알아야 하는 것은 예수를 믿으면 그날로 다 천사가 되는 것이 아니라는 점입니다. 예수를 믿는 사람으로의 신분의 변화는 일어났지만 아직도 우리의 수준은 옛날 그대로인 경우가 많습니다. 예수를 믿기 전에 피우던 담배를 끊지 못해 고민하면서도 교회를 다니는 사람들이 있습니다. 그래서 성도들 중에도 여전히 거친 사람들이 있고, 성도들 중에도 여전히 쓴 물을 내는 사람들이 있습니다.

그리스도인이 되었다는 것은 내가 아닌 다른 분, 즉 주님이 나의 주인이라는 것을 고백하는 것입니다. 그렇기 때문에 우리는 하나님이 아버지가 되신다는 권위를 인정해 드리는 모든 행위가 찬송입니다. 그래서 우리는 예배 때뿐만 아니라 흩어져 살 때에도 하나님을 찬송하는 것입니다.

그런데 모여서 예배를 드릴 때는 멋지게 찬송하고 하나님을 인정해 드린다고 고백도 하고 헌금도 잘 하는데 흩어져 살 때에는 아무렇게나 사는 것은 그리스도인으로서 어울리지 않는 삶인 것입니다. 특히 사람들에게 저주하고 함부로 말하고 속에 있는 생각과 감정을 다 말해 버린다면 하나님을 저주하는 것과 같은 것이라는 것입니다.

세상 사람들은 우리가 믿는 예수를 볼 수가 없습니다. 우리도 눈으로 보여주고 싶지만 그렇게 할 수도 없습니다. 그런데 믿지 않는 사람들은 우리를 통해서 예수를 봅니다. 즉 우리 입에서 나오는 것을 듣고 보고 있습니다.

만약 우리 입에서 찬송이 나오고 감사가 나오면 그들은 우리가 어떤 것으로 가득 찬 사람이라는 것을 짐작하게 됩니다. 절대로 그 사람 입에서는 이런 찬송이나 감사가 나올 사람이 아닌데도 그런 것을 듣고 보게 되면 사람들은 그 속에 무언가 큰 변화가 일어났다는 것을 알게 될 것입니다. 그리고 그 안에 예수로 가득 차 있다는 걸 알게 됩니다. 그런데 우리 입에서 저주가 나오고 불평이 나오면 믿지 않는 사람들은 우리 마음속에 보이지는 않지만 무엇이 들어가 있는지를 알게 됩니다.

예수를 믿는 사람이라고 하면서 늘 불평하고 다른 사람을 무시하는 말만 하고 다니면 "아, 이 사람 마음속에는 예수가 없구나"하고 생각합니다.

세 가지 소리

옛말에도 보면, '**세 가지 소리가 집 바깥으로 들려야 한다**'고 했습니다. 담장 너머로 책 읽는 소리, 밥 짓는 소리, 웃음 소리가 들려야 한다는 것입니다. 그런데 절대로 들려서는 안 되는 소리가 있습니다. 싸우는 소리, 돈 세는 소리, 우는 소리입니다. 세상 사람들은 교회 안에서 무슨 일이 벌어지고 있는지 잘 모릅니다. 깊이 들여다보지 않습니다. 단지 매 주 한번 예배드리고 헌금하고 부활절이 되면 계란을 삶아 먹고 크리스마스 때는 선물을 교환하는 그런 정도로만 압니다. 특별히 영적인 일에는 관심이 없습니다.

그런데 교회 안에서 무슨 일이 벌어지고 있는 지에 대해서는 별로 관심이 없으면서 교회에 대해서는 훤하게 알고 있습니다. 한 번도 그 교회에 와 본적이 없으면서도 그 교회 목사가 어떻고, 취미가 뭐고, 장로가 몇 명이고, 교인 수가 몇 명인지, 줄줄 다 외웁니다. 왜 이렇게 시시콜콜한 이야기를 잘 알까요? 그 이유는 교인들이 밖에 나가서 다 말하고 다녔기 때문입니다.

교회 안에 무엇이 차고 넘치느냐에 따라 우리가 나누는 대화의 내용이 결정되기도 합니다. 교회가 말씀이 있고 은혜가 있고 성령의 기름 부으심과 사람의 변화를 체험하는 곳이라면 바깥사람들에게 들려지는 소리는 이런 것들입니다. 그저 그런 소리가 아닌 진지한 이야기가 들릴 때, 재미있는 이야기는 아니지만 무언가 깊이가 느껴질 때, 세상 사람들은 그 말의 출처에 대해 관심을 가지게 됩니다. 그리고 그 교회를 주목하게 됩니다.

그리스도인들이 무슨 말을 하고 다니는지, 도대체 그들의 입에서는 어떤 말들이 나오는지 귀를 기울이게 되는 것입니다. 그렇다고 목사 자랑하고 교인 자랑할 게 아니라 나를 통해 그리스도를 자랑해야 합니다.

27. 그렇게 하면 교회가 운영이 안 됩니다.

 다 그런 건 아니지만 대부분의 신자는 주일날 교회에 올 때 평상시와는 달리 예쁘고 좋은 옷을 골라 입고 오는 것 같습니다. 예배드리러 가면서 반바지에 슬리퍼를 질질 끌거나 또 옷도 대충 입고 갈 수 없다는 준비되고 정성어린 마음에서 비롯된 행동일 것입니다. 그런데 그 중에는 주일날 아무렇게 입고 오는 사람들을 못마땅하게 생각하는 사람들이 있습니다. 언젠가 이런 문제로 이야기가 나왔을 때 난 이렇게 말하였습니다. "전 누구든 교회에 올 때 수영복만 안 입고 오면 된다고 생각합니다."

 내가 대학생 때 다니던 교회에서는 장로님들만 따로 앉는 자리가 있었습니다. 그런데 예배 도중에 거기 앉은 장로님들이 대부분 꾸벅꾸벅 조는 것입니다. 교인들에게 덕이 안 된다 싶어서 목사님이 그 자리를 없애려고 했는데 그러기까지 굉장히 오랜 시간이 걸리는 것을 본적이 있습니다.

 기도의 사람 죠지 뮬러가 교회에 부임했을 때 교회 좌석에 가격표가 매겨져 있는 것을 보았습니다. 제일 앞좌석부터 높은 가격이 매겨져 있었는데 자리 값을 낸 사람은 앞자리부터 앉고 돈이 없는 사람은 제일 뒤에나 바깥에 앉게 했다는 것입니다. 죠지 뮬러가 이걸 없애려고 하자, 회계 집사가 와서는 "목사님, 그렇게 하면 교회가 운영이 안 됩니다."라고 말했다고 합니다.

교인을 바라보는 시각

교회 안에는 참 다양한 사람들이 있습니다. 부자, 가난한 사람, 배운 사람, 못 배운 사람, 건강한 사람, 병약한 사람, 세상적으로 높은 사람, 낮은 사람 등 다양하다. 그런데 한 가지 재미있는 것은 다른 곳과는 달리 이런 것이 전혀 문제가 되지 않는다는 점입니다.

왜냐하면 세상에서 용서할 수 없는 죄를 지은 사람도 교회 안에서는 형제, 자매로 통하기 때문입니다. 세상적으로는 시시비비를 가려야 할 일들이 교회 안에서는 은혜스럽게 덮어지는 곳이기 때문입니다.

교회에 들어 온 이상 모든 신자는 교인을 믿음이라는 전제로 바라보아야 합니다. 다시 말하면, 저 사람이나 내가 모두 그리스도가 필요한 사람이라는 시각으로만 바라보아야 한다는 것입니다. 이 시각을 가지지 못하면 신앙생활 하면서 중심을 잡기가 어렵게 되고 흔들리기 쉽고 유혹받기 쉽게 됩니다. 아무리 심지가 강한 사람이라도 자신과 다른 사람이 은연중에 비교된다고 생각하면 흔들리지 않을 사람이 없습니다. 또 교회에서도 그런 사람들을 인정해 주고, 대접해 주고, 세워 주면 시험에 안 들 사람이 없습니다.

성경을 보면, 초대교회에도 이런 문제가 있었다는 걸 알게 됩니다. 옛날에도 그 사람이 입고 다니는 옷을 보면 그 사람의 신분을 알 수 있었습니다. 좋은 옷을 입고 다니는 사람은 신분이 높다는 것이고 헤어진 옷을 입고 다니는 사람은 일단 신분이 낮다는 것입니다. 그런데 이건 어디까지나 세상식 구분이고, 교회는 이렇게 외모로 판단하는 법이 없어야 합니다.

교회가 이런 식으로 사람을 끌어 모으고 대접한다면 정당하게 신앙생활 하는 성도들이 피해를 보게 됩니다. 어떤 교인은 노골적으로 자기 목사님은 부자들만 심방한다는 말을 하기도 합니다. 또 어떤 사람은 저 교회 교인들은 다 잘나가는 사람들이라서 우리 같은 사람은 들어가서 신앙생활 하기 어렵다고 말하는 사람도 있습니다.

교회도 별 수 없더라

헌금 많이 하는 몇 명의 사람들만 있으면 교회는 유지된다고 생각하는 사람들이 있습니다. 교회가 그런 사람들을 인정해주고 대접해 주어서 리더로 세우는 것은 어쩌면 당연한 것이 아니냐고 말합니다. 만약 어떤 교회가 이런 분위기에 있다면 나머지 신자들은 둘 중의 하나를 생각할 것입니다. 어떡하든 자기도 교회 내에서 대접받고 인정받기 위해 잘 살게 해달라거나 높아지게 해달라고 몸부림을 치든지, 아니면 "교회도 별 수 없더라. 거기도 잘난 사람, 못난 사람 차별이 있더라." 하고 교회를 떠나든지 일 것입니다.

　교회가 사람을 외모로 취하게 되면 결국 두 사람 다 놓치게 됩니다. 왜냐하면 세상적으로 아무리 잘 나가는 사람도 조금만 들어가 보면 위로가 필요하고 하나님의 은혜가 필요한 사람들이기 때문입니다. 겉으로 드러난 화려함 뒤에는 늘 고민과 상처가 많은 사람들입니다.

　그래서 이들이 정말 교회나 목사에게 기대하고 필요로 하는 것은 사람들에게 대접받고 인정받는 것이 아니라 하나님의 은혜입니다. 그런데 교회는 엉뚱하게도 그 화려함과 외모만 보고 그들을 인간적인 방법으로 관계하려고 한다면 그 사람도 힘들게 할 뿐 아니라 그걸 지켜보는 주위에 있는 성도들도 낙심케 하는 것입니다.

28. 말씀이 제외되는 신앙공동체

지금부터 약 7년 전으로 기억됩니다만, 제가 한국에 있을 때 어느 대학생 선교 단체의 요청으로 성경공부를 인도하면서 잠깐 섬긴 적이 있었습니다. 그 모임을 인도하면서 느꼈던 점 중에 몇 가지가 있었습니다. 그것은 아무리 시대가 바뀌어도 많은 젊은 청년들이 하나님의 말씀에 목말라하고 갈급해 하고 있다는 것이었습니다. 그들은 성경에 나타나 있는 하나님의 말씀 한 말씀 한 말씀을 마치 스펀지가 물을 빨아들이듯이 영적 영양소로 받아 들였습니다. 그런데 안타까운 것은 그 목마름을 해갈해 줄 리더나 지도자가 턱없이 부족하다는 사실이었습니다. 짧은 기간이었지만 최선을 다해 성경공부를 인도하고 그들과 함께 기도했었습니다. 그러면서 한 가지 마음에 확신이 들었던 것은 하나님의 말씀에 지배를 받는 사람이나 모임은 반드시 영적으로 자립할 수 있을 뿐 아니라 많은 사람들을 살리는 일을 분명하게 감당하게 될 지혜가 생긴다는 것이었습니다.

성경공부가 기다려진다

주위 분들의 요청으로 성경공부 모임이 시작되었습니다. 솔직히 말씀드리면 개인적으로 얼마나 이 시간이 오기를 기다렸는지 모릅니다. 물론 주일 또는 수요일 주어진 설교 시간에 설교하는 것도 저에겐 기쁘고 즐거운 일입니다. 사실 목사로서 일주일의 생활 리듬이 일주일에 세 번 하는 설교에 집중되어 있다고 해도 과언이 아닙니다. 힘들고 많은 시간이 걸리는 중노동이라는 의미가 아니라 교회의 방향과 하나님의 뜻을 좇아가는 신자의 신앙생활의 가장 중요한 근간이 되고 원리가 되기 때문에 목사는 필연적으로 이 설교 리듬에 일주일을 맞출 수밖에 없습니다. 그런데 개인적으로 저는 이것을 좀 즐기는 편입니다. 왜냐구요? 특별한 이유가 없습니다. 그저 설교하고 말씀을 전하는 게 즐거울 뿐입니다. 조금 더 솔직히 말씀드리면, 성도님들에게는 죄송한 말이지만 여러분들이 설교에 은혜를 받는지 안 받는지는 상관없이, 그것보다 우선해서 저는 설교를 하는 자체가 즐겁습니다. 어쨌든 하나님의 말씀에 대한 사모함과 열정을 가지고 계신 분들을 직접 만날 수 있는 기회가 그동안 없었는데 이제 때가 된 것 같아 보입니다. 저는 이 시간이 귀하게 여겨집니다. 그리고 최선을 다해 섬기고 싶습니다.

제가 이 시간을 그토록 기다린 이유는 이것입니다. 성경을 읽고 묵상하고 깊이 연구하는 것을 교회에서마저도 불필요한 것으로 치부해 버리는 현 상황에서 이 모임을 통해 더욱 하나님의 말씀에 대한 사모함과 이 시대를 향한 하나님의 뜻을 분명히 알아가는 열정과 지식이 불 붓듯 다시 일어나기를 기대하기 때문입니다. 그래서 여기서 받은 은혜가 자연스럽게 흘러 넘쳐 우리도 살고 세상도 살리는 역할을 기대하기 때문입니다. 제가 볼 때, 지금 대부분의 교회는 교회에 들어온 많은 사람들을 관리할 방편으로 구역모임이나 셀 같은 그런 모임을 중요시 여기고 있습니다. 사실 교회의 규모가 커지고 교인들이 점점 늘어나게 되면 어쩔 수없이 적당한 범위 안에서 체계적인 관리가 필요할 것입니다. 그런데 이런 일련의 교회내의 조직과 운영의 변화 속에 심각한 문제로 대두되는 것이 있다고 생각합니다. 그것은 바로 교회에 대한 근본적인 정체성의 물음에 대한 회의를 가져오는 것입니다. 교회를 교회에 들어 온 사람들의 관리가 필요하고 경영이 필요한 하나의 조직으로 보느냐 아니면 조직과 경영을 넘어선 신적인 기관으로 보느냐 하는 싸움입니다.

교회를 조직이나 단체로 본다면 그 교인들은 관리의 대상이 될 것입니다. 그리고 그 교인들이 발휘할 수 있는 무대를 제공하는 곳이 될 것입니다. 그러나 교회를 영적이고 신적인 기관으로 본다면 무엇보다도 교인들에게 최우선적으로 제공되어야 할 것은 하나님의 말씀을 통한 은혜일 것입니다.

지금 많은 교회는 말씀 없이 교회로 사람들을 불러 모으고 있고, 또 불러 온 사람들을 말씀 없이 세상으로 돌려보내는 그런 이상한 제자훈련, 또는 신앙생활을 하게 하는 것 같습니다. 결국 이들이 세상의 빛과 소금의 역할을 제대로 감당하지 못하는 이유는 무엇입니까?

그 공동체 또는 모임 안에 있을 때 받았던 인간적인 위로나 권면이나 정보라는 것이 세상을 밝히고 세상을 살리는 일에는 아무런 도움이 안 되고 힘이 안 된다는 것을 미처 깨닫지 못하기 때문입니다. 그 속에 있을 때는 강한 용사였지만 세상과 싸울 때 영적인 전쟁에서는 말씀이 부장되지 않는 한 백전백패가 될 수밖에 없는 것입니다.

교회의 문턱을 낮춘다구요?

지금 대부분의 교회는 말씀을 배우고 공부하는 시간을 점점 축소시키거나 아예 없애 버리는 실정입니다. 그 대신에 몰려 온 사람들을 붙잡을 수 있는 재미있는 걸 만들려고 합니다. 또 그렇게 사람들을 교회로 인도합니다. 다음에 또 교회로 발걸음을 옮기게 하기 위한 노력으로 말씀의 은혜, 하나님을 만나도록 최선의 서비스를 제공하기 보다는 편안한 것, 도움을 얻을 수 있는 것으로 제시합니다. 그 결과가 어떠합니까?

대부분의 사람들은 이런 값싸고 쉬운 신앙에 한번 맛을 들이고 나면 그 다음은 쳐다보지도 않습니다. 그것이 믿음이라고 생각하고 그것이 예수를 잘 믿는 최선의 길이라고 생각합니다. 그 결과가 어떠합니까? 교회의 문턱은 낮추어서 많은 사람들이 모이기는 했는지 몰라도 그 모임은 세상의 다른 모임과 별 다를 바가 없는 모호한 성격을 띠게 되었습니다. 그 모임에서 이런 저런 도움을 얻고, 필요한 생활 정보는 많이 주워 담았는지는 몰라도 하나님을 진지하게 생각해 본 적이 없기 때문에 신령한 삶, 거룩한 삶에는 감각이 없는 어린 신자로 방치하는 것입니다.

　말만 무성한 구역모임, 생활 정보나 나누고 강한 연대의식이나 확인하는 그런 차원의 셀 모임은 지향하거나 격려할 것이 아니라 거부되어야 합니다. 말씀이 없는 신앙 공동체는 죽은 것입니다. 말씀 없이도 얼마든지 신앙공동체를 꾸려 나갈 수 있다고 생각하는 그 발상이 이미 하나님을 무시하는 태도가 아닐까요?

　우리는 정신을 차려야 합니다. 교회의 특징을 알리는 요란한 광고에 현혹되지 말고 그 모임의 내용의 결과가 어떻게 열매 맺고 있는지를 보아야 합니다. 그들에게 하나님을 아는 지식이 있습니까? 하나님을 두려워하는 마음이 있습니까? 하나님의 말씀 앞에 자신을 진지하게 되돌아보며 앞으로의 삶을 헌신하는 긴장감이 있습니까? 저는 우리가 잃어 버렸던 귀중한 신앙의 자산을 찾고 싶습니다. 아무리 하나님의 말씀을 배우는 것이 시대에 뒤떨어진 전근대적 집착이라고 속이며 말할지라도 어제나 오늘이나 장래에 동일하신 하나님만을 알고 배우고 경험한다면 그 끝은 반드시 드러나게 될 것입니다.

29. 예배 신상품

영국의 죠지 휫필드 목사는 "설교자는 먼저 자신의 설교를 고치기 전에, 설교하는 자신 안에 있는 영적인 가난함을 직시해야 합니다."라는 말을 했습니다. 세계의 판도를 바꾸는 역사 뒤에는 설교의 변화가 있었고, 설교의 변화 뒤에는 설교자의 변화가 있었으며, 설교자의 변화 뒤에는 하나님의 손길이 있었다는 것을 교회사를 통해 알 수 있습니다.

선지자들이 하나님으로부터 받은 진리를 세상에 전하는 가장 지배적인 방식은 바로 설교였습니다. 물론 그들은 하나님의 말씀을 기록하고 보존하였습니다. 그러나 자신들의 말로 진리를 설교하는 것이야 말로 어떤 것으로도 바꿀 수 없는 선지자들의 특별한 일이었습니다.

유일한 방식

이 시대뿐만 아니라 교회의 영적 부흥을 이끌어가는 소수의 사람들은 늘 "말하는 설교자"들이었고 그 진리에 반응하는 경건한 사람들이었습니다. 이 시대의 한국교회와 전 세계에 흩어진 교회를 통해 쉬지 않고 선포되는 것은 바로 설교를 통한 하나님의 말씀입니다. 또 이것을 통해 수많은 사람들이 하나님께로 돌아오고 있고, 구원 얻는 자의 수가 점점 더해지는 유일한 방식이 되고 있습니다.

여러분은 중세 가톨릭교회에서 어떤 식으로 예배를 드렸는지를 아실 것입니다. 그들은 말의 가치를 무시하는 대신에 성직자들의 복장이나 예배 의식, 건축물에 대한 가치를 더 귀히 여겼습니다. 즉 하나님의 말씀인 성경의 가치를 인정하지 않는 불신앙이 그들 중에 만연 되었습니다. 설교를 통한 교회의 확장 보다는 복잡한 예배 의식과 제도 수립에 열을 올렸습니다. 설교에 대한 관심을 잃어버리자 성경 본문도 읽지 않는 훈화 형식의 강연이 설교를 대치해 버렸고, 7세기경에는 라틴어로 성경을 읽는 것으로 일반화 되어버렸습니다. 이 말은 신앙에 있어서 더 이상 "진리를 깨닫는 요소"는 무시되어 버렸다는 말입니다.

오늘날에 소위 말하는 "균형 잡힌 예배"라고 하는 미명 아래 행해지는 예배의 새로운 시도들은 대부분 언어와 진리에 대한 반감을 가지고 시작되고 있습니다. 이것은 하나님의 말씀인 진리가 전달됨에 따라 한 영혼이 하나님께로 돌아오는 방식인 설교에 대한 회의가 점점 커져 가고 있다는 증거입니다. 이렇게 되면 교회는 "깨닫게 하는 요소"는 사라지고 "느끼게 하는 요소"가 중시됩니다. 예배의 타락의 극치는 예배 속에 "즐기는 요소"를 지속적으로 계발하고 추가하고 있다는 점입니다.

한국에 있는 교회 이름 중에 "레져 교회"가 있다는 글을 읽은 적이 있습니다. 교회의 예배가 의식에 치우치고 말씀의 선포보다는 음악이나 볼거리에 치중하는 경향은 대체로 설교에 대한 회의주의에서 비롯된 것입니다.

예배를 실험한다구요?

예배를 인도하고 예배의 순서를 마련해야 할 목사로서 저는 참 많은 고민에 쌓이기도 합니다. '과연 우리 교회가 드리는 지금의 예배와 그 요소가 하나님이 기뻐 받으시는 예배인가?' 하는 질문 때문입니다. '우리의 앉고 일어서는 행위는 올바른 것인가? 찬송과 기도는 분명하고 진리에서 벗어나지 않는 것들인가? 예배에 참석하는 목사와 성도들의 자세는 성경적인가? 설교의 내용은 물론이고 설교를 들으면서 깨닫는 우리의 태도는 정당한가? 과연 예배의 한 시간이 우리의 만족이나 기쁨을 추구하는 것이 지배적인가? 아니면 보이지 않으시는 하나님을 경험하고 하나님의 음성을 듣는 것을 더 추구하는가? 습관화되고 틀에 잡힌 예배 형식이 우리를 진정한 예배자가 되지 못하게 방해하지는 않는가?'

오늘날의 영상 매체는 예배에서 마저도 도구가 아니라 내용이 되어 버렸습니다. "○○ 예배"라는 실험적인 예배가 지금도 계속적으로 시도되고 있습니다. 그러는 와중에 많은 청중들은 중요한 것을 잃어버리고 있습니다. 예배의 감격과 기쁨과 은혜를 누리지 못하고 단지 새로운 예배상품을 구경하고 있습니다. 그리고 이런 저런 느낌과 소감을 말해 줍니다. 그래서 어떤 것들은 인기상품으로 자리를 잡아 가게 되지만 어떤 예배들은 흔적도 없이 사라지기도 합니다. 그래서 예배도 하나의 유행이 되어버렸습니다. 지금까지 교회는 이런 일을 무분별하게 수용하였고 되풀이 해오고 있습니다. 이들이 내 놓은 예배 신상품들을 찬찬히 살펴보십시오. 말씀 앞에 하나님과 독대하는 요소와 내용은 의도나 한 듯 줄어들고 있습니다.

사실 인생들이 하나님의 말씀 앞에 홀로 서는 일을 회피하려는 시도는 오늘날만의 문제는 아니고 또 무궁무진합니다. 인간의 풍조와 시대 흐름은 변하여도 불변하는 신앙의 원리는, 하나님은 말씀으로 우리에게 다가오신다는 사실입니다. 그것을 설교를 맡은 설교자들을 통해 이루신다는 사실입니다. 그리고 한 시간의 예배를 통해 우리 모두는 신령과 진리로 예배하는 자가 되고 그런 사람을 하나님은 찾으시고 만나 주신다는 사실입니다.

30. 잊혀져 가는 찬송가

찬송가를 작곡하고 작사한 믿음의 선배들의 전기를 읽어보면, 그들은 자신에 대해 찬양한 것이 아니라 하나님에 대해 또 하나님이 하신 일들을 찬양했다는 것을 알 수 있습니다. 자신에 대해 너무 많이 말하거나 자신의 상황을 크게 부각시키는 것은 우리의 찬양에서 조심스럽게 다루어야 할 문제라고 생각합니다. "하나님을 찬양하는 찬송가 대신에, 우리 자신에 대해 말하는 복음성가를 부르기 시작했을 때 우리의 찬양은 사양길로 접어들었다"고 말하는 신학자도 있습니다.

역사적으로 위대한 신앙의 길을 걸었던 사람들은 모두 영적으로 온전해지려는 거룩한 열망이 있었다는 것을 알 수 있습니다. 이들은 우리에게 사랑과 헌신과 신앙에 관한 많은 책과 아름다운 찬송을 지어 물려주었습니다. 그런데 우리가 매주 찬송을 부르면서 거기에 담긴 그들의 영적인 깊이를 모르고 부른다는 것은 부끄러운 일이 아닐 수 없습니다.

복음 송 유감

오래 전부터 기독교 음악은 "왜곡되고 약해진 신앙"의 희생물이 되었습니다. 특별히 복음 송(Gospel Song: 복음 전도자들이 청중들을 모으기 위한 수단으로 유행에 동조하여 만든 전도용 음악)의 보급과 전파로 사람들은 감성적이 되어 버렸고, 진리에 대한 이해나 깊은 묵상을 원하는 것이 아니라 감정적 고조와 흥미가 주된 목적이 되어 버렸습니다.

요즘 젊은이들은 찬송가를 거의 부르지 않습니다. 왜냐하면 찬송가를 모르기 때문입니다. 찬송가를 부르지 않고 이것을 모른다는 말은 단순히 고전 음악에 대한 거부감을 말하는 것이 아니라 그 찬송가에 담겨 있는 신앙의 보물들에 관심이 없다는 것입니다. 오히려 기독교 음악에도 진리 보다는 감정이, 하나님에 대한 이해보다는 자신의 느낌이 더 강조되고 있다는 것을 보여주고 있는 것입니다.

그래서 요즘은 성경책과 찬송가만으로는 예배가 부족하다고 생각합니다. 많은 교인들의 이교적인 만족감을 충족시키기 위해 교회에서는 수많은 도구와 장치들이 사용되고 있습니다. 이미 예배 안에도 우리 자신에 대해 말하는 요소가 너무 많이 들어와 있다는 것입니다. 우리는 "거룩하신 하나님께 영광을", "거룩 거룩하신 주"를 부르는 대신 "나는 기뻐요, 정말 기뻐요, 나는 행복해요, 근심이 사라졌어요."라고 말하기에 바쁩니다. 거의 모든 노래가 나를 중심으로 돌아갑니다. 그러나 우리가 알아야 하는 것은 바로 믿음과 불신앙의 차이가 바로 하나님과 나의 차이라는 것입니다.

무분별하게 쏟아지고 또 불리어지는 찬양의 노랫말들 중에는 일고의 가치도 없는 것들이 있습니다. 이미 많은 음반 제작사들과 복음 송 가수들은 돈벌이를 위해 기독교 음반 시장에 무차별 뛰어들고 있습니다. 그들이 진정한 찬송의 의미와 하나님을 경험한 신앙고백이 건전한지 저는 의문스러울 때가 있습니다.

세속화된 노래들

이 시대의 교회가 하나님을 찬양하는 노래가 아닌 자신을 말하고 자신의 감정을 표현하는 노래를 하는 한, 하나님을 더 이상 찾을 필요 없는 사람으로 만드는 것입니다. 우리가 지금 예배시간에 부르는 찬송들은 이미 많은 시간과 교회사를 통해 검증된 것들입니다. 물론 우리에게 새로운 노래가 필요하고 우리의 감성이 함께 반응하는 찬양도 필요합니다. 그러나 아무렇게나 찬양하거나 아무것이나 다 받아들이기에는 이 시대의 찬송과 찬양은 너무 세속적이 되어 버렸습니다.

아직도 개혁교회에 속한 많은 교회들은 시편의 찬송만을 예배시간에 사용하기를 고집합니다. 그들은 영화관에도 가고 파티도 하며 운동회도 하지만 예배시간에 사용되는 음악만은 시편을 고집합니다. 이들이 이렇게 하는 이유는 자신에 대해 말하는 것이 아니라 하나님만을 찬양하기 위해서입니다. 많은 교회들이 이들에게 곱지 않은 시선으로 보지만 그들은 그것을 개의치 않습니다.

저는 얼마든지 가스펠 송도 부를 수 있다고 생각합니다. 음악과 멜로디 자체는 악한 것도 선한 것도 아닙니다. 그러나 그 찬양의 가사와 그 내용들은 할 수 있는 한 우리에 대해서 말하지 말아야 합니다. 오직 하나님과 그가 하신 일에 대해 노래하고 찬양해야 합니다. 많은 노래가 있지만 정말 하나님을 노래하는 음악은 얼마 되지 않습니다. 우리는 찬송에 대한 거룩한 지혜를 동원해야 할 때를 맞이하고 있는 것입니다.

31. 세상과 벗된 사람들

성경은 두 가지의 간음을 말합니다. 하나는 부부관계 외에 가지는 성적인 관계를 말하고 다른 하나는 영적인 간음인데 하나님 외에 다른 신을 섬기는 것을 말합니다. 예수님과 교회의 관계를 신랑과 신부의 관계로 묘사해 놓은 이유도 예수님만 믿고 섬기는 이런 영적인 부부관계에서 벗어나지 않도록 하기 위해서입니다.

그런데 구약을 보면 이스라엘은 하나님을 떠나 다른 신들을 섬기는 데 얼마나 열심을 내었는지 모릅니다. 그래서 구약은 그토록 사랑하시는 하나님의 사랑에 비해 인간은 얼마나 다른 것을 쫓고 하나님 없이 살려고 했는지를 적나라하게 보여 주는 것입니다.

잡다한 상식

하나님을 사랑하는 사람은 교회생활을 열심히 하게 되지만 교회생활을 열심히 한다고 모두가 하나님을 사랑하는 것은 아닙니다. 하나님을 사랑하지 않고도 얼마든지 교회생활은 잘 할 수 있기 때문입니다. 하나님을 진정으로 사랑하는 사람들에게 교회는 단순한 건물이나 모임을 제공하는 장소가 아니라 하나님의 거룩과 임재를 체험하는 장소입니다. 하나님의 은혜를 직접적으로 받는 거룩한 장소이지 우리의 삶을 자랑하거나 세상의 잡다한 상식들을 말하고 교인끼리 서로 정보를 주고받는 곳이 아닙니다.

하나님을 사랑하는 데에 특별한 자격은 없지만 하나님을 진정으로 사랑하기 위해서 우리가 버려야 할 것은 있습니다. 그것은 바로 세상을 친구 삼지 말아야 하는 것입니다. 세상과 벗된 것이 하나님과 원수 된다는 성경 말씀은 뭐라고 말하든 이 세상에서 성공해서 이름을 날리고 무언가 끝장을 보려는 생각만큼 하나님과 원수 되는 것이 없다는 뜻입니다. 많은 사람들이 하나님과 원수가 되더라도 세상과는 친구가 되고자 하는 길을 선택하는 것 같습니다.

신자들 중에 하나님을 열렬히 사랑하는 사람들의 수가 그리 많지 않은 것 같습니다. 이것은 주일날 정해진 예배시간에 참석하는 교인들의 수가 점점 줄어들고 있는 것으로도 알 수 있지만 더 확실한 것은 하나님의 말씀을 가까이 하는 사람들을 찾기가 어렵다는 점입니다. 더 정확하게 말하면, 개인적으로 성경을 읽는 사람은 거의 없다는 사실입니다.

하나님의 말씀을 설교 시간에 잠깐 몇 구절 읽는 것으로만 만족해하고 있다면 하나님을 사랑한다고 말하지만 그 사랑은 변질되었거나 가짜인 경우일 것입니다. 정말로 현대의 그리스도인들은 성경을 거의 읽지 않습니다. 그러면서도 자신은 누구보다도 하나님을 사랑한다고 말합니다. 하나님이 무얼 좋아하고 어떤 분이신지도 모르고 어떻게 그를 열렬히 사랑할 수 있다는 말입니까?

세상에 박식한 교인들

어디 그뿐인가? 하나님의 말씀에 대해서는 무지하면서도 세상 돌아가는 일에 대해서는 얼마나 박식하고 똑똑한지 모릅니다. 신자들의 마음속에 말씀을 통해 세상을 보는 안목은 없으면서 별로 가치 없는 세상의 상식들은 가득 차 있는 것 같습니다. 텔레비전을 통해 축적되는 세상의 잡다한 상식들은 이미 하나님의 말씀의 권위보다 높아져 있습니다.

말씀 없이는 얼마든지 이 세상을 살아갈 수 있지만 텔레비전이나 오락거리가 없으면 하루도 살아갈 수 없는 신자들을 누가 만들어 놓았습니까? 사실 텔레비전에는 십자가가 없습니다. 거기에는 영성도 없습니다. 하나님의 뜻이나 천국에 관한 이야기는 입을 다뭅니다.

세상과 벗된 사람은 세상의 모든 것을 다 가지려 하는 사람이고 또 다 가질 수 있다고 믿는 사람입니다. 그러나 그렇게 되지 않습니다. 돈으로 안 되는 게 없다고 생각하지만 돈 때문에 망하는 일이 얼마나 많은지 모릅니다. 세상의 행복은 제한되어 있습니다. 그리고 진정한 행복은 세상의 것을 다 가지는 것에 있지 않습니다. 그리스도인이 누려야 할 것들과 목표는 이런 것들이 아닙니다.

왜냐하면 이런 것들은 다 두고 가야하기 때문입니다. 이 세상과 벗되어 모든 것을 다 누려 본 사람은 저 세상에서는 누릴 것이 없는 사람이 될지도 모릅니다. 세상과 벗되기 위해 우리가 팔아야 할 신앙 양심은 결코 적지 않을 것입니다.

저마다 교회의 부흥을 원한다고 합니다. 그러나 부흥을 노래하지만 그렇게 쉽게 오는 게 아닙니다. 인위적인 방법으로 아무리 간구해도 부흥은 그렇게 해서 오는 게 아닙니다. 부흥을 갈망하는 동기가 우리의 욕심이라면 참된 부흥은 오지 않습니다. 하나님이 부흥을 주시지 않으면 하나님이 허락하실 때까지 기도하면서 기다려야 합니다.

교회의 주인은 그리스도이시고 부흥의 키는 주님이 잡고 계시기 때문입니다. 그런데 교회가 그것을 기다리지 못하고 스스로 부흥을 선언해 버리면 안 됩니다. 부흥했다고 하고 성장했다고 하는 교회를 가보면 굉장히 바쁘고 모든 것들이 신선하기는 한데 신령함과 깊은 영성이 느껴지지 않는다면 이런 것들이 참된 부흥의 결과라고 보기는 어려울 것입니다. 하나님을 사랑하는 마음이 없으면서도 얼마든지 교회 일에 열심을 낼 수 있기 때문입니다.

32. 자녀를 잡으면
부모는 따라온다(?)

주보를 나눠 주며 전도를 하고 있을 때였습니다. 한 아주머니가 저에게 충고 아닌 충고를 했습니다. "목사님, 목사님 교회에는 아이들을 위한 좋은 프로그램이 있습니까? 그것만 있으면 부모들은 자연스럽게 따라올 겁니다. 자식 교육이라면 어느 부모가 싫다고 하겠어요. 목사님 교회도 성장하려면 빨리 아이들 교육 프로그램을 만드는 게 좋을 겁니다." 이 말을 듣는 순간 제 머리를 스치고 지난 간 생각은 '그러려면 교회보다는 학원에 보내는 것이 좋을 텐데…' 라는 것이었습니다. 돈은 좀 들겠지만 그래도 교회 보다는 사설 학원이 훨씬 이득이지 싶습니다.

부모들의 자녀에 관한 관심은 대부분 교육에 치우쳐 있습니다. 그래서 교회에도 그런 학원식 프로그램을 강요하는 건 아닌지 모르겠습니다. 제가 만난 많은 사람들 중, 교회를 정할 때도 대부분의 부모들은 자신보다는 자녀들이 누리게 될 혜택과 환경들을 먼저 따집니다. 그래서 자신이 신앙생활을 통한 영적인 은혜를 받는 일에는 소홀히 한 채 오로지 자녀에게 좋은 것만을 주려고 합니다. 그래서 자기는 전혀 은혜의 감격도 없고, 신앙생활의 기쁨이 없는데도 자녀들 때문에 그런 수준의 신앙생활을 감내하고 있는지도 모르겠습니다. 또 교회는 그렇게라도 서둘러 마련하는 게 중요하다고 생각하는지도 모르겠습니다. 그래서 너도나도 이런 저런 클래스(class)를 만든다고 분주합니다. 또 어떤 교회는 자녀교육을 책임지는 교회라는 표어를 내거는 것도 보았습니다. 물론 이 교육에 신앙교육이 전혀 없다고 말할 수는 없을 것입니다. 그러나 교회의 표어로는 그 내용이 부족하다고 생각됩니다. 교회는 자녀교육이 우선이 아니기 때문입니다.

모든 인간은 죄인

몬테소리 여사가 주창한 교육의 목표와 방향성을 읽은 적이 있습니다. "어린아이 속에 잠재해 있는 가능성과 능력을 어른들이 좋은 환경과 발달된 교재를 제공함으로 그 효과를 극대화 할 수 있다." 라는 것입니다. 다시 말씀드리면, 원래 아이들 속에는 선하고 무한한 가능성이 있는데 그것이 좋지 못한 환경이나 상황 때문에 발휘되지 못한다는 것입니다. 그래서 그것을 최대한 발휘 할 수 있는 환경과 정보들을 제공하면 모든 아이들은 탁월한 사람으로 성장한다는 것입니다.

여러분 어떻습니까? 그럴 듯 하죠? 그러나 성경은 전혀 다른 각도에서 말합니다. 모든 인간은 죄인이라고 말합니다. 어른만 악한 것이 아니라 아이들도 죄인이라고 합니다. 인간의 마음속에 잠재해 있는 것은 근본적으로 악한 생각, 욕심, 거짓 이런 것들이라고 말하지, 선하고 아름다운 것들이라고 말하지 않습니다. 그러니까 몬테소리 여사는 인간의 내면에는 선한 것이 있다고 전제하고 그것을 어떡하든 끄집어내어야 한다고 주장하지만, 오히려 성경은 우리 속에 가득 찬 것은 악한 죄에서 나온 더러운 것들 뿐이라고 말합니다.

사실 그렇습니다. 우리에게는 교육이 필요합니다. 교육을 받은 사람과 그렇지 못한 사람의 차이는 분명히 있습니다. 그러나 그 차이는 수준의 차이이지 존재의 차이는 아닙니다. 교육을 많이 받은 사람은 더 고급한 죄인이 되는 것이고, 적게 받은 사람은 좀 낮은 수준의 죄인이 될 뿐입니다. 교육은 우리를 반듯한 사람으로, 교양 있는 사람으로는 만들 수 있습니다. 그러나 우리의 죄 문제를 해결해 주지는 못합니다. 우리 영혼의 문제를 교육이 해결해 주지 못합니다. 신앙의 문제를 좋은 환경이나 프로그램이 해결해 주지는 못한다는 말씀입니다. 교회는 이 문제를 점검하고 풀자고 존재하는 것입니다.

부모의 숙제

이 문제를 점검하고 풀지 않은 상태에서 접근하는 교회의 어떤 교육 프로그램도 궁극적으로는 실패할 수밖에 없습니다. 그리고 진정한 교육은 어떤 프로그램이거나, 그 시간에 아이들을 참여시키는 것이 아닙니다. 진정한 교육은 늘 가까이 있는 부모로부터 시작됩니다. 아이들은 부모만큼 자랍니다. 아이의 신앙은 부모의 신앙을 그대로 물려받습니다. 부모들의 영적인 수준과 신앙의 실력이 없는 상태에서 자녀들에게 좋은 교육의 결과를 기대하는 건 모순입니다. 부모들이 먼저 은혜와 신앙의 감격을 회복해야 합니다. 그것이 자녀에게는 돈 들이지 않고 가르치는 산교육입니다. 세상의 교육 방식은 아이를 잡으면 부모의 후원과 지원이 따라 올 수도 있을 것입니다. 그러나 교회 내의 신앙교육은 부모를 잡아야 아이들이 따라오게 됩니다. 누가 부모를 잡을 수 있습니까? 그건 부모님 스스로 책임져야 할 숙제입니다.

제 3 부
쉽지 않은 성도

세상에서 한 번 잘 살아보겠다고 믿은 예수라면 평생 그런 예수님은 만나기가 어려울 것입니다.

그 사람의 몸은 교회에 들어와 있지만 예수님은 모르기 때문에 예수 믿는 사람이 아닙니다.

33. 소방대원 교인

학자들의 통계에 따르면 남자는 하루에 약 2만 5천 마디의 말을 하는데 그에 비해 여자는 약 3만 마디를 한다고 합니다. 이 중에서 남자들이 주로 사용하는 단어들은 지식이나 정보를 주고받기 위해 쓰는 단어들인데 비해 여자들이 주로 사용하는 단어는 감탄사나 자기 느낌 또는 감정을 실은 단어들이라고 합니다.

사람이 말을 한다는 것은 자신의 존재를 알리는 수단입니다. 글을 쓴다거나 무엇을 발표하는 것 또는 강의를 하는 것도 자신의 생각 또는 자신을 알리는 중요한 도구입니다. 그런데 사람이 쓰는 언어는 아주 상당 부분 잘못되어 있고 변질되어 있다는 데 문제가 있습니다. 하나님과 교제하며 살도록 우리에게 주어진 언어가 죄로 말미암아 타락하게 되자 이제는 하나님을 함부로 말하는 도구로 전락되었고 나아가 사람끼리 주고받는 언어도 원래의 기능을 상실해 버렸다는 것입니다. 같은 언어라도 그것이 음란한 서적이나 이상한 도구로 전락하면 사람에게 얼마나 상처를 주고 사람을 망치는지 모릅니다.

언어와 지갑의 거듭남

예수를 믿는 다는 것은 거듭난 사람으로 산다는 뜻입니다. 그리스도인에게는 두 가지 거듭남이 있어야 한다고 봅니다. 하나는 언어의 거듭남이고 다른 하나는 지갑의 거듭남입니다. 언어의 거듭남은 하나님과 교제하게 되었던 원래의 언어 기능을 회복하는 것입니다. 지갑의 거듭남은 우리가 사용하는 돈 또는 물질에 관한 거듭남입니다. 우리가 세례를 받고 그리스도인이 되었다면 우리의 몸과 마음만 세례를 받는 것이 아니라 내 입술과 내 지갑도 세례를 받아야 합니다.

우리 주위에는 적절한 때에 정확한 말을 하는 사람들을 봅니다. 언어의 연금술사처럼 그의 입에서 나오는 말 한마디 한 마디가 정확하고 얼마나 은혜가 되는지 모릅니다. 그 사람 말을 듣고 있으면 막 빨려 들어갑니다. 이런 사람들의 말 한마디에는 어떤 힘이 느껴집니다. 그런데 이런 사람들에게는 공통점이 있다는 걸 알게 됩니다. 이 사람은 하나님과 깊은 대화를 나누는 사람이라는 것입니다. 그래서 이들이 가려서 쓰는 단어들을 보면 기도할 때 쓰는 단어들이고 기도내용을 그대로 재현해 놓는 것 같은 느낌이 들 정도입니다. 그렇기 때문에 이들에게서 많은 사람들은 깊이와 힘을 느낍니다.

그리스도인이 믿지 않는 세상 사람들과는 다른 방식의 언어습관을 기르기 위해서는 제일 중요한 것이 무엇입니까? 그것은 바로 내 마음이 먼저 길들여져야 합니다. 그래야만 내 입에서 나오는 말이 유순해지기 때문입니다. 절대로 내 마음이 먼저 재갈 먹여지지 않으면 내 입에서는 남을 재갈 먹일 수 있는 능력이 나타날 수가 없습니다.

내 마음이 먼저 길들여지기 위해서는 하나님이 어떻게 말씀하시고 하나님이 어떤 언어를 사용하시는지를 알아야 합니다. 그리고 그것이 내 몸에 베이도록 훈련해야 합니다. 그러기 위해서는 하나님의 말씀을 들어야 합니다. 그리고 읽고 묵상해야 합니다. 왜냐하면 하나님은 보이지 않으시는 분이시고 또 우리에게 직접 음성으로 들려주시는 분이 아니라 말씀을 통해서 자신을 보여주시기 때문입니다.

하나님의 말씀과 친숙한 사람은 하나님이 사용하시는 언어를 배우게 됩니다. 여러분은 의도하지 않아도 여러분이 존경하는 사람의 말투나 단어들을 사용하는 것을 스스로 보게 됩니다. 하나님이 하시는 말씀이 어떤 것이었는가를 알고자 하는 사람은 반드시 하나님의 언어를 사용하는 사람이 됩니다. 그러면 거기에는 능력이 나타납니다.

성냥과 기름통

특별히 교회 안에서 성도들이 나누는 언어에서 각별히 조심해야 하는 것을 말하고 있습니다. 교회에 문제가 있고 사랑이 식어 버린 교회들의 특징이 무엇입니까? 교인들이 나누는 말들이 기름밭에 불을 던지는 것과 같다는 것입니다. 전부 다 한 손에는 성냥을, 한 손에는 기름통을 들고 다니는 것 같습니다. 욱하면 전부 기름을 붓고 성냥을 집어 던져 버립니다.

그래서 그런 교인들을 보면 이곳저곳에 화상 투성이입니다. 이렇게 화상을 입고 난 후, 성형 수술하거나 치료하려고 하면 얼마나 돈이 많이 드는지 모릅니다. 문제 있는 교회, 사랑이 식어버린 교회 때문에 받은 상처와 화상들은 나중에 엄청난 대가를 지불하게 만들기 때문입니다.

늘 사랑이 넘치고 은혜로운 교회는 소방수들이 많은 교회입니다. 불이 나면 제일 먼저 달려와서 화재를 진압하는 사람들이 소방대원입니다. 교회 내에 자기 마음과 입을 스스로 재갈 먹이지 못해서 붙어버린 감정의 불, 분노의 불을 달려가서 끌 수 있는 소방대원이 많은 교회가 실력 있는 교회일 것입니다. 이런 사람이 되기 위해서는 무엇보다도 먼저 자신이 하나님의 말씀에 사로잡힌 기도의 사람이 되어야 합니다. 하나님의 언어에 정통해야 불을 끌 수 있기 때문입니다.

34. 형제님, 자매님

주중에 집에 있으면 여기저기서 전화가 걸려옵니다. 교회 위치를 물으시는 분도 있고, 칼럼을 읽고 소감을 말씀하시는 분들도 있고, 설교를 듣고 은혜 받았다고 그러시는 분도 있습니다. 또 어떤 분은 직장을 소개 해달라거나 물건을 팔고 싶다면서 교회에 광고를 좀 해달라는 분도 있습니다.

하루는 샌 안토니오(San Antonio)에서 전화가 왔습니다. 젊은 청년이었는데 제가 쓴 '대어와 피라미'라는 제목의 칼럼을 읽고는 한 가지 질문이 있다고 했습니다. 참고로 그 칼럼의 내용은 교회 내에서의 직분이 가지는 책임과 직분자의 자세, 그리고 교회 내의 다양한 신앙생활의 형태를 쓴 칼럼입니다.

이 청년이 질문한 것은 이렇습니다. 교회에서 직분자를 세울 때 꼭 그 직분의 호칭을 사용해야 할 필요가 있는가 였습니다. 왜냐하면, 그 호칭 때문에 많은 직분자들이 어깨에 힘이 들어가고 섬김의 자세가 아닌 교인들 위에 군림하려하거나 특권의식에 사로잡혀 있는 모습이 싫다는 이유에서라고 합니다. 그래서 "그러면 무엇이라고 부르면 될까요?" 라고 물었습니다. 이 청년은 기다렸다는 듯이 "형제님, 자매님" 이라고 부르면 되지 않겠느냐고 대답했습니다.

지금 교회가 직분을 주는 것까지는 합의(?)가 되었는데 호칭은 형제님, 자매님으로 통일해서 부르자는 젊은이들의 의견 때문에 합의점을 못 찾고 있는 중이라고 했습니다. 여러분은 어떻게 생각하십니까?

신앙의 세대차이

그런데 마침 저의 칼럼을 읽었는데 그 내용을 읽고도 젊은이들의 생각과 1세대의 생각이 양분되었다고 합니다. 젊은이들은 직분에 관한 저의 생각이 자기들의 생각과 일치한다고 생각했고 그래서 이 젊은이가 대표로 자기들의 뜻에 은근히 동조(?)를 바라는 전화를 한 것 같았습니다. 똑 같은 글이라도 읽는 사람에 따라 각기 다르게 이해하고 받아들일 수 있다는 것을 알고는 있었지만 교회 내에 쟁점화 된 이슈에 저의 글이 본의 아니게 어떤 기준과 잣대가 되어 버렸다는 것에 대해 두려움과 책임을 동시에 느낄 수 있었습니다.

제가 그 젊은이에게 이렇게 답을 드렸습니다. "직분의 호칭과 직분이 갖는 책임은 같이 가야 한다고 봅니다. 대부분의 교회 내의 직분 문제는 그 호칭과 거기에 걸맞는 책임이 함께 가지 못하기 때문일 것입니다. 젊은 세대가 느끼는 직분의 알레르기 반응은 대게 장로, 권사, 또는 집사라고 하는 사람들이 교회 내에서 모범이 되기는커녕, 오히려 성도들에게 상처를 주고 더 교만하고 특권의식에 사로잡혀 있는 꼴이 싫기 때문일 것입니다. 그래서 그런 호칭 자체를 사용하지 않고 부르지 않으면 문제가 해결 될 것이라고 생각하기 때문입니다.

그러나 문제는 직분의 호칭이 문제가 아니라 그 직분에 맞는 책임을 감당하지 못하는 직분자 개인의 섬김의 자세가 문제입니다. 그 호칭을 사용하고 불러 주었기 때문에 교만해진 것이 아니라 그 직분의 책임과 사명을 제대로 몰라서 그렇습니다. 젊은이들 말대로 그 호칭을 형제님, 자매님이라고 바꾸면 직분자가 아닌 사람들은 자연스럽고 문제가 없는 것으로 보일 수 있을 것입니다. 그 느낌이 좋을 수도 있을 것입니다.

그러나 그렇게 되면 한 가지를 놓치게 됩니다. 그 호칭을 사용하지 않으면 그 호칭에 걸 맞는 책임까지도 팽개치기 쉽다는 것입니다. 오히려 자꾸 그 막중한 책임이 들어 있는 호칭을 불러 줌으로 그 직분자로 하여금 그 직분에 대한 책임을 지도록 격려하고 심지어는 경고하는 기능을 해야 됩니다.

예를 들면, 대통령이 잘못한다고 대통령이라는 호칭을 쓰지 않으면 문제가 해결 되는 것이 아니라 오히려 '당신은 한 나라를 책임 맡고 있는 대통령이다' 라는 사실을 호칭을 불러 줌으로 자꾸 인식시켜서 그가 대통령직을 잘 수행하도록 격려하고 유도해 주어야 한다는 뜻입니다. 이것이 진짜로 실력 있는 신자. 수준 있는 젊은이가 되는 것입니다. 목욕물을 버리려 하다가 아이까지 버리면 안 됩니다. 그래서 근본적으로 문제 해결의 접근이 틀렸다고 봅니다. 호칭의 문제가 아니라 직분에 대한 바른 이해가 없기 때문입니다. 또 직분 받은 자들이 그 자세와 태도에 문제가 있었던 것입니다. 오히려 자꾸 호칭을 불러 주어야 합니다. 그래서 그 호칭을 들을 때마다 책임을 더 느끼게 해야 합니다. 그 이후에 그가 어떤 태도와 변화를 보이느냐 하는 것은 그 분의 문제이지 호칭의 문제가 아닙니다.

완벽한 교회는 없다

참 재미있는 것은 한 주 뒤에 똑 같은 문제로 다시 전화가 와서 받았습니다. 이번에는 같은 교회의 1세대 성도의 대표인 것 같았습니다. 그 분은 이렇게 조심스럽게 말씀하셨습니다. "만약 나이 드신 성도님들에게 젊은이들이 형제님, 자매님이라고 부른다면 아마 많은 성도님들 중에 시험을 받거나 상처를 받게 되지 않을까요?"라는 말씀이었습니다. 저는 이분의 말씀을 들으면서 그 교회는 희망이 있구나 하는 생각을 하게 되었습니다.

여러분은 젊은이와 이 1세대 성도님의 근본적인 차이가 무엇이라고 생각합니까? 젊은이들은 문제의 해결을 함께 신앙 생활하는 다른 성도님들을 먼저 생각하지 않고 자기들이 싫어하는 부분을 없애려고 했지만, 이 분은 자신들이 어떻게 불리어지는 것보다는 다른 성도님들이 그 호칭으로 행여, 교회를 떠나지는 않을까를 먼저 걱정했다는 점입니다. 그래서 저는 이 1세대 성도님에게 점수를 더 주었고 편을 좀 들어 주었습니다.

왜냐하면 교회는 내가 싫어하는 부분을 없애서 내가 정당하고 내가 편한 것을 목표로 하지 않고 모든 성도들이 '함께' 기쁘고 평안함을 누려야 한다는 것이기 때문입니다. 그러기 위해서는 누군가가 싫은 소리를 들어야 하고, 궂은 일도 해야 하고, 오해도 받아야 합니다. 다시 말하면 이분을 대표로 하는 1세대 성도님들은 교회를 위해 그럴 각오가 되어 있었지만 젊은이들은 그런 각오는 없고 오직 바른 것만 따지고 있었기 때문입니다.

완벽한 교회를 만드는 게 교회의 목표가 아닙니다. 이런 교회는 있지도 않습니다. 문제가 여전히 많지만 교회에 일어난 이런 저런 문제를 어떻게 해결하느냐 하는 것은 그 교회의 실력이고 수준입니다. 이런 의미에서 전 이 교회가 희망이 있고 아직까지는 실력 있는 사람들이 있다는 생각을 하게 되었습니다. 교회는 혼자가 아니라 함께입니다. 나만 정당하고 바르면 되는 것이 아닙니다. 남도 바르게 되도록 도와야 합니다. 그러기 위해서는 각자의 짐을 질 줄 알아야 합니다.

35. 난 그 꼴 못 봐!

교회에서 제일 재미있는 사람 중의 하나가 온갖 생색을 내면서 일이란 일은 다 하고도 남들한테 괄시 받는 사람입니다. 돈은 돈 대로 내고도 대접을 못 받는 사람들입니다. 대접을 못 받는 정도가 아니라 모두가 그 사람만 보면 고개를 흔듭니다. 헌금을 많이 낸 사람은 평소와는 다른 몸짓을 하고 나옵니다. 괜히 헛기침도 하고 앞자리에 쓱 나와 앉아 본다거나 각종 모임에 이리 기웃 저리 기웃합니다. 헌금 좀 하고나면 이전에 하지 않던 이상한 행동을 보일 때가 있습니다.

난 그 꼴 못 봐

많은 사람들이 "난 저따위로 헌금 안 해!" "난 그 꼴 못 봐." "그거 보기 싫어서 교회 안가!" 이럽니다. 그러나 이건 바보짓입니다. 그렇게 헌금 낸 사람은 하나님으로부터 상을 못 받을 것입니다. 땅에서 너무 폼을 잡았으니까 상은 없겠지만 그래도 그 헌금은 하나님 수중에 들어가서 잘 사용될 것입니다. 만약 그런 사람이 우쭐대면 "안녕하세요." 라고 인사하고 잊어버리면 되지 내 신앙이 그것 때문에 방해 받거나 흔들릴 이유가 없습니다. 그런데 우리는 꼭 토를 답니다. 그리고 '저렇게 할 바에는 아예 안 하는 게 낫다.'고 생각해 버립니다. 우리가 왜 이런 문제를 못 참는가하면 그건 '나도 부족하지 않다.' 라는 것 때문입니다. 그러나 속지 말아야 합니다. 내 자존심과 자아라는 것으로 남을 투기하고 거기에 걸려서 자꾸 병들고 있다면 그곳에서부터 탈출해야 합니다. 그 안에 갇혀 있는 한 우리는 하나님이 사랑이라는 것으로 펼쳐 보이시는 사역과 봉사에 동참하지 못하고 기회를 놓치게 됩니다. 그러면 내가 자라나질 않습니다.

교회 안에는 많은 봉사직이 있습니다. 우리는 그 봉사직을 통해 나 자신을 배웁니다. 내가 얼마나 교만한 사람인가, 내가 얼마나 이기적인가, 또 얼마나 자기 자랑이 많은가 하는 것을 배웁니다. 자칫 잘못하면 내가 이런 저런 일을 하고 있다는 것으로 다른 사람위에 올라서려 하고 쉽게 상처를 줄 수 있는 사람임을 배우게 됩니다. 그래서 교회 내에서의 일은 그 일의 치밀함과 만족할 만한 결과를 위해 있는 것이 아니라 그 일을 하고 있는 각자의 성장과 성숙을 위한 도구인 것입니다. 그래서 무슨 일이든 그 일을 맡은 사람은 늘 감사와 겸손과 인내와 관용이 나타나야 하는 것입니다.

교회 안에 큰 문제가 생겨서 공동의회를 소집하고 어떻게 할 것인가가 논란이 되었습니다. "너무나 명백한 잘못이 드러났으니 벌을 줍시다." "그러지 말고 사람은 실수가 있으니까 한번 용서 해 줍시다." 이때 한 젊은이가 손을 들고 말합니다. "목사님, 법대로 합시다." 목사님이 안타까운 마음으로 말하였습니다.

"이 사람아. 법대로 했으면 우리는 다 지옥 갔네."

하나님이 우리에게 무슨 요구를 하신다고 생각합니까? 교회 안에서 이 싸움을 감당할 줄 알아야 합니다. 교회는 정의를 외치는 곳이 아닙니다. 정의를 넘어선 사랑이 있어야 하는 곳입니다. 누가 옳고 틀렸냐를 따져서 틀린 사람은 벌주고 착한 사람은 상을 주는 곳이 아닙니다. 상과 벌은 우리 성도들의 몫이 아닙니다. 이건 하나님이 나중에 계산하실 문제입니다. 우리의 책임은 그 옳은 사람과 틀린 사람 모두를 살려내는 일입니다. 그래서 교회는 엄연히 법이 존재하지만 그 법도 시시비비를 가릴 기준이라기보다는 남을 살리고 함께 감당하기 위해 주어진 것입니다.

대표기도로 푸는 스트레스

교회 안에 깊이 개입하지 않으려는 사람들의 생각은 '나는 저 꼴 못 봐 준다'라는 것이고 '그렇게 할 바에는 차라리 안 합니다.'라는 생각 때문입니다. '일은 제대로 하나도 못하면서 대접은 다 받으려고 한다' 는 것입니다. 그러나 성경은 '그 꼴을 보라'고 하고 '내키지 않아도 동참해 보라'고 권면합니다. 왜냐하면 그렇게 해야 나 자신이 성장해 가고 다듬어져 가기 때문입니다.

다 그런 건 아니지만 가끔 전통적인 교회의 장로님들은 자신의 권위를 대표기도 시간에 세우는 걸로 오해합니다. 목사가 설교할 시간이 없을 만큼 장황하게 기도를 합니다. 그러자 어떤 분이 그 다음 주일 기도하는 시간에 이렇게 기도를 해 버렸습니다. "하나님 아버지 감사합니다. 예수님 이름으로 기도합니다. 아멘" 우리는 이런 문제에 걸려 있습니다. 정당한 기도 시간에 바른 기도의 책임은 질 줄 모르면서 남이 한 기도를 흉볼 이유는 없는 것입니다. 교회 봉사를 하면서 이런 것에 흔들리면 안 됩니다. "난 죽어도 그 꼴은 못 봐." 그러니까 아직 멀었습니다. 그 꼴을 보아야 하고 그 꼴을 볼 뿐만 아니라 그 사람과 함께 해야 합니다. 그래서 다른 사람이 아닌 나 자신이 더 문제가 많고 더 고칠 게 많은 사람인 걸 깨달아야 합니다.

36. 나, 시험 들었어

주위에 흔히 "나, 시험 들었어"라고 말하는 사람들을 봅니다. 이런 경우, 두 가지 추측을 해 볼 수 있습니다. 하나는 '시험에 들었다는 걸 알아 달라'는 것이고 다른 하는 '건드리지 말라'는 경고성 메시지입니다.

신자들이 시험에 든 내용도 가지각색인데 그 중에 "누구누구 때문에"가 가장 많습니다. 가끔 목사 때문에 시험에 든 사람도 있는데, 그 내용도 '예배 후 목사가 악수할 때 자기 눈을 보지 않고 건성으로 악수 하더라' 또는 '목사님에게 넥타이를 선물했는데 한번도 매신 적이 없더라. 나한테 무슨 감정이 있으신가?' 또는 '우리 목사님은 사람들을 골라서 심방하시는 것 같다' 등입니다.

이런 시험에 들게 한 장본인에게도 문제가 없는 건 아니겠지만 시험에 들었다는 생각은 궁극적으로는 내가 그 분 또는 그 문제를 넘어서지 못하고 있다는 반증인 셈입니다. 목사들 중에 "내가 지금 얼마나 힘들게 목회하는 줄 당신들이 알기는 알아?"라는 말로 자신의 힘든 처지를 성도들에게 무기로 사용하려는 유혹이 있는 것처럼, 신자들도 "시험에 들었다"는 말로 남에게 부담을 주고 상처를 주는 무기로 사용하기도 합니다.

동네방네 떠들지 말라

시험 당한 자신은 옳고 시험을 준 그 사람이 나쁘다는 생각으로 내 뱉는 말이라면 아직 먼 것입니다. 오히려 그를 위해 기도하고 나 자신의 부족을 인정하는 자리로 나아와야 하는 것이지 동네방네 떠들고 다닐 성질의 것이 아닙니다. 누구에게나 어려움과 시험은 있기 마련입니다. 많은 경우 사람들은 이 상황만 피하면 어려움이 없을 것 같고 불행이 끝이 날 것이라 생각합니다.

교회에 무슨 문제가 있으면 보통 두 가지 반응이 나옵니다. 하나는 십자가를 진다는 자세로 끝까지 문제를 해결하려는 입장과 다른 하나는 그 상황에서 빨리 탈출하는 것입니다. 두 가지 반응, 모두 최선의 선택일 수도 있을 것입니다. 그러나 어떤 반응이든 그 원리가 성경적이어야 하고 하나님의 뜻을 구한 결과여야 합니다. 교회를 지키려는 것이 내 자존심, 자기 증명의 문제라면 선한 의도가 아닙니다. 또 교회를 떠나는 것도 편의주의식 발상에서 나온 행동이라면 곤란합니다.

교회를 지키려는 것은 교회를 진정 사랑하는 하나님의 마음을 이해한 것에서만 출발되어야 하고 교회를 떠나는 것도 더 깊은 말씀의 은혜, 또는 신령한 은혜를 찾아 나서는 것이 되어야 하지 신앙을 저버리고 하나님을 버리려는 마음으로 떠나면 안 됩니다.

우리는 싸움도 없고 평안이 계속되는 그런 삶을 달라고 원하지만 사실 그리스도인에게 요구되는 것은 싸움이 없고 평안한 상태가 아닙니다. 싸움이 있을 때 어떻게 반응하느냐입니다. 정면으로 승부해서 그 사람을 묵사발로 만들어 놓아야만 내 직성이 풀리는 것이 아니라 싸움을 걸어오는 사람이 도무지 싸울 마음이 들지 않도록 애교작전을 벌이는 것입니다.

여전히 씩씩거리고, 자기 분을 이기지 못하고, 자기 자존심을 못 버리면 사소한 문제가 나중에는 눈덩이처럼 커지고 급기야는 이판사판이 되는 것입니다. 그리고 그 파편이 얼마나 멀리까지 가고 많은 사람들을 다치게 하는지 모릅니다. 왜냐하면 싸움이라는 것 자체가 인정사정 봐주면서 점잖게 하는 것이 아니기 때문입니다.

충성파의 좌절

특별히 교회에 충성했던 사람들, 자기 나름대로 교회를 잘 섬기고 신앙생활 잘 하고 있다고 생각했는데 어떤 어려움과 시험이 딱 오면 한 순간에 하나님을 원망하고 사람을 원망하는 쪽으로 돌아서 버리는 사람들이 있습니다. 그래서 교회에 충성하다가 낙심한 사람은 회복되기가 그만큼 어렵다. "될 대로 되라"는 식으로 신앙도 교회도 다 부질없다고 생각해서 교회를 떠납니다.

이 사람들의 문제가 무엇입니까? 그가 교회에 충성하고 신앙생활에 열심을 낸 목적과 방향이 잘못 설정되어 있기 때문입니다. 신앙생활이라는 것이 하나님 앞에서 또 사람 앞에서 자존심을 버리는 것이라는 걸 모르기 때문입니다. 봉사를 하는 것도, 섬기는 것도, 이런 저런 일을 열심히 하는 것도 그것이 결국 자신을 죽이는 신앙의 도구였다라는 것을 모르기 때문입니다.

37. 앨토(Alto)는 죽어도 못해

교회 안에 있는 모든 봉사는 그 비중과 중요성을 따질 때 어느 것 하나 덜 중요하고 더 중요한 것이 없습니다. 강단에서 선포하는 목사의 설교나 부엌에서 열심히 음식을 장만하는 봉사는 그 가치와 본질에 있어서는 사실 동일합니다. 그런데 많은 경우 교인들은 교회에서의 가장 중요한 직분으로 몇 가지를 생각하는 것 같습니다. 장로라든가, 교회 재정을 맡은 분이라든가, 구역장이나 성가대원 그리고 교사입니다. 이렇게 생각하는 이유는 교회를 유지하는 힘이 다수의 교인들 보다는 소수의 이런 중요한 직책을 맡은 중직자(?)들에게서 비롯된다고 생각하기 때문입니다. 그래서 교인 한 사람이 안 나오는 건 별로 신경을 안 쓰는데, 이런 사람이 보이지 않으면 무슨 큰일이라도 난 것처럼 수선을 떱니다. 그러나 이건 쓸데없는 생각입니다. 왜냐하면 그 사람이 그런 직분을 맡은 것이 그 사람이 다른 사람보다 실력이 있어서도 아니고 더 똑똑해서도 아니기 때문입니다.

성가대원의 착각

많은 사람들이 성가대가 그 교회의 얼굴이라고 합니다. 그런데 이 말 때문에 성가대원들에게 쓸데없는 자존심만 가지게 하였습니다. 그래서 성가대에 봉사하고 있는 걸 큰 자랑으로 생각합니다. 대부분의 신자들도 성가대를 하거나 교사로 봉사하고 있으면 그 사람이 신앙이 좋은 사람이라고 생각합니다. 그리고 성가대는 늘 앞에 서서 얼굴을 보여주니까 노총각 노처녀들이 돈 안 들고 교인들에게 선을 보여주는 그런 명당자리(?)라고도 생각합니다. 그래서 아가씨들은 얼마나 예쁘게 해서 얌전히 앉아 있는지 모릅니다. 실제로 결혼 적령기에 접어 든 자녀를 둔 부모들은 성가대에 참한 총각이나 아가씨를 물색하느라 예배는 뒷전인 사람들도 있습니다. 그리고 재미있는 것은, 저도 성가대 지휘를 해 보아서 알지만 성가대원들에게는 묘한 심리가 있습니다. 그 중에 하나는, 성가대는 앨토(Alto) 수가 늘 모자라는 법입니다. 그래서 소프라노(Soprano)에 있는 사람 중 몇을 앨토로 보내려고 하면 마치 쫓겨나서 귀양 가는 것처럼 오만가지 인상을 다 쓰고 싫은 내색을 노골적으로 합니다. 어떤 사람은 지휘자가 '자기보고 앨토로 가라' 고 했다고 그 다음 주부터 아예 성가대를 안 나오는 사람도 있습니다.

성가대는 누가 합니까? 주를 찬양하고 싶은 열심을 가진 사람들이 앉아야 합니다. 그리고 최소한 악보를 볼 줄 알아야 합니다. 그러나 꼭 그렇지만은 않습니다. 콩나물 대가리(?)를 못 봐도 하나님을 찬양하고 싶은 마음이 넘치고, 실제로 그런 삶을 살고 있는 사람이면 됩니다. 그래서 성가대의 앨토나 베이스 수가 모자라면 살며시 와서 앉으면 됩니다. 이러한 사람이 진짜 실력 있는 사람입니다.

성가대에 사람이 모자란다고 또는 무슨 발표회에 솔리스트가 없다고 해서 돈 주고 용병을 데리고 와서 실력을 보여주려는 의도는 찬양의 본질을 해치는 잘못된 발상입니다. 하나님은 완성도 높은 찬양을 받으시길 원한다고 생각하기 때문입니다. 그러나 이 완성도라는 것은 음악적 수준과 실력이 아니라 성가대원과 거기에 참여하는 사람들의 영적 성숙도입니다. 노래를 잘하는 것과 그의 영적 실력은 같은 게 아닙니다. 멋진 작품을 소화해 내는 것과 자신이 성숙한 그리스도인이라는 것은 별개의 문제입니다. 그 찬양의 가사 대로 고백하는 신앙의 모습은 없고 그러한 삶을 살아내는 영적인 깊이 없이 얼마든지 멋지게 노래할 수 있기 때문입니다.

음악과 찬양의 구분

찬양은 본질적으로 음악하고는 다릅니다. 음악은 연주하는 이와 듣는 이의 감상적 만족을 목표로 하지만 찬양은 연주하는 이나 듣는 이 모두 조연에 불과합니다. 음악은 멜로디와 박자, 강한 비트 또는 연주자의 광기(?)를 중시하지만, 찬양은 하나님의 임재를 경험하며 그 가사 속에 담긴 메시지를 더 중시합니다. 음악은 유행의 흐름을 타서 인기와 부를 위한 도구로 사용하지만, 찬양은 유행을 초월하고 인기에 편승하지 않는 순수한 신앙적 도구로만 사용합니다. 오직 하나님을 높여 드리는 행위입니다.

그런데 우리는 '우리가 멋지게 해냈다'라는 자기만족에 목표를 두고 듣는 사람들의 즐거움에 목표를 두니까 용병을 데리고 와서라도 치러내야 한다고 생각하는 것입니다.

성가대원들이라면 스스로 이런 질문을 해 보아야 합니다. '나는 과연 지금 부르고 있는 찬양의 메시지를 충분히 이해하고 있는가, 회중들에게 들려주고 보여주기 위한 봉사가 아니라 나 자신이 이 봉사로 영적인 사람이 되어가고 있는가, 찬양의 은혜와 감격을 음악적 잣대와 기준으로만 추구하려고 하지는 않았는가, 예배를 돕는 도우미가 아니라 진정한 예배자로 찬양을 연습한 만큼 기도하는 시간을 보내고 있는가, 한번 부른 것으로 끝나지 않고 내 생활 속에서 여전히 떠나지 않는 입술의 열매가 되고 있는가'

38. 그 사람의 것보다는 그 사람이 중요하다

 신앙생활의 어려움 중의 하나는 처음에 시작한 열심과 깨우침으로 인해 그 다음 공부를 게을리 한다는 것입니다. 우리가 지금 이 자리에 올라온 것도 대단한 일이고 칭찬 받을만한 일입니다. 하나님은 한 번도 은혜를 소홀히 하신 적이 없고 그 약속하신 것과 요구에 우리가 순종해서 여기까지 왔습니다. 그러나 예전에 잘하던 것으로 오늘을 때울 수는 없는 것입니다. 그것은 어제 일이고 오늘은 오늘 일이 또 있는 것입니다.

 신앙생활의 어려움은 하나님께서 우리를 영광된 자리까지 끊임없이 요구하시기 때문에 그동안 잘 한 것을 꺼내놓고 비교하면서 오늘을 게으름으로 넘어가는 것을 허락하지 않으신다는 것입니다. 물론 우리끼리 하는 이야기지만 우리가 세상 사람들보다 훨씬 낫다는 것은 알지만 이것이 우리의 자랑은 아닙니다.

 세상이 모르는 것을 우리가 알고 있는 점에서는 그들보다 잘 났고 앞서 있지만, 그것이 더 성숙한 세계로 넘어가는 데 방해가 된다면 문제입니다. 이것을 이루기까지 우리는 뒤를 돌아 볼 여유도 사실 없습니다. 그런데 세상 사람들은 뒤만 돌아보고 삽니다. 과거에 가졌던 그들의 학력, 재산, 지위 이런 것들만 가지고 자랑하고 좀 못한 사람들과는 밤 낮 싸웁니다. 과거를 돌아보는 것이 현재의 삶을 더 풍성하게 하기 위한 것이 아니라 현재의 못남을 과거의 것으로 보상받고 대치하려 합니다. 세상 사람들은 어쩔 수 없이 이런 것들에 매여 삽니다. 왜냐구요? 그들은 이게 없으면 죽는 줄 알기 때문입니다.

트럭을 몰고 간다

만일 여러분에게 하나님이 돈을 줄 테니 담아갈 것을 가지고 오라하면 어떻게 하시겠습니까? 손가방 하나 달랑 들고 올 사람은 아무도 없을 것입니다. 트럭을 몰고 올 것입니다. 하나님이 우리에게 주시고자 하시는 것은 너무나 엄청나기 때문에 우리가 이미 받은 것을 가지고 자랑할 틈이 없는 것입니다. 그것을 안 받은 척 하고 있으라는 말이 아니라, 남들에게 자랑하고 그것으로 치장하고 있을 시간이 없는 엄청난 것이라는 말입니다. 아직도 주시고자 하는 것이 더 있기 때문입니다.

그러면 하나님이 우리에게 주시고자 하시는 것은 어떤 것들입니까? 여러분은 무엇일거라 예상하십니까? 이것을 하나님은 신자라면 목표하고 욕심내어야 할 것으로 가르치고 있습니다. 신자가 목표해야 하는 것은 신령한 것이고 영원한 것들입니다. 이것을 성경은 "사람을 외모로 취하지 말라"라는 것으로 말합니다. '외모로 취하지 말라'라는 것은 그가 무엇을 추구하고 있는 사람인가를 알라는 것입니다. 그러면서 동시에 내가 무엇을 추구하고 있는 사람인가를 분별하라는 것입니다. 그 사람 자체가 아니라 그 사람의 주변의 것들 즉, 학벌, 돈, 명예, 지위 이런 것들에 의해 나 자신이 조종을 받는다면 그것이 '사람을 외모로 취하는 것'이 됩니다. 다른 사람의 겉모습, 즉 외형적인 어떤 것으로 나 자신이 영향을 받는다는 것은 이미 나 자신이 그런 것을 추구하고 있는 사람임을 증명하는 셈이 됩니다. 물론 하나님이 우리에게 주신 이런 것들은 좋은 것이고 복일 수도 있습니다. 그러나 이것이 우리 신자의 생애에서 전부가 아니라는 사실입니다. 이런 것들에 의해 내 인생 자체가 좌우되는 것이 아닙니다. 이건 극히 일부일 뿐입니다.

신자는 우리가 만들어 낸 것이나 세상이 만들어 낸 것을 목표로 하거나 내용으로 사는 사람이 아닙니다. 그리고 세상의 것으로 치장한 것에 대하여 흔들리지 않는 사람입니다. 우리 중에 세상적으로 지위가 낮다고 해서 그 사람이 신령한 문제에서 낮다고 말할 수 없습니다. 우리 중에 누가 세상의 것을 많이 소유하고 있다고 해서 그가 신령한 문제에 있어서 꼭 부요한 사람은 아닌 것입니다. 이것이 사람을 외모로 취하지 않는 중요한 원리입니다. 그런데 이것을 이렇게 말하지 않고 세상에서의 복이 신령한 문제에 대한 결과라고 주장하는 사람이 있다면 성경을 무시하는 처사입니다. 여기에는 그럴싸한 인과응보의 법칙이 존재하지 않습니다.

돈이 밥 먹여준다(?)

많은 사람들이 믿음이 있다고 하면서 실제로는 믿음 없이 살아갑니다. 다시 말해 행함이 없는 믿음만 가지고 있습니다. 왜 그럴까요? 믿음은 이 세상의 것으로 살아가지 않겠다는 고백입니다. 그런데 우리가 계속해서 넘어지는 부분이 무엇인가하면 세상의 것으로 끊임없이 영향을 받는다는 것입니다. 그러니까 믿음은 있는데 행함이 없습니다. 사람들이 왜 돈을 사랑할까요? 돈이 해 줄 수 있는 것에 시선이 가면 돈을 사랑할 수밖에 없습니다. 사람을 살리는 일 외에는 돈이면 뭐든지 된다고 합니다. 만일 신자에게 이 생각이 고정되어 버리면 빠져 나오기가 어렵습니다. 돈을 사랑함이 일만 악의 뿌리라고 성경은 말합니다.

현대는 믿음과 반대되는 단어가 돈이 되어 버렸습니다. 믿음은 세상의 것이 아닌 것으로 사는 것이고, 돈은 될 수 있는 대로 세상의 것으로 살고자 하는 완전한 도구입니다. 믿음이 있노라 하면서 믿음이 없는 이유는 세상에서는 믿음이 대접을 받지도 못할 뿐 아니라 행세를 못하기 때문입니다. 그렇지 않습니까? 돈이 밥 먹여 주지 믿음이 밥 먹여 주지 않는 곳이 세상입니다.

'의인은 믿음으로 살리라' 라는 하나님의 말씀을 여러분은 얼마만큼 묵상하십니까? 이것은 신자로서 이 세상을 살아가는 삶의 방식을 말하는 것입니다. 예수를 믿고 한 몇 년 동안은 모든 일이 잘 되는 것 같습니다. 그런데 어느 정도 시간이 지나면 예상치 않은 일들이 일어납니다. 왜 그럴까요? 의인은 믿음으로 살게 되어 있기 때문입니다. 이 세상을 살아가는 신자의 삶은 아주 비밀스러운 삶입니다. 비밀스럽다는 것은 누구나 다 살 수 있는 것이 아니라는 말입니다. 그리고 모든 사람이 다 알 수도 없다는 말입니다. 그러나 이 비밀은 엄청납니다. 신자의 삶은 세상의 것으로 도움을 받지 못하는 것이기 때문에 비밀입니다. 숨겨져 있는 것입니다. 세상의 즐거움과 안락함이 이 일에 전혀 도움이 되지 않는 길이기에 비밀스러운 것입니다. 그래서 지금 저와 여러분이 이 자리에 있는 것입니다. 절대로 세상의 것을 쫓지 마십시오. 세상의 방식에는 시선을 두지 마십시오.

많은 사람들이 높은 사람에게 가서 아첨을 떠는 이유가 무엇입니까? 그 사람을 통해 이익을 보자고 그러는 것입니다. 돈을 얻기 위해, 권력을 얻기 위해, 사람을 만나고 어떤 자리를 얻기 위해 굽실거리는 것입니다. 거기서 손을 다 떼야만 합니다. 우리는 우리의 삶의 방식이 있는 사람들입니다. 세상의 방식과 신자의 방식이 손잡고 할 수 있는 일이란 정말 없습니다. 이것이 사람을 외모로 취하지 말라는 뜻입니다.

신자가 제일 많이 매달려 하는 것은 하나님께 기도하는 것입니다. 저와 여러분의 신령한 영력을 기르기 위해 하나님 앞에 나오고, 무릎 꿇고, 말씀을 상고하고, 기도하는 거기에 우리의 방식이 있습니다. 이런 일에 도움이 되고 도움을 줄 수 있는 신앙의 동역자, 기도 후원자를 친구로 삼으십시오.

성도들끼리 모이면 계하고, 고스톱을 치고 그러지 마시고 '사람을 외모로 보지 않는' 이 훈련을 하십시오. 어떤 사람을 가까이 두고 만나야 할지 모를 때에 그 사람을 만나면 신령한 이익이 되는 사람을 만나십시오. 그리고 여러분도 다른 사람에게 그런 사람이 되도록 노력하십시오. 그러기 위해서는 하나님 앞에 잠잠한 사람이 되어야 합니다. 얼마나 하나님과 함께 머무느냐가 그 사람의 영적 깊이입니다.

39. 부흥을 기다리는 사람들

오늘날, 교회를 향한 요구가 많아졌습니다. 교회 자신도 개혁하고, 세상도 고치는 역할을 제대로 감당하라는 것입니다. 개혁은 말 그대로 구조를 바꾸어서 개선한다는 것입니다. 특별히 요즘은 교회 내의 오래된 관습이나 전통들의 불합리성을 주장하면서 개혁을 요구하는 목소리들이 교회 안팎에서 들려오고 있습니다. 그 중에는 귀담아 들어야 할 내용도 상당수 있습니다. 그러나 우리가 알아야 할 한 가지는 이것입니다. 교회의 목표는 세상을 개혁시키고 변화시키는 것이 아닙니다. 이 세상이 도덕적이고 사랑과 평화가 넘치는 세상이 되어야 하지만 그것은 하나님을 경배하는 거룩한 경건으로부터 흘러나온 결과들입니다. 많은 개혁의 방향과 내용에 공감을 하면서도 그것이 진정한 부흥을 대신 할 수 없다는 생각을 하는 이유도 여기에 있습니다.

너무 바쁜 교회들

부흥을 말하는 많은 사람들 중에는 성경과 교회 역사에서 자주 나타난 부흥의 역사에 대해 무지합니다. 왜냐하면 그것은 사람들이 가지고 있는 망각의 특성 때문입니다. 사람들은 당장 눈앞에 닥친 일들에 분주하고 모든 마음은 현실에 집중되어 있습니다. 교회도 당장 눈앞에 닥친 일들을 처리하느라 과거를 돌아볼 마음의 여유가 없습니다. 더 심각한 것은 과거에 교회가 겪은 경험이 오늘날 자신의 문제들을 풀어가는 데 별로 도움을 줄 수 없을 것이라고 생각하는 점입니다. 그래서 과거를 돌아보지 않습니다.

그러나 오늘날의 교회들이 경험하고 있는 일들의 대부분은 성경 역사 안에서 경험 되었고, 교회 역사 안에서도 경험된 것들입니다. 교회 내에 만연한 인본주의적 신앙관은 바로 성경 진리의 보편성 보다는 자기 시대에 교회가 처한 상황의 특수성을 더 믿도록 합니다. 비스마르크는 이런 말을 했습니다. "**미련한 자는 경험을 통해 배우고 지혜로운 자는 역사를 통해 배운다.**" 우리는 경험으로도 전혀 배우고 있지 못하니 미련한 자 축에도 못 들어가는 건 아닐까요?

이미 많은 교회들은 하나님의 말씀인 성경을 더 이상 신앙의 근간으로 생각하지 않는 것 같습니다. 교회의 역사를 통해 개입하시고 주도하셨던 부흥의 역사들을 더 이상 교회가 배우고 추구해야 할 신앙의 내용으로 생각하지 않습니다. 이제 그런 것들은 지금 처해 있는 교회의 현실의 문제를 더 복잡하게 만들 뿐 전혀 해결의 도움이 되지 못한다고 생각합니다.

하나님의 말씀을 믿는 것 같지만 깊이 들어가 보면 언제나 내 경험이나 생각이 말씀보다 위에 있습니다. 직접적인 하나님의 말씀의 인도와 지시를 따르기 보다는 그 말씀에 수종드는 사람의 말을 더 따르고 가치를 부여 합니다. 하나님의 일방적인 말씀은 거북스럽고 부담되지만 사람의 입술에서 한 번 걸러진 말씀은 부담이 없고 거리낌이 없기 때문입니다.

강단의 권위는 어디에?

이미 교회 강단은 말씀의 권위를 스스로 버리고 있습니다. 많은 교회가 일주일에 한번 말씀을 듣는 것으로 만족해하고 있습니다. 혹 한 번 더 말씀을 들을 기회가 있다 해도 그 시간에 하나님의 말씀을 듣기 보다는 사람의 말과 활동을 위한 보조수단으로 설교를 진행합니다.

이미 많은 목회자들이 더 이상 설교가 목회사역에 최우선이 되고 가장 중요한 사역이라는 것을 믿지 않습니다. 예배 시간에 어쩔 수 없이 들어가 있는 한 순서에 불과하지 설교만으로는 사람이 변할 수 없다고 말합니다. 교인들의 요구와 급변하는 사회에 살고 있는 다양한 사람들의 필요를 채워 주기 위해서는 설교만이 아닌 다른 것들이 보완되어야 한다고 믿습니다. 그래서 설교시간을 할 수 있는 대로 줄이고 그 대신에 모여든 사람들을 위한 최상의 서비스를 모색하고 있습니다. 그래야 교회가 부흥되고 성장된다는 것입니다.

많은 목회자들이 열정 하나만으로 목회 현장에 뛰어듭니다. 그러나 얼마 못 가서 한계상황에 봉착하고 헤매기 시작합니다. 열정 하나만 가지고, 또 품성 좋은 인격 하나만으로는 교인들이 변하지 않기 때문입니다. 성도들도 감격과 구원의 확신 하나만으로 신앙생활에 뛰어 듭니다. 그러나 얼마 못 가서 그 신앙의 바닥이 드러납니다.

맡겨진 교회 봉사는 책임 때문에 해야겠는데 그 마음에는 평화가 없습니다. 그리고 영적으로 자꾸 메말라가는 자신의 모습에 낙담하기까지도 합니다. 이런 일이 일어나는 근본적인 이유가 무엇일까요? 말씀을 믿지 않는 것이고 나아가 설교를 믿지 않기 때문입니다. 말씀의 은혜를 통하여 교회가 변하고 성도가 변하고 목사가 변한다는 사실을 믿지 않기 때문입니다. 설교를 더 이상 믿지 않기 때문에 교회는 설교 대신에 다른 것으로 대치합니다.

드라마를 하고, 연극을 하고, 공연을 하고, 간증을 하게 합니다. 그러나 분명히 아십시오. 설교는 다른 것으로 대치될 수 있는 성질의 것이 아닙니다. 물론 교회 안에는 말씀에 대한 많은 가르침이 있습니다. 성경공부, 경건의 시간, 신앙 강좌, 상담 등입니다. 그러나 설교만이 가지는 비중과 무게에 이런 것들이 절대로 따라 올수 없습니다.

교회론의 문제

지금 한국교회는 많은 경우, 교회의 기능을 축소시키거나 변질시키고 있습니다. 대부분의 사람들은 전도가 교회의 주된 기능이라고 생각합니다. 그래서 전도가 활성화 되어 교인들이 많아지는 교회를 부흥한 교회라고 말하고 그렇지 못한 교회를 별 볼일 없는 교회로 치부해 버립니다. 또 성도들은 여기에 굉장히 신경을 곤두세우고 있습니다. 또 어떤 사람들은 구제하는 것, 교육하는 것, 세상에 정의를 세우는 것이라고 말합니다. 일리는 있는 말이지만 성경은 다르게 말합니다. 전도가 교회의 주된 사명이거나 기능이 아닙니다. 전도는 결과입니다. 구제나, 교육도 결과입니다. 전도하기 위해 교회가 있는 것이 아닙니다.

교회의 가장 중요한 기능은 바로 하나님의 진리를 끊임없이 밝히고 선포하는 것입니다. 교회는 다른 기관하고는 달리 특별한 곳입니다. 다른 곳에서는 없는 것이 있는 곳입니다. 그것은 바로 하나님의 말씀이 선포되는 것입니다. 다른 것들은 교회 말고도 얼마든지 할 수 있는 것들입니다. 그러나 하나님의 말씀이 선포되는 설교만큼은 교회에서만 가능합니다. 하나님의 말씀에 반응한 사람들이 자연스러운 결과로 전도하고, 구제하고, 봉사하는 것입니다.

말씀에 대한 진지한 반응과 경험 없이 전도하라고 교인들을 내몰면 안 됩니다. 먼저 말씀에 대한 은혜를 받으라고 권면해야 합니다. 그런데 더 심각한 것은 정작 그 말씀의 은혜가 교회 안에 없는 것입니다. 그리고 더 심각한 것은 그래도 상관없이 자신은 얼마든지 신앙생활을 잘하고 있다고 믿는 사람들입니다.

40. 질그릇이냐 보배냐?

예수를 믿고 나서 성숙한 사람이 되면 죄를 짓지 않는 사람이 될 것이라고 생각하면 안 됩니다. 옳은 말이지만 근본적으로 사람이 달라지는 것은 아닙니다. 성경은 어떤 사람이 성숙한 신자가 된다는 것을 더 이상 "보통사람이 아닌 초자연적인 사람이 된다"고 하지 않습니다.

진리라는 보배를 갖고 있는 것과 그 보배를 담고 있는 질그릇이 변화된다는 것과는 의미가 완전히 다릅니다. 예수를 믿어 변화됐다는 것은 질그릇이 변한 것이 아니라 질그릇 안에 보배를 가졌다는 것의 변화입니다. 질그릇 자체는 변화가 없습니다. 질그릇 자체가 무슨 금 그릇이나 은그릇으로 변화될 거라 생각하면 안 됩니다. 누가 봐도 금방 알아 볼 수 있는 화려한 사람, 뭔가 특별한 사람, 아주 거룩한 사람으로 변화될 것이라고 생각합니다. 그래서 대부분 자기를 금그릇 또는 은그릇 또는 다이아몬드 그릇으로 바꾸어 달라고 합니다. 왜냐하면 그것으로 자랑하고 싶기 때문입니다.

자기 치장

우리는 우리가 금그릇이 되고 다이아몬드그릇이 되면 하나님께 영광을 더 돌려 드리게 된다고 생각합니다. 그러나 성경이 요구하는 것은 다릅니다. 우리가 완벽하게 되고, 높아지고, 거룩해져서 영광을 드러내는 것이 아니라 세상 사람들과 똑 같음으로서 하나님께 영광을 돌릴 수 있다고 합니다.

자, 생각해 보세요. 세상 사람들의 목표는 자기를 치장하는 데 있습니다. 성경적으로 말하면, 각자가 질그릇이면서 그 질그릇을 어떻게 아름답게 치장하고 멋있게 만들 것인가에 목표를 두고 삽니다. 그리고 이 일에 실패를 하면 좌절하고 절망합니다. 자기 자신이 증명되지 않으면 살 이유가 없는 것입니다. 그러나 예수 믿는 사람은 질그릇 때문에 사는 것은 아닙니다. 질그릇 자체가 치장되고 아름답게 보이고 멋있게 보이기 위해 사는 사람이 아닙니다. 신자는 여전히 질그릇이지만 그 안에 담겨져 있는 것이 보배라는 것을 아는 사람입니다.

보배라면 귀한 그릇에 담겨져야 하는데 질그릇에 담겨져 있다는 것은 엄청난 은혜입니다. 그래서 질그릇이지만 그것이 귀한 이유가 되는 것입니다. 그러니까 신앙생활은 우리가 금 그릇이 되는 것이 아니라, 우리 안의 보배에 시선을 집중하도록 하는 것입니다. 질그릇 자체를 축복하시는 것이 아닙니다. 그 안에 보석을 넣어 주실 뿐입니다. 우리 자신이 높아지고, 출세하고, 잘 살게 되는 것에 있는 것이 아니라, 우리가 보석을 간직하며 살도록 하시는 것입니다.

그렇다면 우리 신자는 보배 때문에 사는 사람입니다. 그러나 여전히 우리는 질그릇같이 보잘 것 없는 모습입니다. 이렇게 사는 것입니다. 겉으로는 보잘 것 없는 질그릇이지만 보배를 가지고 있는 사람입니다. 그런데 거꾸로 살려면 망합니다. 보석은 없으면서 겉으로만 금그릇이 되려고 하면 안 됩니다. 그래서 예수를 믿는 이유도 자기치장이나 자기 자랑을 하고 싶어서 믿습니다. 남들보다 더 값나가는 그릇이 되려고 합니다. 그런데 그 안에 보석이 없는 사람은 결국 망하게 됩니다. 그리고 신자는 보석 때문에 사는 사람이라는 것을 세상 사람들에게 보여주어야 하기 때문에 계속 질그릇으로 남겨두시는지 모릅니다. 그래야 질그릇 때문이 아니고 보석 때문에 산다는 걸 증명하실 수 있기 때문입니다.

신자는 보배 때문에 사는 사람이기에 질그릇이 깨어져도 별 상관없는 사람입니다. 우리가 세상에서 대접을 못 받아도 교회 내에서 대접을 못 받아도 신앙이 실패하지 않는 사람입니다. 그리고 한 걸음 나아가 이 질그릇을 파괴하는 적극적인 삶도 요구됩니다. 질그릇을 스스로 파괴하는 생활을 해야 한다는 것입니다.

신앙생활은 누가 얼마만큼 질그릇을 의지하지 않고 보배를 의뢰하느냐의 싸움입니다. 내가 나를 주인 삼지 않고 하나님을 주인으로 대접하느냐의 문제입니다. 그러니까 예수 믿는 사람이 '변화되었다' 또는 '성숙했다' 는 말은 자신이 자기를 포기하고 하나님을 얼마만큼 자신의 주인으로 삼았느냐의 비례를 말합니다. 그의 질그릇이 변한 것이 아니라 그가 얼마만큼 가치의 기준과 중심을 질그릇인 자신에게가 아니라 보배에게로 옮겼느냐의 문제입니다. 그런데 우리는 자꾸 질그릇이 변화되기를 원합니다. 다시는 죄가 생각도 안 나고, 이상한 것은 생각지도 않는 사람이 되기를 원합니다. 그러나 그렇지 않습니다.

여전히 질그릇

성경이 말하는 성숙은 질그릇이 금그릇으로 변화되는 것을 말하는 것이 아니라 여전히 질그릇이지만 그 안에 있는 보배에게로 얼마만큼 관심과 생각이 이동하느냐를 말합니다. 나로부터는 죄라는 것이 절대로 시작되지 않는 것을 신앙의 목표로 가지고 있으면 그건 동양철학에서 말하는 도를 깨우치는 것입니다.

성경은 인간이 군자의 도에 이를 수 없다고 말합니다. 질그릇에 보배를 주심으로 그 보배에게로 시선을 옮기게 하십니다. 그래서 하나님이 우리에게 요구하시는 것은 의외로 세상 사람들과 신자가 얼마나 비슷한 존재인가 라는 것을 증명해 내는 것입니다. 의사가 어느 정도 실력이 있는가 하는 것은 찾아오는 환자의 병이 어느 정도 치명적인가 하는 것을 보면 압니다. 교회란 바로 그런 환자들이 모인 집단입니다. 인간이 무엇이고 죄가 무엇인지를 아는 사람들이 찾아옵니다. 이런 환자들에게 예수가 누구이고 보배가 무엇인지를 말해서 시선을 그쪽으로 옮기도록 하는 곳이 교회입니다. 잘 난 사람이 오는 것이 아니라 이런 사람들이 오는 곳입니다.

보배를 담고 있는 질그릇이 깨지면 그 안에 무엇이 들어있는지 세상 사람들에게 더 잘 보이는 법입니다. 예수를 믿는 것이 바로 이런 것입니다. 내가 어려움을 당하고 내가 잃어버리는 것은 질그릇이 깨어진 것이지 보배가 없어진 것이 아니기 때문입니다. 그래서 질그릇에 연연해하지 않고 보배에 나를 옮기느냐의 싸움을 나타내는 것입니다. 이것을 어느 정도 이양하고 있느냐 하는 것이 신앙의 성숙도입니다.

그래서 신자의 삶은, 질그릇이 겪어야 하는 온갖 풍상을 겪으면서 동시에 보배를 가진 자랑과 가치를 드러내는 삶이어야 합니다. 세상이 우리를 파괴할 수 있는 것은 질그릇뿐입니다. 그리고 우리는 부숴 질 수밖에 없습니다. 왜냐하면 그걸 방어하기 위해 살 수 없기 때문입니다. 질그릇을 치장하면서 살 이유가 없기 때문입니다.

만약 우리가 질그릇을 치장하는 사람으로 살면 하나도 어려움을 당하지 않아도 됩니다. 그러나 신자는 그렇게 살지 않는 사람입니다. 질그릇을 보호하고 성공하기 위해 사는 것이 아니라 보배를 위해 살기로 결심한 사람들이기 때문에 자기를 방어할 틈이 없는 사람입니다. 생존경쟁은 바로 질그릇을 파괴하려고 하는 것입니다. 그리고 세상은 살아남기 위해 자기를 보호하는 것입니다.

보배로 만족

그렇다면 왜 신자는 이런 삶을 살아야 할까요? 이런 삶이 질그릇 안에 있는 보배를 보여줄 수 있는 유일한 길이기 때문입니다. 신자들의 오해는 예수를 믿어서 하나님을 의지하면 이 세상에서 세상 사람들보다 더 크고 훌륭한 질그릇을 가지게 될 것이라고 생각하지만 천만의 말씀입니다. 하나님이 요구하는 삶은 한 가지입니다. 질그릇을 치장하는 것이 아니라 보배로 만족하는 삶입니다. 질그릇을 치장하는 데 시간을 낭비하지 마십시오. 질그릇을 금그릇으로 만들어 준다는 솔깃한 교회 홍보나 선전에 속지도 마십시오. 어떤 교회도 질그릇을 은그릇이나 금그릇으로 바꾸어 줄 수가 없습니다. 어떤 부흥회나 집회가 있다면 질그릇을 강조하는 곳이 아니라 보배를 강조하는 곳에 참석하십시오.

질그릇을 치장하는 신앙의 컬러라면 그곳에는 하나님께서 우리를 낮추시거나 깎아 내린다는 개념은 없고 무조건 높아져야만 한다고 생각합니다. 그러나 아무나 높이시지 않는 것처럼 낮은 역할을 아무에게나 시키시는 것도 아닙니다.

41. 영적 무력증

진리를 믿는 것과 그것을 적용하는 것에는 차이가 있습니다. 우리는 진리를 들어야 하며, 또 들은 진리를 주도적으로 적용해야 합니다. 그렇지 않으면 참된 그리스도인이라 말할 수 없습니다. 우리는 정규적으로 주일 예배에 참석합니다. 성경을 읽고, 성경을 이해하는 데 도움을 주는 책들을 읽습니다. 거기에서 말하는 것을 통해 죄의식을 느끼고, 각성하게 되고, 회개하게 됩니다.

그러나 불행하게도 그것에 대해 아무것도 하지 않는다는 사실입니다. 느낌이 왔다가는 가버리고 맙니다. 선지자 호세아는 "너희의 인내가 아침 구름이나 쉬 없어지는 이슬 같도다."(호 6:4)라고 말했습니다. 우리는 피상적으로 마음의 깨우침을 받는 것으로 만족해합니다. 그것을 진정으로 대면하거나, 상황에 착수하거나, 난제를 직면하려 하지 않습니다.

우리는 예배를 드리는 동안 무언가를 깨닫습니다. 그러면서 "나도 저렇게 살아야지."생각합니다. 그러나 예배를 마치고 나가면서 사람들에게 이야기 합니다. 물론 다른 이야기를 합니다. 우리가 예배에서 누렸던 은혜는 금방 사라집니다. 잠깐 동안의 피상적인 깨달음만 있을 뿐이지 그 이상이 우리의 삶에서 없습니다.

뉴스거리

교회사를 읽어 보면, 또 신앙의 선배들의 전기를 읽어 보면 그들의 삶은 한결 같았습니다. 그들은 묵상을 하는 사람이었습니다. 말씀을 곰씹으며 사는 사람들이었습니다. 그런데 우리는 말씀을 묵상하지 않습니다. 그 이유는 시간이 없기 때문입니다. 어떤 사람이 묵상하는 것은 뉴스거리가 되지 못합니다. 그 사람이 무슨 일을 하고 있는가만 기사거리가 됩니다. 그러나 그리스도인의 삶을 시험하는 것은 그리스도인의 삶의 깊이와 참된 이해를 아는 것인데 그것은 오직 묵상과 생각을 통해서만 가능합니다. 이것이 그리스도인의 삶의 훈련의 한 부분입니다. 참된 부흥이 일어나는 시기에 한결같이 그러한 일이 있었다는 것을 발견하기 때문입니다.

오늘날 교회에 있는 사람들은 라오디게아 교회에 있었던 사람들과 너무나 흡사합니다. 주님은 라오디게아 교회에 이렇게 책망했습니다. "네가 말하기를 나는 부자라 부요하며 부족한 것이 없다 하나 네 곤고한 것과 가련한 것과 가난한 것과 눈먼 것과 벌거벗은 것을 알지 못하도다."(계 3:17). 오늘날의 교회가 이러합니다. 복음적인 사람들, 복음적이라고 말하는 교회들에 대해서 말하는 것입니다. 우리는 가난하고 헐벗고 곤고해 있으며 비참하고 눈멀어 있습니다. 그런데도 우리는 그것을 알지 못합니다. "우리는 복음적인 사람입니다. 우리는 신앙에 있어서 보수적인 사람입니다. 우리는 바른 사람입니다." 과연 누가 복음적이고 누가 바른 사람입니까? 우리 자신을 그릇된 기준에 비추어 옳다고 생각하는 것을 버려야 합니다. 우리의 문제는 지금 나의 영적인 상태와 조건을 알지 못한다는 사실입니다. 안타깝게도 교회활동에 가려서 우리 자신을 계속해서 말씀으로 조명하는 일을 얼마나 게을리 하고 있는지 모릅니다.

참된 그리스도인의 표지는 무엇입니까? 사람이 바쁘고 활동을 많이 한다는 데에 있지 않습니다. 그 사람이 얼마나 하나님과 주 예수 그리스도를 알고 있느냐 하는 것에 있습니다. 바쁘게 되는 것은 어렵지 않습니다. 그러나 하나님을 아는 것은 굉장히 어렵습니다. 하나님을 우리의 짧은 지식으로 이해하기란 굉장히 어렵습니다. 그러나 우리는 이 일을 위해 부름 받은 사람들입니다. 여기에 시간을 내고 마음을 쏟아야 할 사람이 바로 그리스도인입니다.

자기 소견에 옳은 대로

저와 여러분이 어디까지 그리스도에 대해 알고 있습니까? 하나님을 얼마나 알고 있습니까? 그리스도를 아는 것이 여러분의 가장 큰 소원입니까? 아니면 그리스도를 통해 복을 받는 것이 소원입니까? 하나님이 이런 분이시구나 하는 것을 하나라도 더 알기를 소원하십니까? 내 자신의 문제들을 들어주시는 하나님을 소원합니까? 하나님이 일하시는 것에 대해 감격해하고 기뻐하기를 소원하십니까? 아니면 내가 해 놓은 일에 칭찬 받는 것을 더 기뻐하십니까?

하나님의 말씀은 전체가 하나님을 체험하는 여러 경우들을 가르치고 있습니다. 우리는 성경을 읽으면 하나님을 발견하게 되어 있습니다. 그리고 하나님을 체험하게 되어 있습니다. 단순히 믿을 뿐 아니라 그분을 알게 되어 있습니다. 어떤 체험 자체를 추구하라는 말이 아니라, 그 체험을 통해 하나님을 알라는 말입니다. 성경에 나타나는 사람들은 하나님을 알았습니다. 그들은 하나님께 말했습니다. 그리고 하나님과 함께 동행 했습니다. 그런데 오늘날 그리스도인들에게는 이러한 개념조차 다 사라진 것 같습니다.

오늘 이 시대의 가장 큰 고민 중의 하나는 하나님과 그의 뜻 그리고 그분의 존재에 대해 매우 피상적이고 자기 소견에 옳은 대로만 지식을 가지고 있으면서 그것에 대단한 만족을 하고 있다는 점입니다. 이러한 것을 가지기만 하면 되었다 생각하고 바쁜 활동에 매달립니다. 멈추어 서서 하나님을 찾지 않습니다. 오히려 우리가 생각하는 방식대로 움직여 주지 않으면 그 하나님은 선하지 않다고 생각합니다. 만약 하나님이 이런 분이라면 저도 믿고 싶지 않습니다.

그러나 성경을 보십시오. 특별히 구약에 나타난 하나님을 보십시오. 우리 생각과는 많이 다른, 하나님의 실체를 보게 될 것입니다. 바라는 것은, 출애굽기 강해설교를 통해 저와 여러분이 하나님이 어떤 분이신지를 확실하게 깨닫는 기회가 되었으면 합니다.

42. 내부의 소리에 귀를 기울이세요.

그리스도는 보이는 건물이나 종교적인 분위기 안에만 거하시는 분이 아닙니다. 그분은 모든 신자들의 마음과 삶 속에 거하십니다. 우리 기도의 내용은 예수님이 우리 안에 들어오시기를 구하는 것이라기보다는 우리 속에 이미 거하시는 성령님을 우리의 삶 속에서 표현해 내는 것이 되어야 합니다. 하나님이 저 멀리 하늘에 계시다는 사상을 가진 유대교나 그 밖의 다른 종교의 영향을 조심해야 합니다. 대부분의 종교는 이런 개념을 가지고 있습니다. 그러나 오직 기독교에만 하나님이 우리 안에, 우리와 함께 내주하신다는 믿음이 있는 것입니다.

하나님의 능력은 저 먼 어디서가 아니라 바로 우리 가운데서 역사하십니다. 왜냐하면 하나님의 나라는 "여기 있습니다. 저기 있습니다."가 아니라 우리 속에 있기 때문입니다. 비록 연약한 육신의 몸을 입고 살지만, 우리는 지상에 있는 하나님 나라의 한 부분임에는 틀림이 없습니다. 그래서 우리는 언제나 우리를 둘러 진치고 있는 세력들과 대항하여 싸워야 합니다.

그런데 우리에게는 악의 세력보다 더 큰 힘이 있습니다. 그분이 바로 우리 안에 내주하시는 그리스도이십니다. 그래서 우리는 세상 속에 있는 예수님이 아니라 우리 안에 거하시는 예수님과 함께 연합되어 있습니다. 그러므로 우리는 더 이상 예수님을 바깥에서 찾으려고 할 필요가 없습니다. 이미 우리 안에서 역사하시고 활동하시는 예수님을 경험하면 됩니다.

느낌은 거짓말쟁이

어떤 분은 저에게 "목사님, 이 교회에 온 이후로 또 목사님의 설교를 들으면서 주님이 저와 동행하심을 느낍니다."라고 말하는 분이 있습니다. 물론 우리의 감정은 느낌으로 표현되기도 합니다. 그러나 개인적인 느낌이나 감정에 의존하는 신앙은 깊어질 수 없습니다. 저와 함께 신앙 생활한 것이 주님을 더욱 가까이 느끼는 계기가 된 것은 사실일지 몰라도, 그 느낌 이전에 주님은 여전히 우리와 동행하고 계셨다는 사실을 알아야 하고 앞으로도 그럴 것이라는 사실을 알아야 합니다.

많은 경우, 우리의 신앙이 지나치게 느낌에 의존하는 것을 봅니다. 주님의 음성을 직접 듣기를 바라고, 성령이 비둘기 같이 임하는 듯한 광경을 경험하기를 바랍니다. 그래서 이런 저런 집회를 참석하는 이유도 주님의 임재함을 느끼기 위해서라고 생각합니다. 그러나 좋은 찬양과 멋진 설교에만 하나님이 임재하시는 것은 아닙니다. 왜냐하면 이미 하나님은 우리와 함께 하시기 때문입니다. 그리스도를 중심으로 살기 보다는 멋진 예배를 선호하는 사람들이 있습니다. 멋진 예배를 위해서 이곳저곳으로 옮겨 다닙니다. 그러나 조심해야 할 것은 아무리 좋은 것이라도 그리스도를 대신할 수는 없다는 사실입니다. 그래서 우리가 주의해야 할 것은 예배의 형식이 아니라 임재하는 대상입니다.

우리는 주님의 음성을 외부로부터 들으려고 합니다. 그러나 주님의 음성을 진정으로 듣기를 원한다면 우리 내부를 향해 귀를 기울여야 합니다. 이것이 신비주의자와 영적인 사람의 중요한 차이입니다. 신비주의자들은 외부에서부터 영을 부르고 의식에 몰두합니다. 반면에 영적인 사람은 외적인 것에 몰입하는 것이 아니라 내부에서부터 흘러나오는 소리에 귀를 기울입니다. 그래서 우리는 다음과 같이 찬양합니다. "내 안에서 생수의 강이 흘러 넘치네"

어린아이처럼

진정한 그리스도인은 어떤 사물이나 현상, 또는 형상을 찾는 사람이 아니라 우리 내부에서 무언가를 찾으려는 사람입니다. 주님과 자신이 바른 관계를 맺고 나아가 주님 안에서 자신이 완전해지기를 갈망하는 것으로 나타나는 것입니다. 이것이 바로 주님이 말씀하신 것처럼, "참으로 예배하는 자들은 신령과 진리로 예배할 때가 온다."는 것입니다. 이 때는 바로 성령님이 우리의 사고와 삶을 단순화시키실 때입니다.

왜냐하면, 어린아이와 같지 않으면 천국에 들어가기가 힘들기 때문입니다. 이것은 부모를 의지하는 것만을 거의 본능적으로 알게 되는 어린아이의 특징을 말합니다. 아이들은 부모가 가까이 없으면 불안해서 울지만 가까이 있다는 것만 확인되면 편안히 잠을 잡니다. 이러한 단순함은 어디에서 오는 것일까요? 그것은 우리의 삶의 스타일과 사고방식을 정리하는 데서 비롯됩니다. 어쩌면 성령의 사람이라는 것은 어린아이처럼 본능적으로 하나님을 의지하는 사람이라고 할 수 있을 것입니다.

43. 우리의 신앙의 현주소

　우리나라에 IMF가 오기 전, 징조와 사전 경고가 있었다는 것을 알 수 있습니다. 그러나 한국은 전문가들의 경고를 무시했습니다. 부시 정권은 클린턴 때의 테러의 경고를 안고 출범했다고 합니다. 사람은 죽을 고비를 넘겨봐야 조심하지 그 전에는 대수롭지 않게 생각합니다. 인간의 최대의 약점은 경고에도 불구하고 망하기 전에는 잘 고치지 않는다는 것입니다.

　성경에 나오는 이스라엘의 역사를 보면 어떤 주기가 있음을 알 수 있습니다. 이스라엘이 죄를 지으면 하나님이 경고하고 이스라엘은 경고를 무시하고 계속 죄를 짓습니다. 이스라엘은 자기들이 망하기 전에는 가진 것을 놓지 않았다는 것입니다. 그러면 하나님이 심판을 하시고 이스라엘은 어려움을 당하게 되는데 그때마다 하나님은 다시 희망을 주고 위로를 하신다는 점입니다. 그렇다고 해서 이것을 우리가 아무렇게 살아도 하나님은 결국 우리에게 복 주실 것이라고 오해해서는 안 됩니다. 왜냐하면, 하나님의 무한한 사랑과 하나님의 공의를 혼동해서는 안 되기 때문입니다. 하나님은 우리가 칭얼대고 원하기만 하면 다 들어 주시는 분이 아닙니다. 우리를 사랑하시기 때문에 매를 드시는 분임을 알아야 합니다.

간음한 자들

오늘날 우리들의 신앙상의 약점은 살아계신 하나님으로서가 아니라 이스라엘이 섬겼던 바알과 같은 하나님으로 믿고 있다는 사실입니다. 하나님을 믿는다고 하지만 그 안에는 다분히 미신적이고 우상적인 요소가 있습니다. 왜냐하면, 우리의 신앙의 컬러나 방향이 하나님에 대한 이해보다는 하나님을 통해 누릴 것에 더 관심을 가지고 있기 때문입니다.

하나님은 우상을 섬기는 이스라엘을 꾸짖을 때 '간음한 자들'이라고 말했습니다. 이 말은 남편과의 책임의 관계가 아닌 책임질 필요가 없는 자기 욕심에 따라 마음대로 살아가고자 하는 이스라엘 백성의 삶을 말하는 것입니다. 자신의 이익과 안위를 위해서는 얼마든지 신앙의 대상을 바꿀 수 있었고, 자기 필요에 따라 순종할 수도 있고 불순종할 수도 있었습니다.

오늘날 대부분의 교인들은 한결 같이 자신은 하나님을 믿는 신앙을 가진 사람이라고 말합니다. 그러나 그것이 살아계신 하나님에 대한 신앙인지, 아니면 단지 자신의 유익을 위해 일방적으로 하나님을 사랑하는 것이나 이용하려는 것인지 그 구분이 참 묘합니다. 자신이 가지고 있는 것을 다 잃고 무너지기까지는 깨닫기 어려울 정도로 미묘한 것이 사실입니다.

과녁에서 빗나감

하나님께 대한 책임은 지지 않으면서 하나님으로부터 받아 낼 수 있는 것은 최대한 받아 내려는 사람들은 이전에도 있었고 지금도 얼마든지 있습니다. 그리고 이 열심이 참 신앙이라고 우기면서 사는 사람들이 많습니다. 저는 이런 사람들에게 질문하고 싶습니다. "당신이 지금 가지고 있고 누리고 있는 것들이 없어진다고 해도 당신의 신앙은 변함이 없습니까?"

우리 하나님이 가장 싫어하시는 것은 하나님을 믿지 않는 불신앙이고 그만큼 싫어하는 게 한 가지 더 있다면, 그건 살아계신 하나님을 믿지 않고 자기만족을 위해 하나님을 믿는 체 하는 사람들일 것입니다. 죄는 하나님과 상극입니다. 죄는 자신의 범위를 넘어서는 것이고 과녁에서 빗나간 것입니다. '자신의 범위를 넘어섰다'는 말은 하나님의 범위를 침범했다는 것이고, '과녁에서 빗나갔다'는 말은 소유해서는 안 될 것을 욕심내었다는 말입니다. 우리가 소유한 것들이 하나님이 허락하신 것인지 아닌지를 늘 물어야 합니다.

44. 우리는 이런 사람입니다.

우리 한국 사람들은 서로 "한국 사람은 안 돼"라는 말을 합니다. 질서의식 또는 시간약속 등의 잘 고쳐지지 않는 잘못된 기질들이나 습관을 두고 하는 말일 것입니다. 저는 선진국이라고 해서 근본적으로 다른 사람이라고 생각하지 않습니다. 이들은 '좀 더 길들여진 사람들'이라고 생각합니다. 질서와 규칙에 길들여진 사람이 문화인이고 교양인이지, 젠틀맨이라고 해서 사람의 본성이 달라지거나 완전히 새로운 조류의 사람이 되는 것은 아닙니다. 이들 안에도 여전히 교만하고 난폭한 기질들, 추악한 성품 등이 고스란히 남아 있습니다. 단지 그것을 문명화된 방식으로 포장해서 표현할 뿐입니다.

예수를 믿는 사람이 되면 바로 이러한 기질과 성품의 변화를 요구받게 됩니다. 하나님 나라의 백성들은 어떤 출신이나 배경으로 이루어지는 것이 아니라 이런 성품의 변화 또는 기질의 변화로 이루어지는 것입니다. 이런 변화 없이 내는 열심은 하나님 나라에 맞지 않는 것들입니다.

성격과 영성

주위에는 기질 자체가 비사교적이고 한 가지에 심취하는 성격을 가진 사람들이 있습니다. 이런 사람들은 종교에 심취되는 것도 빠릅니다. 남에게 싫은 소리 한번 하지 않고 사는 착한 사람들도 있습니다. 늘 당하고만 살면서 남에게 해코지 한번 할 줄 모르는 사람들이 있습니다. 이런 사람들이 예수를 믿게 되면, 그들은 예수를 믿고 난 후의 근본적인 성품의 변화와 기질의 변화를 잘 못 느끼게 됩니다. 단지 이전에는 교회를 다니지 않았는데 지금은 교회를 다니고 있다는 정도의 차이만 느낄 뿐입니다. 그러나 성경은 하나님의 백성은 이런 사람들이 아니라고 말합니다. 하나님의 백성은 예수를 믿고 난 후, 그의 삶에 근본적인 변화가 일어난 사람들을 가리킵니다.

성경은 하나님의 백성이 되는 것을 "거듭난다"고 합니다. 이건 종교적인 기질이나 착한 성품으로는 부족하다는 뜻입니다. 완전히 다시 태어나야 합니다. 완전히 갓난아기로부터 다시 시작하는 삶을 말합니다. 이전의 내가 가진 것 쌓아올린 것과는 다른 것을 쌓아야 한다는 말입니다. 완전하고도 온전한 출발이고 변화입니다.

하나님 나라의 백성이 거쳐야 할 변화의 과성은 필수과목입니다. 특별히 그 성품이나 기질 등이 변해야 하는 것은 당연합니다. 그러나 이것은 윤리적이고 도덕적인 접근이 아닙니다. 도덕적이고 윤리적인 접근은 길들여진 사람을 만드는 것이기 때문입니다. 문화인으로서, 또 교양인으로서 남에게 피해를 주지 않고 살아야 한다는 것은 나의 실체를 드러내 놓고 나를 변화시키는 내용이 아니라, 나를 숨기고 단지 남에게 젠틀한 사람으로 비쳐지게 하는 것입니다. 우리는 이러한 것들을 교양, 또는 상식이라고 말합니다.

그러나 하나님나라의 백성들의 성품의 변화와 기질의 변화는 근본적으로 다른 것입니다. 그것은 세상에 동조되거나 세상과 친해지기 위한 술수나 속임수가 아닙니다. 오히려 세상을 등지는 한이 있더라도 그 방식을 거부하는 삶입니다. 바로 이러한 방향 설정이 전제가 되어야만 우리의 성품과 기질은 변화될 수 있습니다. 왜냐하면, 복음과 하나님의 말씀은 세상을 사랑치 말라고 권면하기 때문입니다. 무엇보다도 우리의 성품과 기질의 변화를 더디게 만드는 주범은 바로 세상을 향한 우리의 사랑입니다. 세상을 사랑하는 사람은 자신의 변화를 염두에 두지 않습니다. 자신에게 문제가 있고, 자신에게 약점이 있고, 자신에게 한계가 있다는 것을 드러내거나 그것을 다른 사람에게 보여주어서는 세상과 친해질 수 없기 때문입니다.

속성은 없다

예수 믿는 것의 방향과 목표가 여기에 설정되어 있지 않는 사람은 자신의 변화를 갈망하지 않습니다. 그가 원하는 것은 오직 하나, 이 세상과 친해지려는 것입니다. 세상은 힘없고 실력 없는 사람은 거들떠보지도 않습니다. 하나님의 말씀으로 변화되어 온 유해진 사람, 욕심내지 않고 양보하는 사람들, 이 세상의 것에 가치를 두지 않고 그저 하루하루를 최선을 다해 사는 사람들을 이 세상은 박수를 쳐주지 않습니다. 우리가 하나님의 백성으로 살아가는 것을 세상 사람들은 알아주지 않습니다. 우리가 교회 봉사를 많이 한다고 해서 학교에서 점수를 올려 주는 것도 아니고, 주일날 교회에 열심히 봉사했다고 해서 월요일은 회사 나오지 말고 집에서 쉬라고 하지도 않습니다. 나라를 위해 기도하고 안 믿는 자기들을 위해 중보하며 기도한다고 우리에게 표창장을 주는 것도 아닙니다. 오히려 교회를 비판하고 예수 믿는 사람들을 무시하고 깔봅니다.

그렇다고 해서 우리가 지금의 변화를 중단할 수도 없습니다. 하나님의 백성으로 다듬어져 가는 이 과정을 건너 뛸 수가 없습니다. 이럴수록 우리는 묵묵히 변화의 길을 걸어가야 합니다. 왜냐하면, 이런 세상의 것들로 인해 방해 받거나 흔들릴 만큼 우리에게 주어진 복음이 가치 없는 것이 아니기 때문입니다. 아직 우리가 과정에 있을 뿐이지 우리의 도착지는 하나님이 인정하시는 그곳입니다. 다른 사람은 몰라도 우리의 삶을 그분이 인정해 주신다면 더 이상 여기서 우리가 무엇을 바라겠습니까? 우리가 이런 사람입니다.

45. 토정비결과 모세의 유언

한국에 복음을 전했던 초기 선교사들은 한국말이 짧아서 설교하는 데 어려움을 겪었고 해프닝도 많았다고 합니다. 한 선교사가 송구영신 예배를 드리면서 설교의 서론을 이렇게 시작하였습니다. "묵은 년이 가고 새 년이 왔습니다. 묵은 년이라고 다 나쁜 년이 아니고 새 년이라고 다 좋은 년도 아닙니다. 가는 년은 미련 없이 보내고 오는 년을 즐겁게 맞이합시다."

새해가 되면 문전성시를 이루는 곳이 있습니다. 점을 치는 곳입니다. 많은 사람들이 사주나 관상 또는 토정비결을 재미삼아 보기도 하고 거금을 들여 용하다는 점쟁이를 찾아가기도 합니다. 교인 중에도 상당수가 점쟁이를 찾는 사람들이 있다는 이야기를 들었습니다. 어떤 분은 자신이 어떤 교회를 나가야 할지를 점쟁이한테 물어보고 결정하는 사람도 있다고 합니다.

개인적으로 새해가 되면 묵상하는 성경 구절이 있습니다. 모세가 이스라엘을 향해 마지막으로 유언한 말입니다. 나는 이 말씀을 어떤 운세나 토정비결, 또는 용하다는 점쟁이의 말보다 절대적으로 믿고 신뢰하며, 곧 하나님의 신년사로 생각합니다. 그건 하나님의 말씀대로 살 때 하나님이 복을 주신다는 말씀입니다.

불행히도 오늘날 많은 교회가 잘 살게 하기 위한 일익은 담당

했는지 몰라도 영적인 일, 즉 거룩함과 하나님의 뜻을 구하는 일에는 별 도움이 안 되고 있습니다. 교인들 중에 상당수가 예수 믿는 것을 통해 무언가를 얻으려고만 하지 예수님을 따르려는 마음이 없습니다.

의사전달과 동기부여

오늘날 교회의 주된 사명이 교회를 유지하려는 데 있고, 그 결과 강단에서는 복음이 선포되는 것이 아니라 동기를 부여하고 의사를 전달하는 것이 가장 강력한 메시지가 되고 있습니다. 하나님의 뜻과 상관없이 교회 이름을 내기 위해 서로 얼마나 경쟁하듯 하고, 자기를 자랑하고 교회를 치장하고 자기 공로를 남기기에 돈과 힘과 시간을 허비하고 있습니다. 이건 신자가 새해에 하나님의 말씀을 붙잡지 않고 사주나 토정비결을 보는 것과 다를 바가 없습니다.

왜냐하면 교회는 내 소망을 이루고 자기를 자랑하기 위해 있는 곳이 아니고 하나님의 뜻을 순종하기 위해 있는 곳이기 때문입니다. 우리는, 믿음 없는 교인이 점쟁이를 찾아간다고 꾸짖기 전에 교회가 점점 잃어버리고 있는 것이 무엇인지를 이번 한 해는 하나님의 신년사를 통해 확인해 보아야 합니다.

모세의 유언을 통해 우리에게 들려주시는 하나님의 신년사에는 또 다른 메시지가 있습니다. 그것은 그리스도인은 다른 신을 섬기면 안 된다는 말씀입니다. 현대인에게 다른 신은 돈, 또는 평안함과 쾌락입니다. 록펠러에게 기자가 질문했습니다. "얼마를 가지면 만족하겠습니까?" 록펠러는 "조금만 더 가지면 됩니다."라고 말하였습니다.

편안함과 자기 소견에 옳은 대로 신앙 생활하려는 유행을 새해에는 단절해야 합니다. TV 예배프로그램은 집에 누워서 리모컨을 눌러가며 볼 수 있지만 교회는 추운 날에도 자기 발로 걸어 나와야 합니다. 인터넷을 통해 예배를 관람할 때는 교회 내에 보기 싫은 사람을 만날 필요도 없고 내키지 않는 교회 일에 관여하지 않아도 됩니다. 편하게 신앙생활하려는 인간의 의도는 곳곳에서 찾아 볼 수가 있습니다.

은둔 신자들

신앙생활은 훨씬 부담스러운 것입니다. 편안함과 쾌락을 쫓아가는 신앙생활이라는 말 자체가 성립되지 않습니다. 많은 한인 신자들 중에 이런 편안함과 부담감 없는 신앙생활을 하려고 은둔해 있는 사람들이 있습니다. 그들이 신자라면 몸과 육체가 편하고 아무리 안락하다고 해도 영적인 평안함은 소유할 수 없다는 걸 스스로 잘 알고 있을 것입니다.

왜냐하면, 끊임없이 하나님은 신자된 우리를 간섭하시기 때문입니다. 하나님을 의식하지 않고 숨어 지내려는 장소가 피난처가 아니라 하나님이 명하신 영적인 전쟁을 치르는 것이 복이라는 사실을 아는 한 해가 되길 바랍니다.

46. 고개 숙인 그리스도인

　신앙이 좋은 사람이라고 하면 어떤 그림을 가지고 있습니다. 가령, 농담도 잘 안하는 사람, 금식기도 때문에 야윈 사람, 성경책을 너무 많이 읽어서 낡은 성경책을 가지고 다니는 사람 등입니다. 그런데 요즘은 신앙이 좋은 사람에 대한 개념이 바뀌어 가고 있습니다. 세상적으로나 신앙적으로도 좋은 것을 다 가지고 있는 사람이라고 생각합니다. 명문대학에 좋은 직장, 그리고 자녀들도 출세한 사람이면서 교회에서도 헌신적이고 헌금도 많이 하는 사람을 하나님의 복을 받은 사람이라고 생각합니다.

　우리는 대개 복의 개념을 소유의 개념으로 생각합니다. 얼마나 많이 가졌느냐를 따져서 '부자다.' '가난하다' 라고 구분합니다. 물론 많은 것을 가지면 많은 것을 누릴 수가 있게 됩니다. 그러나 이것은 심리적인 만족감에 지나지 않습니다. 지갑에 돈이 두둑하면 자신이 생기지만 행복한 것은 아니고, 돈이 없으면 좀 불편은 하지만 불행한 것도 아닙니다. 성경이 말하는 진정한 복은 '소유'가 아니라 '존재'로 말하고 있습니다. 내가 얼마를 가지느냐가 아니라 내가 누구인가를 아는 것에 복이 있다고 합니다.

본질적인 요구

예수님을 찾아왔던 많은 사람들은 대게 자신들의 현실적인 어려움과 필요 때문이었습니다. 그런데 예수님은 그들로 하여금 자기 안에 있는 더 본질적인 요구와 필요, 또는 고통의 원인을 보게 하셨습니다. 그래서 주님은 병을 고쳐 주시고 먹을 것을 주시면서도 회개할 것을 촉구하셨고 믿음이 있어야 하는 것을 강조하셨습니다.

사람에게 있어서 가장 어려운 것은 바로 하나님께 고개를 숙이는 것입니다. '나는 하나님 앞에 죄인입니다' 라는 이 말보다 힘든 말이 없습니다. 그러나 참된 복은 여기에서부터 출발합니다. 왜냐하면 심령이 가난한 자가 복을 받기 때문입니다. 하나님의 사람과 그렇지 않은 사람은 여기에서 갈라집니다.

어떤 사람은 자신은 절대로 죄인이 아니라고 말합니다. 특별히 남한테 잘못한 일이 없다는 것입니다. 또 어떤 사람은 그렇지 않아도 세상 살기가 힘들어 자신감을 불어 넣어 주어도 모자라는 상황인데 왜 기독교는 자꾸 자신을 죄인으로 몰아서 아무것도 못하게 하느냐고 화를 내는 사람도 있습니다.

주위에 지금의 상황을 한탄하는 사람들이 있습니다. "십 년만 젊었으면" 또는 "그때 누가 나에게 도움만 좀 주었다면" 하면서 무엇이든지 다 할 수 있었다는 식으로 말하는 사람은 아직

복이 무엇인지를 모르는 사람입니다. 세상은 사람들에게 자신감을 가지면 모든 것을 할 수 있다고 부추깁니다.

오늘날의 베스트셀러들은 이런 자신감에 관한 이야기로 가득 차 있습니다. 자기 속에 잠재된 능력을 계발하라고 합니다. 무엇이든 자신감을 가지라고 합니다. 그러나 이에 비해 세상의 현실은 더 어둡고 절망적이고 자신감은 좀처럼 회복되거나 치료되지 않고 있습니다.

똑 같이 교회를 다니고 예수를 믿는다고 하지만 모든 사람이 하나님 앞에서 자신의 부족을 느끼지는 않습니다. 심령이 가난한 자의 복은 누구에게나 또는 아무렇게나 주어지는 것이 아닙니다. 거의 대부분의 교인들은 자신의 무능력과 부족, 그리고 죄의 본성을 깨닫지 못하고 교회를 출입합니다.

거래하려는 신앙의 자세

오히려 자기는 세상적으로 가지고 있는 돈과 능력과 재능으로 무엇이든지 할 수 있다고 생각합니다. 심지어 자신의 죄의 문제도 거액의 헌금과 의도적인 봉사와 알량한 열심으로 충분히 거래할 수 있다고 생각합니다. 안 하던 십일조를 하거나 특별 감사 헌금을 한 번 한 것으로, 또 새벽기도를 몇 번 나온 것으로 그동안 갖고 있던 신앙양심의 부담감을 털어 버리려고 합니다. 또 세상적으로 받은 복을 교회에 사용하고 발휘하는 한, 자신은 좋은 신앙인이라고 착각합니다.

이런 사람들은 다른 사람들을 많이 생각하고 불쌍히 여깁니다. 연말이 되면 결식 아동들이나 노숙자들을 걱정하면서 교회가 그들을 구제해 주어야 한다고 주장합니다. 이런 일에는 누구보다도 열심이고 목소리도 높습니다.

가룟 유다는 한 여인이 비싼 향유를 예수님 발에 부었을 때 왜 돈을 엉뚱한데 허비하느냐고 화를 냈습니다. 팔아서 가난한 사람들을 구제하자는 것입니다. 그러나 정말 구제 받아야 할 사람은 바로 가룟 유다였습니다. 그는 예수님을 따라 다닌다고 하는 제자였지만 자기가 누구인지를 몰랐고 주님 앞에서 자기를 낮추어 본 경험이 없는 사람이었습니다.

많은 일을 하기 전에 심령이 한 번도 가난해 보지 않은 사람은 진정한 복을 누릴 수가 없습니다. 교회에는 이런 심령이 가난한 신자들이 많아야 합니다. 그래야 그 교회가 진정한 복을 받을 수가 있습니다.

47. 분주한 사람, 진지한 사람

보통 교인들은 목사라면 적어도 실력이 좀 있어야 하고 경험도 풍부해야 한다고 생각합니다. 여기서 말하는 실력은 성경에 정통하고 외국어 실력도 뛰어나고 공부를 많이 한 사람, 또는 다방면에 박식한 사람을 말하는데 일리가 있는 말입니다.

그러나 분명한 것은 이런 것들이 하나님 앞에 쓰임을 받는 조건은 아니라는 것입니다. 신학과 교리에 누구보다도 밝아야 하는 것은 사실이지만 그렇다고 해서 하나님이 그 조건을 보시고 사람을 쓰시는 것이 아니기 때문입니다. 하나님 편에서 사람을 쓰시려고 할 때, 우리가 생각하는 조건이나 자격은 오히려 걸림돌이 되는 경우가 많고 소용이 없을 때가 많습니다.

우리는 교회 일을 하거나 하나님의 일을 한다고 하면서 시련을 당하고 내가 죽더라도 하나님만 의뢰할 수 있다는 생각은 없고 어떡하면 이것저것을 잘 준비해서 그것을 드러낼까만 생각합니다. 그러나 하나님이 우리에게 원하는 것은 마르다의 분주함이나 열심이라기보다는 마리아의 진지함과 말씀에 대한 순종입니다.

그런데 우리는 하나님을 잘 섬길 수 있는 상황을 만들어 달라고 떼를 씁니다. 돈을 벌게 해 달라고 하고, 빨리 안정된 생활을 하게 해달라고 하고, 유능하고 좋은 목사를 보내 달라고 기도하고, 성격 좋은 교인들만 우리교회에 등록하게 해 달라고 기도합니다.

이런 목사를 원한다

요즘 교인들이 훌륭한 목사, 유능한 목사, 또는 학벌도 좋고 실력 있는 목사를 원하는 이유는 하나님이 그런 조건을 갖춘 목사를 더 크게 쓰시지 않겠나 하는 막연한 생각 때문입니다. 그러나 그 속을 들여다보면, 교인들이 이렇게 요구하는 이유는 교회에 이미 많은 일들을 벌여 놓았기 때문이고 그것을 수습하기란 여간 힘든 게 아니기 때문에 그에 맞는 유능한 목사를 찾는 것입니다. 그러니까 교회를 유지하기 위해 이런 저런 조건을 갖춘 목사를 원하는 것입니다.

우리가 교회 봉사를 하면서 오해하는 것은 하나님을 우리의 힘과 도움이 필요한 분으로 생각하는 것입니다. 우리에게는 많은 것이 있는데 이런 것들이 하나님을 위해 사용되면 하나님이 덕을 볼 것이라고 생각합니다. 특별히 주님의 일에 수종드는 목사를 잘 보살피고 가까이에서 도와주고 목사의 마음을 편하게 해 드리는 것을 하나님이 기뻐하시는 것이라고 생각합니다.

물론 목회에 있어서 성도들의 협력과 동역이 절대적으로 필요하다는 것을 부인하고 싶지는 않습니다. 그러나 목사 옆에서 자신이 오른팔이니 왼팔이니 하는 식의 충성 서약을 하는 이상한 제자도(?)를 발휘하는 것은 근본적으로 봉사의 의미를 모르는 무식의 소치이고 주님의 일을 오해한 것입니다.

많은 사람들이 교회를 나오는 이유 중에 하나를 자신들이 그 곳에서 할 일이 있기 때문이라고 말합니다. 교회를 다니는 목적이 그 교회에서 이런저런 일을 맡았기 때문이라고 말합니다. 그러나 교회는 내가 할 일이 있어서 나가는 곳이 아닙니다. 내가 장로고, 전도회 회장이고, 교사고, 성가대원이라서 그 일을 하기 위해 교회에 나가는 것이 아닙니다. 교회가 아직도 못하고 있는 일이 자꾸 보여서 그것을 하기 위해 교회를 나오고 헌금을 하는 게 아닙니다.

일이냐 자신이냐

교회를 생각할 때 해야 할 일이 먼저 눈에 들어오는 사람은 믿음이 자리 잡을 수가 없습니다. 교회에 들어올 때 모든 그리스도인은 할 일 이전에 자신의 영적인 상태가 먼저 보여야 합니다. 자신이 지금 신앙의 어느 지점에 와 있는지를 보아야 합니다. 교회에서 맡긴 일을 잘 감당하고 있다는 것에 만족할 것이 아니라 그러한 일을 하는 자신의 상태가 어떠한가를 점검해야 합니다. 하나님이 인정할만한 믿음의 위치에서 봉사하는 것인지를 먼저 보아야 합니다. 그런데 지금의 교회는 기능인만 배출하지 신앙인을 만들지 못하고 있습니다.

어떤 사람 중에는 교회가 이런저런 일을 하지 않는 한 교회에 가지 않겠다고 합니다. 선교하지 않는 교회, 구제하지 않는 교회, 교육에 신경을 쓰지 않는 교회 등 교회가 할 일을 제대로 하지 않으면서 자기들끼리만 잘 지내는 한, 교회에 가지 않겠다고 합니다. 아마 모르긴 몰라도 자기 입에 딱 맞는 교회를 만나지도 못하겠지만 그런 교회를 만난다 해도 그 다음에는 다른 이유를 대면서 평생 교회와는 담을 쌓고 살지도 모릅니다. 교회는 학원이나 교육센터가 아닙니다. 왜냐하면 자기 부인이 없는 열심은 자기도 망하고 교회도 힘들게 하기 때문입니다.

48. 가난한 사람, 부한 사람

사람이 겪는 고통 가운데 가장 비참한 것이 있다면 배고픔일 것입니다. 북한의 아이들은 먹을 것을 찾기 위해 목숨을 걸고 중국 국경선을 넘는다고 합니다. "가난은 불행한 것이 아니라 불편할 뿐이다"라는 말을 하지만 끼니 걱정을 하면서 살아 온 사람에겐 배고픔이 사무친 원한이 될 수도 있는 것입니다. 가난 때문에 공부를 못했거나 약 살 돈이 없어서 가족을 잃어버렸다면 그에게 가난은 원수가 되는 것입니다.

신자들에게 있어서 가난과 부의 문제도 '뜨거운 감자'입니다. '부'가 하나님의 축복인지, 그래서 간증거리가 될 수 있는 것인지, 아니면 '가난'이 하나님의 훈련인지, 그래서 나를 더욱 겸손하게 만드는 것인지에 대한 혼란이 있습니다.

성공과 간증

교회 내에서 행해지는 간증의 내용들은 한결같이 부와 성공과 건강이란 내용으로 포장되어 나타나고 있습니다. 예수를 믿은 후의 변화가 구원을 확신한 것 뿐 아니라 덤으로 '이 세상에서도 잘 되었다' 라는 것입니다. 그리고 그 간증을 듣고 있는 사람들은 은근히 부러워하거나 자기는 그렇지 못한 것에 대해 낙심하는 것으로 반응합니다. 지금 이 시대는 그만큼 부와 가난이라는 문제가 예수를 믿는 직접적인 이유와 연결되어 있습니다.

"예수 믿어 복 받자"라는 말이 아주 교묘히 사용되고 있습니다. 여기서 말하는 축복이 성경에서 말하는 신령한 은혜, 또는 영적인 축복인지 아니면 이 세상에서 잘 되는 것을 말하는지 모호할 때가 많습니다. 그런데 알고 보면 결국 이 말 이면에는 다분히 세상적인 성공과 출세, 부자가 되는 길, 건강에 대한 내용들이 들어있습니다.

그러니까, 많은 사람들이 예수를 믿는 것과 이 세상에서 잘 되는 것의 관계를 어떡하든 연결 지으려고 합니다. 그리고 하나님도 예수 믿는 사람들이 이 세상에서 잘 되기를 바란다고까지 말합니다. 왜냐하면 하나님은 사랑의 하나님이고, 축복의 하나님이고, 전지전능한 하나님이기 때문에 예수를 믿으면 복을 안 받을 수가 없다는 것입니다. 그래서 아직까지 복을 못 받고 있는 사람은 예수를 제대로 믿고 있지 못하다고 말합니다.

경제 성장과 교회 성장

우리나라가 경제 성장을 이루면서 교회에 사람들이 몰려들었던 이유가 있습니다. 예수를 믿는 사람들이 늘어나는 것과 한 나라의 경제가 성장하는 것은 별 관계가 없는데도 우리나라는 사람들이 좀 잘 살게 되면서 교회로 사람들이 몰려 왔습니다. 그 이유가 무엇인가? 예수를 믿는 것이 축복을 받는 길이라고 믿었기 때문입니다. 교회가 그렇게 기도했기 때문에 경제가 빨리 성장할 수 있었다고 믿는 사람도 있습니다. 그러나 교회가 나라의 경제 성장을 기도하기 위해 존재하는 것이 아닙니다. 예수를 믿으면 이 세상에서도 얼마든지 잘 살 수 있게 된다고 가르치는 한 교회는 본질에서 이탈하는 것입니다.

교회는 가난의 문제를 극복하기 위해 있는 곳이 아니고 부의 범위를 극대화하기 위해 존재하는 곳도 아닙니다. 믿지 않는 사람들, 아니 신자들 중에서도 그렇게 돈에 집착하고 학벌과 출세에 집착하는 이유가 무엇이라고 생각합니까? 그들은 자신의 가치가 '존재 가치'에 있지 않고 '소유 가치'에 있다고 생각하기 때문입니다.

자신이 어떤 인격을 가지고 있고 자신이 하나님의 사랑과 관심을 받고 있는 귀한 존재라는 것을 모르기 때문이고 또 그것으로는 만족할 수 없기 때문에 어떡하든 남에게 뒤지지 않을 만큼 가져야 한다고 생각합니다. 그래서 '그래도 내가 당신보다는 더 좋은 차를 타고 다닌다,' '그래도 우리 집이 당신 집 보다 더 넓다', '우리 자식들이 더 좋은 대학에 들어갔다'라는 말 밖에 할 줄 모르는 사람이 됩니다.

잘 살아 보세

남에게 무시당하지 않을 만큼 또는 자기 스스로도 만족 할 만큼 무언가를 소유해야 자신의 가치가 비로소 다른 사람에게 인정받게 된다고 생각합니다. 그래서 가난 때문에 무시당했던 사람들은 학벌에 집착합니다. 반대로 많이 배우지 못한 사람들은 돈으로 자기를 인정받으려 합니다. 이것도 저것도 아니면 자식들을 들들 볶습니다.

문제는 예수를 믿는 이유가 이것 때문만은 아니지만 이것이 아니라고도 단호히 말하지 못한다는 사실입니다. 어떤 분은 "목사님, 이게 아니라면 예수를 믿을 이유가 없지 않습니까?" 라고 충격적인 말을 하는 사람도 있습니다. 솔직히 이런 말을 들으면 앞이 캄캄합니다. '아니 성경을 한 번만 제대로 읽었다면 이런 말은 할 수 없을 텐데...'

세상에서 한 번 잘 살아보겠다고 믿은 예수라면 평생 그런 예수님은 만나기가 어려울 것입니다. 그 사람의 몸이 교회에 들어와 있지만 예수님을 모르기 때문에 예수 믿는 사람이 아닙니다. 그런데도 지금의 교회들은 그것이 얼마나 심각한 영적인 피해인지도 모르는 것 같습니다. 그래도 "남들이 다 받는 복을 자기도 받아야 한다" 고 생각합니다. 교회는 이런 잘못된 신앙관을 고쳐주어야 합니다.

49. 같아질 수 없는 삶

 구약성경을 보면서 발견할 수 있는 것 중의 하나가 이스라엘 백성들이 가나안 땅에서 생활하는 동안에 주위의 어느 나라도 여호와를 섬기는 나라가 없었다는 사실입니다. 또 하나님을 믿는 신앙은 다른 종교와는 너무나 달랐기 때문에 섞일 수가 없었습니다. 광야 생활과는 달리 가나안 땅에 들어가니까 완전히 다른 상황이 기다리고 있었습니다. 그것은 다른 족속들과 함께 어울려 살아야 하는 것이었고 그 와중에 신앙을 지켜야 하는 것이었습니다.

 이 세상은 믿는 사람들만 사는 게 아닙니다. 믿지 않는 사람들과도 일을 해야 하고 어떤 경우에는 억지로 어울려야 할 때도 있습니다. 그럴 때마다 걸리는 것이 무엇인가 하면 신앙입니다. 어느 정도 그들과 어울려야 하며 어느 정도 동화되어야 하느냐 하는 것입니다. 술 한 잔까지는 해도 되는 것입니까? 또는 믿지 않는 사람과도 멋있는 사람이 있으면 결혼을 해도 되는 것입니까?

동화되지 않는 사람

 그리스도인은 얼마든지 믿지 않는 좋은 이웃을 사귈 수도 있고 사회적인 활동을 할 수도 있습니다. 그러나 하나님과의 관계가 변할 정도로 이 세상과 같아지는 것은 조심해야 합니다. 사실 세상 사람들과 그리스도인이 달리는 길은 만나기가 어려운 평행선입니다. 너무나 방식이 달라서 같아지기가 어렵습니다. 그런데 우리가 세상 방식이 좋아 보일 때가 있습니다. 그 때가 언제입니까? 욕심이 생기면 더 좋아 보입니다. 그래서 빨리 동화되려고 합니다. 생각해 보면 세상과 동화되는 것의 결과가 어떠하다는 것은 금방 알 수 있습니다.

우리가 붙들고 있는 것이 아무리 대단하게 보여도 하나님께서 한번 불어버리시면 한 순간에 다 날아갑니다. 고생해서 모은 돈도 엉뚱한 데 날립니다. 돈으로 권력을 산다 해도 정권이 바뀌면 줄줄이 감옥에 갑니다. 그러니까 하나님 앞에서 가장 가치 없는 것이 무엇인가 하면 자신의 신분을 지키지 못하고 세상에 동화된 하나님의 백성들입니다.

오늘 기독교에 가장 놀라운 것은 예배 한 번 드리는 것 말고는 전혀 하나님의 백성의 특징을 찾아 볼 수가 없다는 것입니다. 마치 하나님을 예배 드려 주지 않으면 보채는 어린아이처럼 생각하는 것입니다. 그리고 예배를 한 번 드리고는 어떻게 합니까? 자기 하고 싶은 대로 다 하는 것입니다. 먹고 마시고 떠드는데 세상 사람들과 다를 것이 아무 것도 없습니다.

그리스도인의 존재는 세상 사람들과는 다른 것입니다. 불신자는 그냥 이 세상에 아무데나 정착해서 사는 것이지만, 신자란 하나님과의 언약에 따라 근본적으로 존재 자체가 믿지 않는 사람들과는 다릅니다. 세상은 힘이 없으면 망하지만 그리스도인은 언약으로 세워졌고 우리가 하나님의 말씀에 헌신되어 있는 한 절대로 망하지 않습니다. 그러나 말씀을 버릴 때에는 우리는 망하게 됩니다.

그래서 하나님과 이런 관계에 있는 그리스도인은 긴장의 끈을 늦출 수가 없는 것입니다. 왜냐하면 말씀을 듣지 않으면 자꾸 세상으로 떠내려가게 되어 있기 때문입니다. 그래서 우리가 살 수 있는 길은 눈에 보이는 편한 길을 버리고 지속적으로 하나님의 말씀을 붙드는 것입니다.

하루 세 끼

우리는 미래의 삶에 대해 염려하지만 사실 그럴 필요도 없습니다. 왜냐하면, 하나님은 우리의 필요가 무엇인지 알고 계십니다. 우리가 하루 세 끼 먹어야 하는 것을 아시고 밤에는 길바닥이 아닌 집에서 자야 한다는 것도 알고 계십니다. 어려울 때 함께 하셨던 하나님께서 편할 때는 버리십니까? 그렇지 않습니다. 그러나 편해지면 하나님을 잊어버리는 것이 인간의 마음입니다. 우리는 보통 '그래 나는 최소한 이 정도 이상은 살아야 돼!' 라는 생각을 가지고 삽니다. 그래서 결국 우리는 이 목표에 도달하기 위해 세상을 따라가고 있습니다. 늘 하나님 앞에서 아무것도 가지지 않은 빈털털이 인생으로 매 순간 하나님이 공급하시는 힘으로 살면 이 세상을 두려워할 이유가 없는 데도 말입니다. '이것보다 더 어려울 때도 하나님이 함께 하셨는데…' 라는 생각을 하면 아무 것도 두려울 것이 없습니다. 그러나 주위에 잘 사는 사람들을 보고 부러워하게 되거나 자족하는 마음이 없으면 세상에 빠져들게 되어 있습니다.

사람은 언제나 부족한 것을 두려워한다고 합니다. 언제 집세가 올라서 이사해야 할지 모르고 언제 직장이 부도날지 모르는 상황을 너무나도 싫어합니다. 그래서 하나님께서 기뻐하시지 않는 줄 알면서 스스로 안정을 택합니다. 많은 그리스도인들은 신앙의 모험을 좋아하지 않습니다. 오히려 돌발 상황이 없는 편안한 시간을 더 원합니다. 그래서 어떡하든 기회가 주어졌을 때 마음껏 저축해 두려 합니다. 그러나 주님은 우리에게 말합니다. 내일 일을 염려하지 말라고 말입니다.

우리가 이 세상에 적응해서 사는 것 자체는 죄가 아닙니다. 그러나 하나님과의 관계를 변질시켜 가면서 세상을 사랑하고 세상과 같아지려고 하는 것은 스스로 무덤을 파는 것과 같습니다. 하나님의 백성이 이 세상에서 사는 원리는 하나님을 모르는 사람들과 근본적으로 다릅니다. 우리는 하나님의 말씀 때문에 살고 말씀 때문에 실패하거나 죽기도 합니다.

그러나 세상을 사랑해서 하나님을 버리거나 신앙을 변질시킬 때 그는 하나님을 자기의 적으로 만드는 것입니다. 솔직히 말씀드리면, 하나님의 말씀을 붙드는 것은 이 세상에서 가장 불확실한 일일수도 있습니다. 왜냐하면, 그에 상응하는 보상이 생각만큼 주어지지 않기 때문입니다. 그러나 확실한 것을 택하기 위하여 말씀을 버릴 때 영혼이 병들기 시작합니다. 그리스도인은 혹시라도 잘못된 방법으로 형통하면 큰일입니다.

50. 교사만큼 자라는 아이들

 어떤 교사 중에는 15년 동안 한 번도 결석하지 않고 개근을 한 사람도 있다는 이야기를 어느 목사님의 주일학교 세미나에서 들은 적이 있습니다. 속으로 이렇게 생각하였습니다. '그 교사는 사람이 아니라 괴물이구나. 아니 한 번 아프지도 않나? 무슨 급한 일도 안 생기나?' 그런데 그 교사의 최종 목표를 듣는 순간 저는 뒤로 나자빠졌습니다. "앞으로 저는 15년을 더 개근하는 것이 목표입니다. 아이들만 보면 사랑스러워서 미칠 것 같애요." 정말 대단한 사람입니다. 왜냐하면, 아이들을 사랑하므로 모르긴 몰라도 스스로 포기해야 할 것이 너무 많기 때문입니다.

구걸하는 교회 직분

 목사들의 큰 고민 중에 하나가 연말이 되면 앞으로 1년 동안 봉사할 직분자들을 임명하는 일입니다. 대부분의 성도들은 너무나 겸손해서 교회에서 부탁하면 한번 만에 맡겠다고 하는 사람이 드뭅니다. 꼭 몇번씩 전화하고 권면하도록 만듭니다. 결국 나중에는 못 이기는 척 하면서 직분을 맡습니다. 제가 아는 어떤 목사님은 어떤 성도에게 교사로 봉사하라고 두 번 권면해서 거절당하면 다시 권유하지 않고 임명도 하지 않았다고 합니다. 그런데 나중에 알고 보니까 그 성도는 '한 번만 더 목사님이 권면하시면 못 이기는 척 하고 맡아야지' 하고 기다리고 있었다는 것입니다. 그래서 목사가 한 번 더 권유하지 않았다는 이유로 끝내 다른 교회로 옮긴 일도 있다고 합니다. 이 얼마나 유치한 소꿉장난입니까? 그런데 실제로 교회 내에서 이런 일은 비일비재합니다. 공공연하게 "내년에는 이런 저런 일 그만두고 영적으로 좀 충전하고 싶습니다. 그래서 다른 직분을 안 맡고 싶습니다." 해놓고는 나중에 가서 임명자 명단에 자기 이름이 없으면 씩씩거리면서 "내 말은 그런 뜻이 아닌데…. 이럴 줄 몰랐다."고 합니다.

특별히 교사 직분은 교회와 성도들 간에 정말 오래까지 끌고 당기는 교회 내에서 가장 힘든(?) 봉사직인지도 모릅니다. 못한다는 변명도 여러 가지입니다. "전 가르치는 은사가 정말 없어요, 누구 앞에 서면 심장병에 걸려요, 요즘 아이들은 세대 차이가 커서 가르치기가 너무 힘들어요, 교사 말고 다른 것 봉사하고 싶어요." 등등….

교사는 누가 합니까? 가르치는 은사가 있는 사람이어야 할까요? 학력 수준이 어느 정도 되어야 합니까? 누구 앞에 서면 신나는 타고난 성격을 가진 사람이어야 합니까? 세대 차이를 극복할 수 있는 젊은 사람이어야 할까요? 꼭 그렇지 않습니다. 무엇보다도 교사는 아이들의 영혼을 사랑하는 사람이면 됩니다. 왜냐하면, 아이들은 교사의 실력을 보고 배우는 것이 아니라 교사들의 얼굴부터 보고 배우기 때문입니다. 그 표정에 자기들을 사랑하는 사람인지 아니면 어쩔 수 없이 억지로 하는 것인지를 아이들은 압니다. 얼굴이 벌써 따뜻하고 말에서 사랑이 담겨져 나와야 아이들은 배웁니다. 자기들이 사랑을 받고 있는 존재인지 아니면 일주일에 한 번 만나는 귀찮은 존재인지를 아이들은 귀신같이 알아냅니다. 그래서 결론이 나온대로 아이들은 행동합니다. 사랑을 받고 있는 존재라면 그 사랑에 즐거워하지만 귀찮은 존재라고 생각되면 교사들을 아주 세련되게 거부하게 됩니다.

교사들에게는 그런 따뜻함 뿐만 아니라 영적인 실력이 요구됩니다. 그래서 최소한 성경을 읽을 줄 알아야 합니다. 그건 교사 자신이 먼저 하나님의 말씀으로 은혜생활을 해야 하는 것이기 때문입니다. 자기가 아이들에게 교육하는 신앙의 내용에 대해 정작 자신이 그런 은혜와 경험이 없다면 시간만 허비할 뿐입니다.

교사를 닮는 아이들

많은 교사들이 고민하고 갈등하는 문제가 있다면 아이들을 어떻게 잘 가르칠 것인가? 하는 문제일 것입니다. 그래서 스스로 이런 공부 저런 공부도 합니다. 밤잠을 설치면서까지 여러 가지를 준비하고 돈도 아끼지 않습니다. 그런데 그렇게 노력한 만큼 좀처럼 아이들은 따라오지 않고 별 효과도 없는 것처럼 보입니다. 그럴 때 교사 스스로가 어떤 한계에 부딪힙니다. 그래서 시간만 때우든지 아니면 그냥 재미있게 놀게 내 버려둡니다.

한 가지 중요한 사실은 아이들은 교사 자신을 배우는 것이지 교사의 것을 배우는 것이 아닙니다. 예수님도 스승과 제자의 관계를 "나를 따르고 나를 배우라" 고 했지 "나의 것으로 도움을 받으라" 고 하시지 않으셨습니다. 교사들인 우리는 아이들에게 자꾸 무언가를 가르치려 하고 전수해 주려고 합니다. 그러나 가장 중요한 것은 교사인 나 자신을 그들에게 보여주어야 합니다. 아이들이 쉽게 볼 수 없는 교사 안에 있는 영적 무게, 또는 하나님을 사랑하는 깊이, 말씀에 대한 확고한 믿음의 정도, 생활에서 나오는 성숙한 인격, 이런 것들을 말과 표정과 행동에서 그대로 아이들에게 전달되도록 해야 합니다. 이게 전해지지 않으면 교육의 효과는 기대할 수 없습니다. 목사만큼 성도가 자라나듯 교사만큼 아이들도 자라게 되기 때문입니다.

51. 그들만의 노래가 아니다.

출애굽기 15장에서는 춤을 추면서 찬양하는 장면이 나옵니다. 혹 여러분은 춤을 추면서 찬양해 본 적이 있습니까? 가벼운 율동이 아니라 춤을 추면서 말입니다. 제가 어렸을 적에 시골에서 예배를 드리면 꼭 찬송시간에 예배당 중간 복도에 나와 춤을 추는 사람들이 있었는데 하나는 아장 아장 걸음마를 배우고 있는 아기였고 다른 한 분은 청각을 잃어버려서 잘 듣지 못하고 등이 굽어 꼽추셨던 연세 드신 여 집사님이었습니다. 그분의 찬송가에 맞춘 꼽추 춤은 저에게 아직도 잊혀지지 않는 추억의 그림으로 남아 있습니다.

할머니 할아버지는 덩실덩실 춤을 잘 추지만 젊은이들은 이런 춤은 잘 못 춥니다. 그 대신에 괴성을 지르며 껑충껑충 뛰면서 추는 춤은 잘 춥니다. 평소에 자기에게 익숙한 것이 더 자연스럽기 때문입니다. 춤을 추면서 찬양하는 것은 찬양의 적극적인 자세를 말합니다. 한국의 관광차 안에서의 아줌마들의 춤동작은 거의 환상적입니다. 그러나 그들도 처음부터 그렇게 하지 않습니다. 서서히 발동이 걸리기 시작해서 집에 도착할 때쯤이면 거의 경지에 오르게 됩니다.

텔레비전을 통해 미국 흑인교회의 성가대를 보면 악보 없이 다 외워 부르고, "할렐루야" "오 예!" 하면서 몸을 막 흔들어

댑니다. 제 생각에 "와 끝내 준다." 이런 생각이 들 때가 있기도 하지만 너무 심하다고 생각이 되기도 합니다. 그러나 이해도 됩니다. 그 사람들 문화에서는 얼마든지 그런 찬양이 가능하기 때문입니다. 그들 나름대로는 그 모습이 진정으로 드리는 찬양이 될 수 있는 것입니다.

화답하는 찬양

화답이란 주고 받는 것입니다. 성경은 "시와 찬미와 신령한 노래들로 서로 화답하며 너희의 마음으로 주께 노래하며 찬송하며" 라고 했습니다. 전통적인 예배에서는 주고받는 화답의 찬양이 많이 있었는데 종교개혁 당시에 가톨릭의 예배 의식들이 거부되면서 사라졌습니다. 종교 개혁을 일으켰던 마틴 루터는 되도록 그런 의식을 남겨 두려 했지만 칼빈이나 쯔빙글리는 파이프 오르간을 도끼로 찍어 버렸습니다. 예배 의식을 완전히 개혁했던 것입니다.

예배 때 전혀 악기를 사용하지 않는 교단이 있습니다. 러시아 정교회에서는 지금도 악기를 사용하지 않습니다. 종교개혁으로 카톨릭에서 행해졌던 예배 형식들이 완전히 사라지면서 화답의 찬양들이 완전히 없어져 버렸습니다.

저는 개인적으로 예배 중에 찬양 할 때 서로 화답하며 찬양하는 것이 바람직하다고 생각합니다. 화답하는 찬송은 우리가 조금만 신경을 쓰면 실천해 볼 수 있습니다. 대부분의 교회는 성가대가 있습니다. 이 성가대와 회중들이 예배시간에 함께 서로 화답하며 찬양하는 것이 좋다고 생각합니다. 첫 송영과 기도 송을 후렴 전반부는 성가대가 부르고 후렴 부분은 회중이 부르는 것도 좋습니다. 그리고 시중에도 편곡된 찬양 곡들이 많이 있는데 1절은 성가대가 하고 2절은 회중이 하고 3절은 다 같이 한다거나 성가대는 조금 다른 스타일로 주고받을 수도 있습니다. 실제로 예배 시간에 모두 함께 일어나 찬양을 해보면 무척 은혜로운 점을 발견할 수 있습니다.

저는 성가대가 교회에서 무슨 특별한 단체나 성가대에 들어가서 봉사하는 것이 무슨 특권의식처럼 생각되는 것을 못마땅하게 생각하는 사람 중에 하나입니다. 성가대나 교사를 교회 봉사의 하이라이트로 생각하는 것을 저는 싫어합니다. 그리고 성가대석을 강대상 뒤에 두고 예배시간 내내 회중들로 하여금 원하든 원치 않든 그들을 보게 하는 것을 싫어합니다. 주로 우리는 성가대가 예배를 돕고 보조하는 중요한 기관이라고 생각합니다. 물론 예배의 순서 중에 중요한 부분임에는 틀림없습니다. 그러나 성가대가 부르는 찬양이 예배 중에 부르는 찬양들 중에 하이라이트가 되는 것은 결코 아닙니다.

예배 중, 찬양의 하이라이트는 구별된 성가대가 멋지게 부르는 찬송이 아니라 어린아이로부터 어른에 이르기까지 심지어는 악보를 볼 줄 모르고 노래를 전혀 할 줄 모르는 음치들이라도 예배에 참여한 모든 사람들이 함께 부르는 것입니다. 대부분의 교회는 성가대에게 찬양의 의무와 책임을 던져 버리고는 편하게 감상하려 합니다. 예배시간에 찬송을 부르지 않는 사람이 점점 늘어가고 있습니다. 왜냐하면 자기가 직접 부르지 않아도 성가대가 멋진 음악을 제공하고 대신 찬양해 주기 때문입니다. 많은 사람들이 대표기도 후에 아멘으로 화답하는 것도 귀찮아서 안 하기도 하지만 찬양도 귀찮아서 안 부르는 사람들이 점점 늘어 갑니다.

하나님이 원하시는 찬양은...

하나님이 가장 기쁘시게 받으시는 찬양은 우리가 하나님의 뜻에 순종하며 살아갈 때입니다. 우리의 삶이 그대로 하나님의 영광과 직결된다는 것을 얼마만큼 아느냐와 찬양의 깊이는 비례하는 것입니다.

52. 하나님이야? 나야?

신자들이 좀처럼 신앙생활 표면으로 꺼내 놓기 주저하는 부분이 있다면 그건 가정에 관한 이야기, 또는 문제일 것입니다. 매일 성경 읽고, 새벽기도 다니고, 100% 교회 출석하는 열심 뒷면에는 남들에게 말할 수 없는 가정의 고민이 있습니다. 또 자신의 신앙생활이 가족들에게 별로 대접을 못 받는 생각 때문에 고민을 합니다. 그래서 많은 경우, 오히려 '교회 다니면 다 저렇게 되나' 하는 거부감만 생기게 되었고 믿지 않는 남편과 아이들은 교회나 목사에게 자기 아내와 엄마를 빼앗겼다는 생각마저 들게 합니다.

그런데 더 심각한 것은 대부분의 아내들은 이것을 신앙의 핍박이라고 생각하고 이럴수록 가정에 충실하기 보다는 이때가 더 기도해야 되고 마귀와 싸워서 이겨야 하는 것으로 알고, 자꾸만 교회로 나오고 문제를 해결해 달라고 매달린다는 것입니다. 남편을 남편으로 생각하기 보다는 전도 대상자로 생각해서 어떡하든 예수를 믿게 해달라고 더 기도합니다. 그러나 이럴 때 지혜로운 행동은 교회에 나올 것이 아니라 가정으로 돌아가 아내의 역할을 하기 위해 가정에 충실해야 합니다.

오늘날 교회가 못하는 일이 없는 것 같습니다. 선교, 교회개척,

구제, 교육, 전도, 기도, 교육, 영성 등 어느 방면에서나 실력이 있고 힘이 넘칩니다. 그러나 이 모든 것이 가정에 대한 문제, 내 남편과 아내와 자녀와 부모들과의 문제가 덮어진 채로 진행되는 것이라면 진정한 기독교 신앙이 아닐 것입니다. 만약 그렇게 많은 일을 교회에서 하는 것이 우리 가정의 문제를 감추고 해소하기 위한 반작용으로 시작되는 것이라면 참된 기독교 신앙이 아닙니다.

교회가지 말고 나랑 놀자

아내들에게 요구되는 중요한 원리는 남편에게 복종하기를 주께 하듯 하는 것입니다. 이것은 믿는 남편이든 안 믿는 남편이든 동일하게 요구됩니다. 여전도회 회장하고 매일 새벽기도 나오고 철야기도 하는 것보다 더 중요한 아내의 사명은 가정 안에서 남편의 권위를 인정하는 것입니다.

즉 남편이 교회의 이런 저런 일에 동의하고 허락하면 열심을 내는 것은 좋은 것이지만, 남편이 이해를 못하거나 동의를 못하면 그 남편의 편을 들어 주어야 합니다. 심지어 남편이 "오늘은 교회 가지 말고 같이 있자" 하면 남편 말을 들어주어야 합니다. 그런데 '이럴수록 더 열심히 기도해서 안 믿는 남편이 예수를 믿게 해야 하는 것 아닌가' 또 '예배를 중요시 여기는 본을 보여주어야 하는 것이 아닌가' 라고 생각하기 쉽습니다.

물론 예배가 중요하고 기도가 중요한 건 당연합니다. 그러나 남편이 교회에 가지 말라고 해서 내 신앙을 빼앗을 수는 없습니다. 지금 남편의 입장에서는 아내가 나와 내 아이들을 얼마나 사랑하고 우선적으로 생각하는가 하는 점을 더 생각하지, 신앙에 관한 시비나 불평을 하는 것이 아닙니다. 아내가 가정에 충실하고 남편을 존중하면 대부분의 남편은 신앙생활 하는 것을 그렇게 반대하지 않습니다. 아내가 교회에 열심이어도 늘 자신과 아이들이 우선적으로 생각되는 것이 확인되면, 남편은 반대할 이유가 없습니다. 오히려 "교회 나가더니 사람이 변했다"라는 소리를 합니다.

많은 아내들이 믿지 않는 남편과 신앙 문제로 싸움을 하려고 합니다. 주일 아침만 되면 남편과 신경전을 벌인다고 합니다. 그러나 절대로 신앙문제나 교회 가는 문제로 남편과 싸우면 안 됩니다. 오히려 남편 편을 들어 줄 줄 알아야 합니다. '마귀야 물러가라'고 하면서 화를 내거나 싸울 문제가 아닙니다. 어떤 남편은 교회에 가려는 아내를 앉혀 놓고는 둘 중에 하나를 택하라고 윽박지르기도 합니다. "하나님이야? 나야?" 이렇게까지 되지 않도록 아내가 지혜롭게 행동해야 했지만, 만약 이런 경우에도 남편을 택해야 합니다. 왜냐하면 이렇게 한다고 해서 하나님을 부인하는 것이 아닙니다. 그 남편이 귀신에 들렸거나 마귀에게 사로잡힌 것이 아닙니다. 이건 끝까지 아내가 "그래도 난 하나님이야"라고 대답해서 순교할 문제가 아닙니다.

가까이 하기엔 너무 먼 당신

 교회를 열심히 다니는 아내를 둔 믿지 않는 남편은 아내에게서 "가까이 하기엔 너무 먼 당신" 같은 묘한 거리감을 느낀다고 합니다. 왜냐하면 자신이 가장으로서, 한 아내의 남편으로서 또 아이들의 아버지로서의 권위를 인정받고 있지 못하다는 생각 때문입니다. 이렇게 된 데에는 믿는 아내의 지혜가 부족해서입니다. 믿지 않는 남편은 단란하고 행복한 가정을 원하고 그 책임을 달갑게 지려고 합니다. 그런데 아내는 가정보다는 교회에 더 관심이 많고 아이들 보다는 교회 일에 관심이 많다는 것을 느끼면 그때부터 남편들은 마음의 문을 닫는 경우가 많습니다. 그래서 각자 따로 각기 제 길로 가면서 서로 부딪히지 않으려고만 합니다. 이럴 때 지혜로운 아내는 남편의 생각을 이해해 주어야 합니다. 교회에서 남편 구원을 위해 기도하는 시간만큼 중요한 것은 가정에 충실하고 남편 편을 들어주는 것입니다. 왜냐하면 교회 따로 가정 따로 식의 신앙생활은 없기 때문입니다.

53. 니 때문에 못살아

"당신 없이는 못 살아"가 "당신 때문에 못 살아"로 변하는 것이 결혼 생활이라고 합니다. 어느 조사에서 "결혼을 왜 하느냐?"는 질문에 가장 많았던 답이 무엇인지 아십니까? '안 하면 후회할까 봐.'였다고 합니다. 그러면 결혼한 사람에게 물어 보았습니다. "결혼 한 것을 후회한 적은 없습니까?" 절반 이상이 후회한다고 대답했습니다. 두 가지 질문과 답을 종합해 보면 결혼은 해도 후회고 안 해도 후회라는 결론입니다. 여러분은 어떻습니까?

남편들의 가장 큰 의무는 여러 가지로 말할 수 있겠지만 성경에서는 예수 그리스도의 모습을 상징으로 가지는 책임을 말합니다. 교회를 향한 예수님의 책임과 관심과 사랑이 남편에게 중요한 사명이라는 것입니다. 그래서 남편을 가장으로 세우는 것입니다. 예수님이 교회의 머리이신 것처럼 말입니다. 이것은 권위와 권세가 아내보다 남편들에게 더 주어진 것이 아니라 그 책임이 주어졌기 때문입니다. 그래서 아내와 자녀들은 그 권위에 복종해야 하는 것입니다. 그렇다고 남편들은 너무 좋아하지 마십시오. 아내들은 기죽지도 마십시오. 아내들이 남편에게 복종하는 것은 비굴한 것이거나 기 싸움에서 진 것이 아닙니다. 성경은 말하기를 교회가 그리스도에게 하듯 아내는 남편에게 복종하라고 합니다. 또 남편은 그리스도가 교회를 사랑하듯 아내들을 사랑하라고 합니다. 특별히 남편들에게는 자신을 아내에게 주라고까지 말씀하십니다.

복종과 사랑

보십시오! 아내에게는 '복종' 이라는 단어가 강조되어 있고 남편에게는 '사랑' 이라는 단어를 강조합니다. 주님과 교회의 관계에서도 교회인 우리에게는 복종을 강조하고 있고 교회의 머리되시는 주님에게는 사랑이 연결되어 있습니다. 그러니까 아내들이 남편에게 복종하는 것이 신자라면 주님에게 복종하는 것이 당연한 것이고, 남편들이 아내를 사랑하는 것은 그리스도가 교회를 사랑하는 만큼의 높은 사랑을 요구받고 있다는 점입니다. 그런데 아내에게 복종이 강조되고 있는 것은 남편의 위치와 책임에 대한 강조입니다. 남편에게 사랑이 강조되는 것은 희생과 헌신이 강조되기 때문입니다. 즉 다른 말로 하면 아내는 남편의 사랑과 관심을 먹고 사는 사람이고 남편은 아내의 존경과 인정을 먹고 사는 사람이라는 말입니다. 참된 교회는 그리스도를 주라 인정하는 것이고 주께서 우리를 사랑하신 것같이 서로 사랑하는 것이기 때문입니다.

남편들은 아내들보다 더 단순합니다. 교회가 그리스도보다 높지 않는 것처럼 말입니다. 남편들은 밥을 먹고 사는 존재가 아니라 칭찬을 먹고 사는 존재라는 말이 있습니다. 이건 제가 만든 말이지만 참 멋있는 말입니다. 저만 봐도 그렇습니다. 제 아내가 "당신이 옳았어요. 그 사람이 틀렸어요." 이 말 한 마디만 들으면 피곤이 풀립니다. 분명 제가 잘못한 일인데도 "그렇게 할 수 밖에 없었던 이유가 있겠죠 뭐." 라고 말해 주면 일단 기분이 좋습니다. 왜 그럴까요? 남편들은 아내에게 인정받는 것에 목숨을 걸고 사는 사람들이기 때문입니다. 다른 사람들한테는 좀 인정을 못 받아도 평생 같이 사는 아내한테 인정받으면 그 남편은 절대로 딴 마음(?)을 먹지 못합니다.

아내들이여! 남편이 돈을 좀 못 벌어 와도, 식성이 좀 까다로워도, 잘 삐져도, 늘 멋진 사람이라고 말해 주세요. 그러면 남편은 아내만 사랑하게 되어 있습니다. 한 가지 더 아내들에게 알려 드릴 게 있습니다. 남편들은 아내들이 바깥에 나가서 다른 사람에게 자기를 어떤 사람이라고 말할까에 신경을 씁니다. 참 이상하죠? 남자들이 이런 동물입니다. 그래서 다른 사람들에게 자신이 별 볼일 없고 능력 없는 사람이라는 말을 들을까봐 신경을 많이 쓴답니다. 이때 현명한 아내는 절대로 다른 사람에게 남편 흉을 보지 않는 사람입니다. 지금 당장은 죽이고 싶도록 미워도 다른 사람들한테는 늘 우리 남편이 최고라고 말하는 아내가 현명한 아내입니다. 제 자랑은 아닙니다만 제 아내에게 물어 보십시오. 다른 사람에게 제 흉을 보기 보다는 제 자랑을 많이 하고 다닐 겁니다. 아니라고요? 그런데 저는 제 아내가 저를 어떻게 생각하고 있는지가 느껴집니다. 또 그게 얼마나 기분 좋은지 모릅니다. 이런 아내가 되십시오.

아내들에게 설문조사를 했는데 남편에게 가장 섭섭하고 결혼을 후회했던 적이 언제냐고 물었습니다. 무슨 대답이 가장 많았을까요? 남편들은 반드시 참고하셔야 합니다. 그래야 느지막에 쫓겨나지 않고 밥이라도 얻어 먹을 수 있을 것입니다. 〈남편이 하는 일, 또는 자기가 하는 일에 대해 이런저런 이야기를 나누려고 할 때 자기를 무시하고 상대를 안 해 주려고 했을 때〉입니다. 남편들은 바쁘다는 핑계로, 또 여자들이 말하고자 하는 그런 일들은 사소한 것으로 여기고 무시하는 경향이 있습니다. 그런데 아내의 입장에서는 남편과 이런 저런 이야기를 나누고 싶은 본능을 가지고 있습니다. 왜냐구요? 그게 여자라니까요! 그러니까 아내들은 남편들이 볼 때 아주 사소한 것에 목숨을 거는 동물들입니다. 그런데 아내들한테는 그것이 무엇보다도 소중한 행복 채널이라는 것입니다.

아는 것이 같은 관계

현명한 남편은 아내가 묻기 전에 이런 저런 이야기들을 들려주는 남편입니다. 회사에 있었던 일이나, 누구를 만났는데 그 사람에게서 받은 인상이라든지 그러면서 아내에게 무슨 일이 있었는지를 묻고 관심을 가져 주어야 합니다. 이게 사소한 것 같지만 아내에게는 목숨보다 소중한 것입니다. 그것으로 아내들은 남편이 자기를 대접하고 또 사랑하고 있다는 느낌을 받습니다. 또 제 자랑 같지만 제 아내에게 물어 보십시오. 저와 아내는 아는 것도 거의 비슷하고 모르는 것도 거의 비슷합니다. 이왕 제 이야기가 나왔으니까 하나만 더 말씀드리죠. 저는 목사하고 목사의 아내는 영적으로나 생활면에서 함께 나란히 가야 한다고 생각하는 사람입니다. 목사가 너무 앞서간다거나 또 반대로 사모가 너무 영발(?)이 세다거나 하면 곤란하다고 봅니다. 그래서 같이 보조를 맞추도록 노력합니다.

제가 읽고 도움을 얻었던 책들은 거의 대부분 집사람에게 권합니다. 그러면 제 아내는 좀 바쁘니까 정독은 할 수 없지만 나름대로 꾸준히 책을 읽습니다. 이게 저에게 얼마나 도움이 되고 좋은 일인지 모릅니다. 함께 공감하고 서로의 부족을 채워줄 수 있다는 것이 저에게는 큰 자산입니다. 늘 제가 몰랐던 부분들을 하나 이상씩 꼬집어 줍니다. 제 아내가 다른 사람들과 이야기를 나누거나 상담을 할 때 보면, 제가 하고 싶은 이야기를 그대로 하고 있는 걸 발견합니다. 제가 한 설교를 그대로 요약해서 말하고 제가 읽었던 책의 내용을 말하고 우리가 서로 밤새워 나누었던 이야기들을 전해주고 있는 것을 볼 때 얼마나 고마운지 모릅니다.

진지하게 다루는 기술

부부는 모든 것을 함께 나누어야 합니다. 아내가 무엇을 생각하고 무엇을 느끼고 사는지를 남편은 알아야 합니다. 또 그것을 진지한 것으로 다룰 줄 알아야 합니다. 남편이 무엇을 고민하고 무엇을 느끼고 사는지를 알아야 합니다. 그리고 그것을 서로 나누어야 합니다. 대화의 시간을 많이 가지라는 그런 차원의 말이 아닙니다. 각자 따로 생활하다가 정해 놓은 시간에 앉아서 몇 마디 주고받는 그런 피상적인 대화를 하라는 말이 아닙니다. 남편의 생각과 고민과 느낌이 아내에게 그대로 전해져야 합니다. 아내의 고민과 감정과 생각과 느낌이 남편에게 전해져야 합니다. 그리고 무엇보다도 무엇이든 그것에 대해 부부는 항상 공감해야 합니다.

서로 의견이 다를 수 있지만 서로가 다른 의견을 가지고 있다는 그 사실 자체가 부부라면 서로 확인이 되어야 합니다. 왜 다른지, 왜 그런지가 충분히 서로에게 이해가 되어야 하고 공감이 되어야 합니다. 이런 훈련을 하십시오. 그러면 비밀이 없어질 뿐 아니라 서로에게 흔들릴 게 없는 그런 부부 사이가 됩니다. 가정은 부모와 자녀들이 함께 생활하는 하나의 공동체입니다. 자녀들에게도 여러분의 이야기를 들려주십시오. 그리고 그들의 스토리를 들어 주세요. 그 스토리에 담긴 사실과 느낌과 감정을 멋지게 편집해 보십시오. 바로 그곳에 가정의 행복이 있습니다.

제 4 부
쉽지 않은 목회자

우리를 목사로 부르신 것도, 성도로 부르신 것도 하나님의 은혜입니다.

우리가 교회라는 공동체 안에서 만난 것도 하나님의 은혜입니다.

좋은 목사로, 좋은 성도로 변화시켜 주시는 것은 더욱 큰 하나님의 은혜입니다.

54. 좋은 목회자를 찾습니다.

신앙생활의 핵심이 무엇일까요? 예수를 믿었으니 주를 위해 무엇을 할까도 아니고, 이 세상에서 행복하게 살기를 갈망하는 것도 아닙니다. 신앙의 핵심은 은혜를 아는 자가 되는 것입니다.

성경에서 탕자의 비유나 품꾼의 비유는 바로 이러한 하나님의 무조건적인 은혜를 다룬 것입니다. 그런데 이런 은혜의 원리가 소중하지만 이것만큼 웃기는 논리도 또한 없습니다. 왜냐하면 우리 인간의 마음에는 처음부터 은혜와 부딪히는 마음이 있기 때문입니다. 그래서 교회가 오래되면 될 수록 은혜의 원리는 사라지고 인공 서열로 변하게 됩니다. 교회에 등록한 순서대로 이상한 질서가 잡혀 갑니다. 실제로 교인들은 은혜의 원리를 믿는다고 하지만 인과응보 론을 탁월한 원리로 생각합니다. 교회 안에서도 잘못한 사람은 맞아야 하고, 잘한 사람은 상을 주어야 된다고 생각하고 이 원리로만 살려고 합니다.

제가 교회를 시작하면서 늘 기도하는 것이 하나 있습니다. 그것은 "하나님, 제가 좋은 목사가 되게 해달라고 기도하지는 못하겠습니다. 다만 성도들이 저를 좀 좋은 목사로 보게 하옵소서." 저 자신을 보면 아무리 해도 좋은 목사가 될 자질은 없는 것 같습니다. 없는 자질을 억지로 만들 수는 없는 노릇이기에 저는 이렇게 기도하게 되었습니다. 성도님들이 하나님의 은혜로 저를 좋은 목사로는 봐 줄 수 있겠다 싶은 생각이 들었습니다. 그래서 저는 매일 기도할 때 마다 이 기도를 빼지 않습니다.

천사가 아니라 사람

많은 성도들이 훌륭하고 좋은 목사를 찾습니다. 설교도 잘하고, 인격도 좋으시고, 생활면에서 모범이 되는 그런 목사를 찾습니다. 그러나 실상은 이런 목사는 없습니다. 만약 이런 사람이 있다면 그는 목사가 아니라 천사일 것입니다. 차라리 좋은 목사를 만나게 해 달라고 기도하는 것 보다는 천사를 주셔서 우리를 목회해 달라고 하는 편이 빠를 것입니다.

그럼에도 불구하고 하나님은 천사를 주셔서 설교하게 하거나, 목회를 하도록 하시지 않습니다. 오히려 부족하고, 결점이 많은 사람인 목사를 통해서 설교하시기를 원하고, 목회하시기를 원합니다. 이럴 때 목사인 저도 마찬가지지만 대부분의 목회자는 스스로 주눅이 듭니다. 성도들은 좋은 목회자를 원하는데, 나 자신은 그렇지 못할 때 목회자의 고민이 바로 여기에 있습니다.

그런데 성도들이 바라는 좋은 목회자상도 참 다양합니다. 어떤 분은 좋은 목회자의 기준을 설교에 둡니다. 좋은 설교자가 좋은 목회자라는 것입니다. 또 어떤 분은 훌륭한 인격자여야 한다고 말합니다. 그래야만 목회자에 대한 신뢰를 가질 수 있다는 것입니다. 또 어떤 분들은 생활면에서 성도에게 본이 되어야 한다고 합니다. 이런 생각을 가지는 분들은 대개 목회자의 물질적인 부분을 강조합니다. 간혹 어떤 분은 위의 세 가지가 다 충족되어야 참 목회자가 될 수 있다고 말씀하시기도 합니다. 정말 성도들이나 세상 사람들이 바라는 목회자의 기준은 그렇게 만만한 것은 아닌 것 같습니다.

훌륭한 목사는 없다

설교를 잘하는 것은 많은 노력과 연구와 자기 계발을 통해서 어느 정도 가능합니다. 훌륭한 인격을 갖추는 것도 목사 스스로가 성도들 앞에서 좀 숨기고 양보하면 됩니다. 생활도 처음부터 가난하게 살려고 작정을 하면 될 것입니다. 그런데 스스로 노력해도 안 되는 것이 있는데 그것은 목사를 바라보는 성도들이 좋은 목사로 인정하지 않을 때입니다. 아무리 목사가 노력해서 좋은 목회자가 되었다 할지라도 그와 함께 목회에 동참하는 성도들의 마음이 그를 좋은 목사로 봐 주지 않는 한, 훌륭한 목사는 없는 것입니다.

바로 여기에서 은혜의 원리가 작용하는 것입니다. 그렇다고 제가 성도님들에게 책임이 있다는 것을 말하는 것은 아닙니다. 오히려 저는 좋은 목사, 좋은 성도를 구분하는 기준을 인간적인 조건이나 어떤 상으로 삼기보다는 하나님이 부어 주시는 은혜로 그 기준을 삼자는 것입니다. 정말 하나님의 은혜가 없이는 비록 우리가 목사이고, 성도라 할지라도 우리는 서로가 존경 하거나 존경 받을 만한 자격이 없는 사람들이기 때문입니다. 오직 우리를 천사가 아닌 실수가 많은 목사로 부르신 것도, 늘 고집만 부리는 우리를 성도로 부르신 것도, 하나님의 은혜입니다. 이보다 더 큰 하나님의 은혜가 있다면 그것은 그런 우리들을 교회라는 공동체 안에서 만나도록 하셨고, 서로가 서로를 위해 영적인 도움과 위로를 받는 관계로 묶으셨다는 것입니다. 좋은 목사는 좋은 성도가 만듭니다. 또 좋은 성도는 좋은 목사가 만들기도 합니다. 그러나 좋은 목사로, 좋은 성도로 변화시키는 것은 각자에게 부어주시는 하나님의 은혜입니다. 그래서 우리는 이렇게 기도할 수밖에 없습니다. "성도들이 저를 좋은 목사로 보게 하옵소서. 목사님들이 저를 좋은 성도로 보게 하옵소서."

55. 목사가 고함을 치는 이유

예수님을 믿고 하나님의 자녀가 되고 성도가 되고 직분을 맡은 여러분에게 기대하며 또 권면합니다. 우리교회와 여러분을 통하여 휴스턴 지역의 큰 신앙의 기둥들이 되시기를 바랍니다. 저는 어릴 때부터 교회에서 자란 사람입니다. 교회의 어려움을 경험적으로 알고 있습니다. 교회가 무엇을 놓칠 때, 성도들이 어떤 생각으로 교회를 다닐 때, 그 고통이 교회로 되돌아오는지 피부로 경험한 사람입니다. 우리나라 신자들은 거의 대부분 신앙적 자세와 열심이 뛰어납니다. 어느 나라 신자들보다 더 진지하고 헌신적이며 성실하고 부지런합니다.

그러나 신앙의 내용을 깊이 있고 조화 있게 정리하는 일에는 많이 서툽니다. 말하자면 너무나 공부를 잘하는 늘 100점 맞는 유치원생 같습니다. 더 이상 유치원에서는 가르칠 것이 없습니다. 그래서 초등학교로, 중학교로 진학을 해야 합니다. 다른 교회 성도들이 아니라 여러분 이야기입니다. 그러면 대부분의 성도들은 이렇게 말합니다. "제가 얼마나 공부를 잘하는데요. 지난번에 담임선생님이 저를 얼마나 귀여워 해 주셨는데요. 그런데 선생님은 왜 그렇게 괄시를 하세요? 선생님은 얼마나 잘 났어요?" 여러분의 마음에 이런 부담을 가질까 봐 걱정입니다.

우리는 단 하나 때문에 여기에 있습니다. 하나님이 여러분을 향해 갖고 계시는 열심과 여러분을 향해 갖고 계시는 목적 때문에 있는 것입니다.

마치 세례요한이 "저 분이 메시야다. 저 분만 따르라." 이 하나를 위해 태어난 것과 같이 목사란 이 일 때문에 존재합니다. 여러분이 성장하는 데 필요하다면 격려와 칭찬도 하겠지만, 더불어 필요하다면 매를 들 수밖에 없는 것을 여러분은 진심으로 이해해야 합니다. 하나님이 여러분을 향하여 얼마나 큰 열심과 얼마나 큰 사랑을 갖고 계시는지를 이해하시지 않으면 안 됩니다.

유일한 교회

지금 저에겐 어쩌면 호산나교회가 유일한 숨통인지도 모른다는 초조감이 있습니다. 다른 많은 교회 중에 좋은 교회를 찾기란 쉽지 않습니다. 별로 보지 못했습니다. 아직 제가 못 보았기 때문에 그렇지, 어쩌면 여기저기에 있을 것 입니다.

성경이 말하고 하나님이 원하시는 바른 교회의 기초를 다지고 만들어 가기에 목사와 함께 성도들이 이렇게 한 마음으로 연합하는 교회는 별로 없습니다. 가까운 미래의 큰 수확을 위해 부지런히 목사와 성도들이 함께 좋은 토양을 만들고 좋은 씨를 파종하는 이 일을 불평 없이 수고하는 우리 교회야말로 어쩌면 유일한 곳인지도 모릅니다. 너무나 아름답고 너무나 신나는 교회생활입니다. 그래서 부탁합니다. 여기서 머물지 마십시오. 보란 듯이 하나님이 원하시는 성숙한 그리스도인이 되십시오.

제가 우리교회에서 참으로 여러분과 나누고 싶은 간증이 있다면 마음 놓고 설교를 할 수 있다는 것입니다. 어디 가서 이런 설교를 했다가는 한 달을 버틸 수 있겠는가 생각해 봅니다. 가벼운 마음으로 설교 할 수 없었던 것들이 많이 있었습니다. 그러나 얼마든지 우리 교회에서는 할 수 있었습니다. 앞으로 저는 더 하기 힘든 설교, 만만하지 않은 설교를 할 것입니다. 왜냐고요? 우리 교회는 그것이 가능하기 때문입니다. 여러분에게 상처를 주려는 것이 아닙니다. 원수를 삼으려고 그러는 것도 아닙니다. 훼방을 놓으려는 생각도 없습니다. 다만 저는 아직도 지독하리만큼 안타까운 마음이 있습니다.

아직도 우리는 멀었습니다. 가야 할 길은 첩첩 산중인데 엉뚱한 데 신경을 쓰면 안 됩니다. 초점을 잃어버리면 안 됩니다. 본질적인 것에 더 매달리려면 하루 24시간도 턱 없이 부족합니다. 아직도 신앙의 정도를 찾지 못하면 안 됩니다. 다시 허리띠를 졸라 매어 주십시오. 여러분은 저를 훌륭한 선생님이라 하고 선생 된 저는 여러분에게 다 100점만 주는 그럴 때가 아닙니다.

지금 우리 교회 안에 일어나고 있는 영적인 상황과 분위기를 보십시오. 저와 여러분이 제대로 신앙생활하고 있다고 자신할 수 있습니까? 지금 우리 주위에 일어나는 일들을 보십시오. 휴스턴 안에서 일어나는 영적인 상황과 분위기를 보십시오. 겉으로는 아무런 요동도 없고 늘 평안한 상태인 것 같지만 영적인 눈으로 바라보면 지금 이렇게 한가히 있을 때가 아닙니다.

저는 목사로서 사람들을 통해 많은 이야기들을 듣습니다. 주로 신자들과의 이야기들입니다. 들으면 들을수록 안타까운 마음이 북받쳐 오릅니다. 그리고 어찌할 수 없는 고통 가운데 신앙생활하는 그분들의 삶을 보면서 한없이 기도하게 됩니다. 그러면서 느끼는 것은 우리교회 성도들도 그다지 다른 상황이 아닐 거라는 생각이 듭니다. 그래서 저는 여러분을 위해 기도하게 됩니다.

솔직히 말씀드리면, 저는 여러분들의 사업의 번창과 출세와 명예와 직위를 위해 많이 기도하지 않습니다. 이런 것들은 목사가 기도한다고 이루어지는 것이 아닙니다. 지극히 여러분의 개인적인 열심과 노력에 따른 것입니다. 그러나 저는 이런 것들을 위해 기도합니다. 저는 여러분이 무엇을 하든지 그것을 성도로서 반응하고 하나님과의 관계에서 진행하는 사람이 되기를 위해 기도합니다. 그리고 성숙한 그리스도인으로 자라기를 위해 기도합니다. 나 한사람의 끝없는 변화로 많은 영혼들을 살려내는 그런 성숙한 사람이 되기를 위해 기도합니다. 동시에 여러분에게 계속해서 이것을 요구할 것입니다. 저와 함께 신앙 생활하는 이상 저는 강하게 이것을 요구할 것입니다. 단단히 각오를 하십시오. 말로만 성숙한 사람이 되겠다는 부도 수표만 날리는 사람이 되지 말고 이제 우리 모두 실전에 참가할 사람이 되어야 합니다.

예배생활에 실패하거나 기도생활, 그리고 거룩한 삶을 살아가는 데 실패하지 마십시오. 특별히 예배를 소홀히 하지 마십시오. 시간이 없고 바쁘다는 핑계는 핑계일 뿐입니다. 예배드리는 바로 그 시간에 저와 여러분이 있어야 할 장소는 다른 곳이 아닌 교회입니다. 시간이 없으면 시간을 만들 줄 알아야 합니다. 바쁘면 우선순위를 정하는 지혜를 발휘해야 합니다. 지금의 나의 예배생활에 문제가 있다는 생각은 하십니까? 그렇다면 고민을 하십시오. 그리고 우선순위를 정하십시오. 결단은 내가 오늘 먹을 메뉴를 결정할 때만 필요한 것이 아니라 이런 일에 정말 필요한 것입니다. 그리고 예배를 잘 지키는 분들은 그 예배가 살아있는 예배가 되도록 늘 깨어 기도하십시오. 이것이 하루아침에 완성되리라 생각지는 않습니다. 그러나 이건 반드시 고쳐져야 할 신앙의 중요한 본질적인 내용임에는 틀림없습니다. 우리교회에 새로 오셔서 신앙생활 하시려고 하는 분들이 제일 먼저, 보고 느끼는 것이 무엇일까요? 예배시간입니다. 여러분은 그렇지 않았습니까? 목사의 설교와 예배의 감격과 예배에 참여하는 성도들의 은혜생활입니다. 성도들의 교제와 친교는 그 다음입니다. 여러분이 이걸 안다면 전도해서 사람을 데려오는 것 보다 더 중요한 것은 예배생활의 모범입니다. 우리교회에서 새로 시작하는 분들의 신앙생활에 중요한 방향과 도전을 줄 수 있는 것은 여러분의 예배생활의 모범입니다. 이것이 우리교회의 장점이고 핵심 가치가 되어야 합니다. 그 외는 이차적인 것들입니다. 하나님 말씀 앞에 설 때는 각오를 하고 오십시오. 오늘은 얼마나 쪼개져 나갈까, 오늘은 또 얼마나 하나님 앞에서 꾸지람을 들을 것인가, 충분히 각오하고 기도하고 오십시오. 그래야 참다운 은혜 생활을 할 수 있습니다. 때로는 느슨함도 필요하겠지만 지금은 아무리 보아도 참 많이 느슨해 져 있는 우리의 신앙의 모습을 다져야 할 때인 것 같습니다. 이것을 여러분이 이해하시지 못하면 저의 간절함은 어쩌면 헛수고가 될 수도 있습니다. 그래서 저는 진지한 마음으로 여러분 앞에 섭니다. 이것이 앞으로 제가 해야 할 사명입니다.

대강대강

목사에게도 많은 유혹과 시험이 다가옵니다. 가장 큰 유혹은 "뭘 그래. 이만하면 어때. 서로 쾌지나 칭칭 나네 하면서 살자구." 하는 것이고 개인적으로 성도들과 친분을 유지하면서 적당히 도움을 받는 것입니다. 여러분은 칭찬을 해줘도 될 것입니다. 또 칭찬도 해주고 싶습니다. 저도 힘들게 사는 여러분에게 "착하고 충성된 종들아, 복 받고 잘 사세요." 말해 주고 싶습니다. 그러면 여러분들도 훨씬 좋고 부담도 덜 되지 않겠습니까? 그러면 저에게 맛있는 밥 한 끼 대접하지 않겠습니까? 그러나 이건 아닙니다. 이렇게 되면 유일한 교회는 안됩니다. 큰 수확은 기대할 수 없습니다. 여러분이 교회를 옮기는 고통을 감수하면서까지 목사인 저와 그리고 성도들과 함께 신앙생활하는 이유가 무엇입니까? 호산나교회를 택한 이유가 무엇입니까? 개척교회는 부담되고 힘들다는 주위 사람들의 이야기도 다 마다한 체 호산나교회에서 신앙 생활하는 이유가 무엇입니까? 얼마 전까지만 해도 목사가 어떠했으면 하는 바램이 있지 않았습니까? 교회가 이러했으면 하는 소원이 있지 않았습니까? 그런데 정작 목사인 저와 교회인 성도 여러분은 어떠합니까? 목사는 목사로서 사명을 잘 감당하고 있습니까? 성도인 여러분은 과거에 그렇게 싫어하고 알레르기 반응을 보였던 잘못된 그 신앙생활에서 완전히 벗어나 있습니까? 그렇지 않다면 저와 여러분은 가슴을 치고 통곡하며 회개해야 할 것입니다. 이것을 극복하지 못하면 유일한 교회, 숨통을 터주는 교회, 마지막 보루역할을 하는 교회, 정말로 하나님이 원하시는 성경적인 교회는 우리에게서 멀어질 것입니다.

권면합니다. 이 일을 위해서 기도하십시오. 하루에 적어도 30분 이상씩 기도하십시오. 기도할 시간이 없다고 생각지 마시고 그 시간을 만들어 보십시오. 하루 24시간 중에 30분은 그렇게 긴 시간이 아닙니다. 그러나 이 짧은 시간이 모여지면 큰 역사가 일어날 것입니다. 무엇보다 개인적인 기도의 은혜가 있어야 기도의 연합의 힘이 발휘될 수 있습니다. 개인적인 기도의 시간을 점차 성도들이 함께 모여 기도하는 시간으로 바꾸어 갈 것입니다. 저는 여러분에게 다른 것을 시키고 싶지도 않고 시킬 마음도 없고 시킬 줄도 모릅니다. 그러나 이것만은 여러분에게 권면합니다. 기도하십시오. 얼마동안 개인적으로 기도하십시오. 그리고 함께 모여 기도하십시다. 기도를 해 보시면 그동안 우리가 얼마나 교만했고 무지했는가를 알게 될 것입니다. 하나님은 그런 사람의 기도를 외면하지 않으실 것입니다. 우리가 어쩌면 이런 기도를 하는 소수의 사람, 아니 유일한 사람인지도 모릅니다. 여러분이니까 제가 이런 간절함을 말씀드릴 수 있는 것입니다.

56. 공부, 건강, 돈

가끔 성도 중에 "목사님은 왜 목사가 되셨어요?" 라고 질문하는 분들이 있습니다. 이 질문을 받을 때마다 난 속으로 두 가지를 생각합니다. '계속 목사로 살라는 말일까? 아니면 그만 두라는 말일까?' 이때 나는 아주 짧게 답합니다. "솔직히 저도 잘 모릅니다. 제가 한 가지 아는 것은 목사가 된 게 신난다는 것입니다."

밥 굶기 딱이다

옛날에는 직업 인기도 순에서 목사는 22위였는데 한 단계 높은 21위가 이발사였다고 합니다. 그때는 대부분의 신학교가 미달이어서 소위 말하는 '줄서기'로 정원을 채우곤 하였습니다. 미달일 수밖에 없는 이유가 목사는 밥 굶기가 '딱' 이라고 생각했고 고생을 바가지로 하는 것이었기 때문입니다. 오죽하면 자기 교회 목사님은 존경해도 목사 사위는 죽어도 싫다고 했겠습니까? 혹 주위에서 '신학교 가서 목사 되라.' 그럴까봐 머리 깎고 도망 다니던 그런 시절이 있었다고 합니다.

그런데 요즘은 참 많이 달라진 것 같습니다. 신학교 입학 경쟁률이 점점 높아지는 것은 물론이고 이제는 목사가 꼭 되고 싶어서 머리 깎고 공부하는 사람들도 많아졌습니다. 신랑감 또는 사위 후보 랭킹 안에 목사도 상위권으로 들어간다고 합니다. 지금은 딸자식을 목사한테 시집보내도 밥 굶을 걱정은 안 해도 되고 오히려 웬만한 교회에서 집이랑, 차량, 자녀 교육비까지 책임져 주니까 괜찮은 목사를 사위로 맞이하면 대접도 받고 자랑도 될 만하다고 생각하는 건 아닌지 모르겠습니다. 요즘 같은 불경기에 신학교는 더 들어가기가 어렵다고 합니다.

목사는 아무나 하나

목사가 되고 목회를 하면서 느끼는 것이지만 하나님은 목사에게 참 재미있는 것을 훈련시키는 것 같습니다. 선배 목사님들의 목회 발자취를 살펴봐도 그렇습니다. 첫째, 하나님은 공부를 엄청 시키십니다. 똑똑한 목사, 말 잘하는 목사로 만들기 위해서가 아닙니다. 바른 신학과 올바른 정통에 든든한 뿌리를 내리도록 공부를 시키십니다. 그래서 성경에 대한 바른 신학적 이해와 기초 없이 아무렇게나 설교하거나 목회하도록 하시지 않습니다. 이것을 위해 목사는 많은 시간을 성경과 책과 씨름해야 합니다. 그리고 설교를 듣는 성도들의 수준을 높게 만드셔서 목사가 땡땡이를 못 치도록 하십니다. 그리고 요즘 들어 조금씩 깨달은 사실이지만 목회에 있어서 공부가 전부가 아니라는 것을 스스로 깨닫게 하기 위해, 그때까지 하나님은 공부를 시키시는 것 같습니다.

두 번째는 개인적인 신상의 문제입니다. 기라성 같은 대부분의 한국교회 목사님들에게는 공통적으로 건강의 하자가 있다는 것을 알 수 있습니다. 죽도록 아파 본 경험이 있거나 성급한 성격, 완전주의에 가까운 결벽증 등 이런 지극히 개인적인 문제로 큰 어려움을 겪게 해서 내 힘과 열정이 아닌 하나님으로만 목회가 가능하다는 것을 평생을 통해 배우게 하시는 것입니다. 개인적으로 성도들은 나를 대하면서 차갑다는 느낌이 든다고 말합니다. 그럴 수밖에 없는 것이, 성도들과 사석에서 이런 저런 이야기를 많이 나누지 않기 때문입니다. 이렇게 하는 이유는 설교할 때 누구의 눈치를 보거나 누구에게도 방해 받고 싶지 않아서입니다. 성도들과 이런저런 이야기를 나누고 난 후에 강단에서 설교를 제대로 하기란 쉽지 않습니다. 이 사람, 또는 저 사람이 한 말이 자꾸 걸려서 설교를 하면서도 하나님 편을 들지 못하고 내려올 수 있기 때문입니다. 물론 성도들에게 더 따뜻해 질 필요는 있다고 아내에게 잔소리를 듣기도 합니다. 그래서 어쩌면 이게 나의 숙제인지도 모르겠습니다.

세 번째는 돈에 관한 훈련입니다. 의외로 이 훈련은 힘듭니다. 하나님은 목사에게 딱 필요한 만큼만 돈을 주십니다. 모자라서 구걸하게 하시지도 않으시고 남아서 기분내게 하시지도 않습니다. 목사가 밥을 굶으면 누가 밥을 사주는 사람이 꼭 있습니다. 그런데 어쩌다 돈이 생기면 꼭 누가 와서는 밥을 사 달라고 합니다. 그리고 생긴 돈 만큼 아프거나 일이 생깁니다. 그러니까 아예 돈이 없는 게 낫습니다. 그런데 이런 훈련이 의외로 신날 때가 많습니다. 돈을 초월한 사람이라는 뜻이 아니라 하나님이 가까이 있는 걸 느낄 수 있기 때문입니다.

57. 목회자와 교회 리더의 약점

한 시대의 위인과 인물 뒤에는 그들에게 가르침을 준 스승이 있었다는 것을 알 수 있습니다. 대장금 뒤에는 정 상궁, 한 상궁이라는 스승이 있었고 허준이 허준일 수 있었던 것은 자신의 몸을 수술용으로 내어 놓은 스승이 있었기 때문입니다.

신앙의 대가를 만나는 것은 너무나 중요합니다. 누구로부터 어떤 신앙을 배우느냐 하는 것은 내 인생과 영혼의 방향을 결정하는 것이기 때문입니다. 처음에 잘못된 신앙의 길로 들어선 신자가 그것이 잘못임을 깨닫고 돌아오는 데에도 오랜 시간이 걸리는 것을 참 많이 봅니다. 바른 말씀이 아닌 잘못된 신앙의 길로 들어선 사람들 중에 비싼 대가를 치르고 있는 사람들이 얼마나 많은지 모릅니다. 그런데 이런 엉터리 신앙, 왜곡된 기독교의 진리를 배워 온 이유의 대부분은 바로 그런 영적인 스승 또는 교회 리더들 밑에서 자랐기 때문입니다.

나중에 목사가 되라

목사가 되려는 젊은이들에게 찰스 스펄젼 목사는 이렇게 말하였습니다. "쉽게 목사가 되려고 하지 마세요. 할 수 있는 한 피해 보세요. 그래도 목사가 되어야 한다면 나중에 되세요." 누구를 신앙적으로 가르친다는 것은 무서운 일입니다. 성경을 보면 교회가 설교자를 세우고 직분자를 세울 때 얼마나 엄격했는지를 알 수 있습니다. 그래서 어떤 사도는 "많이 선생 되지 말라."고까지 하였습니다. 그만큼 책임이 크고 심판 받을 일도 많아진다는 것입니다.

성도들을 앞서서 리더 하는 교회 직분자들의 약점과 함정은 도처에 있습니다. 일단 남을 가르친다는 것 자체를 만족으로 생각하는 사람들이 있습니다. 자기가 어떤 것을 가르치느냐 하는 내용보다는 자기에게 배우러 오는 사람이 있다는 것 자체로 만족하려는 사람들이 있습니다. 누구에게 인정받고 있다는 자기만족을 추구하는 사람들입니다. 그러면서 자신은 절대로 누구 밑에 들어가 배우지 않습니다. 교회 리더들은 성도들에게서 무언가를 배우려 하지 않습니다. 자기들은 가르쳐야 할 사람이지 배워야 할 사람이 아니라고 생각하기 때문입니다.

리더들은 새로운 것에 늘 민감합니다. 급변하는 세상 방식에 뒤쳐지면 사람들로부터 인정받지 못한다는 강박관념에 시달리는 사람들이 리더들입니다. 그래서 많은 목회자들은 교회 내에 이것저것을 부지런히 해 봅니다. 성경 공부를 했다가, 제자훈련을 하기도 하고, 큐티를 강조했다가 은사집회도 하고, 다음에는 선교여행이나 전도를 강조하고, 또 주일학교에 총력을 기울이기도 하고, 구역을 이렇게 나누었다가 그 다음에는 셀 모임을 하기도 합니다. 그러나 이런 것들은 하나의 도구일 뿐이지 신앙의 목표가 아닙니다.

영적인 스승은 균형감각을 잃으면 안 됩니다. 교인들은 목회자와 리더들의 재능이나 시대 흐름에 발맞추는 민첩성을 원하는 게 아닙니다. 교인들이 원하는 것은 영적인 은혜입니다. 유행처럼 잠깐 지나가는 식의 일시적 만족이 아니라 영원한 만족을 주는 하나님의 은혜를 목회자와 리더들에게 원하고 있습니다. 그런데 많은 교회가 그 영적인 분위기가 한쪽으로 지나치게 쏠려 있습니다. 리더들이 이미 균형감각을 잃고 있다는 증거입니다.

지옥에 가는 목사들(?)

영적인 선생들은 자신이 가르치고 있는 한, 자기는 믿음이 완성된 사람이라고 생각합니다. 목사가 된 이상, 자기는 평신도 보다는 믿음이 좋다고 생각합니다. 장로가 되고 권사가 되고 무슨 모임에 리더가 된 이상, 자기 신앙은 검증 받았다고 생각합니다. 그리고 자신이 하고 있는 일로 인해 자신의 믿음을 확인하려고 합니다. 이만한 일을 하는 자신을 보면서 스스로도 놀랍니다. 그런데 청교도 목사인 리차드 박스터는 "그렇게 하면 지옥에 간다고 설교 해놓고 막상 자신이 지옥에 가는 사람들이 많다."고 지적하였습니다.

대부분의 목회자와 교회 리더들은 자신의 실수와 잘못을 잘 인정하지 않습니다. 이 세상에서 배우고 똑똑한 사람들의 특징이 무엇입니까? 다른 사람들을 가르치고 리더 하는 사람들의 특징은 무엇입니까? 다 자기 잘난 맛에 살고 자존심이 강하다는 것입니다. 다른 사람이 충고하는 걸 잘 듣지를 못합니다. 누가 한 마디 하면 "그래 니 잘났다. 니 팔뚝 굵다." 이렇게 말해 버립니다.

대부분의 성도들은 목회자에 대해 체념하고 사는 것 같습니다. 정말 안타까운 현실입니다. 그도 그럴 것이 가끔 성도들이 목사에게 싫은 소리를 하면 대부분의 목사는 "당신이 목회 한 번 해 봐라."라는 식으로만 대꾸해 버립니다. 그렇다고 필자는 이 부분에 대해 자유한 사람이라는 뜻이 아닙니다. 이건 내 아내가 더 잘 압니다. 이때 목회자와 교회 리더들은 나의 반응이 한 영혼의 방향을 결정한다는 의식을 가져야 합니다. 이 훈련을 잘 받아내기만 하면 교회 리더와 교인간의 불협화음은 어느 정도 줄일 수 있을 것입니다.

58. 목회 방향

어떤 분이 저에게 이런 질문을 했습니다. "목사님의 꿈과 비전은 무엇입니까? 젊으시니까 청년사역에 비전이 있지는 않습니까?" 저는 이렇게 잘라 말했습니다. "없습니다." 그분은 굉장히 당황해 했습니다. 그래서 제가 그분의 오해를 이렇게 풀어 드렸습니다. "제가 이렇게 말했던 근본적인 이유는 우리가 사용하는 〈꿈〉과 〈비전〉이라는 단어의 정의가 제가 보기에는 자신이 이루고 싶은 욕망과 목표로 변질되어 사용되기 때문입니다. 꿈과 비전이라는 단어는 자신이 정할 수 있는 게 아닙니다.

우리는 요셉이 꿈과 비전의 사람이었다고 쉽게 생각하고 그 결과로 총리가 되었다라고 말하지만 사실 그 꿈은 요셉이 꾸고 싶어서 꾼 것이 아닙니다. 그 꿈의 출발은 요셉과는 상관없이 하나님이 주신 것입니다. 요셉은 총리가 되고 싶은 꿈과 목표를 세운 적이 없습니다. 오직 매순간 믿음으로 반응하는 신앙의 삶을 살았을 뿐입니다. 저와 제가 맡은 교회의 성도들이 젊은이든, 나이든 사람이든 상관없이 이런 삶을 사는 것만 있을 뿐이지 그 이상은 없습니다."

이런 목회를 하고 싶다

바로 이런 삶을 가능케 하는 내용으로 비전과 꿈이 아닌 목회의 방향이 되는 세 가지를 소개합니다. 이것을 이루려고 하기보다는 이런 삶을 살고 싶은 것입니다.

첫째는, 하나님을 아는 것(Knowing God)입니다. 이것은 하나님에 대해서 아는 것이 아니라 하나님을 경험하는 삶입니다. 마치 부부가 서로를 깊이 알아 가듯이 하나님을 경험하는 것입니다. 하나님의 인격, 성품, 권위, 뜻 이런 것들을 끊임없이 알아가는 것입니다. 하나님을 경험하는 가장 중요한 신앙의 요소는 예배입니다.

예배에서의 하나님을 경험함이 없는 사람은 시체와도 같습니다. 특별히 절대적인 하나님의 말씀을 듣고 깨닫는 것은 가장 중요한 것입니다. 예배의 감격과 은혜가 없는 신앙생활은 살아 있으나 죽은 것입니다.

그리고 기도생활입니다. 기도란 내 소원을 아뢰거나 간절함을 호소하여 하나님의 능력을 이용하려는 정도가 아니라 하나님이 우리를 사용하시도록 자신을 포기하는 행위입니다. 기도하지 않는 그리스도인은 참다운 신자라 말하기 어렵습니다. 기도하지 않고도 얼마든지 내 마음대로 살수 있다고 생각하는 한, 그 사람의 거듭남은 재확인되어야 합니다. 그래서 저는 성도들에게 모든 것에 실패해도 좋지만 절대로 예배와 기도에는 실패하면 안 된다고 권면합니다. 실제로 교회내의 대부분의 문제, 그리고 신앙의 문제는 이런 영적인 갈급함을 채움 받지 못한 예배생활과 기도생활이 주된 이유입니다.

둘째는, 일이 아닌 존재로서의 신앙생활(Not Doing, But Being)입니다. 신앙의 본질은 일이 아닙니다. 지금 우리는 선교, 전도, 구제, 교육, 직분, 봉사 이런 것들이 얼마나 신앙의 본질에서 벗어난 채 왜곡되어 행해지는지 모릅니다. 종교인이 되어 있고 기능인이 되어 있습니다. 이러한 일들은 신앙 성숙을 위한 도구일 뿐입니다. 목표나 목적이 아니라는 말씀입니다.

그리스도인이라면 추구해야 하는 것은 거룩한 삶, 즉 그 일과 봉사를 가능케 하는 나의 성숙의 문제입니다. 예수님은 신자 된 우리에게 예수 믿은 댓가로 무엇을 갚으라고 하신 적이 없습니다. 오히려 성경은 '그리스도인이 되라', '하나님을 닮은 사람이 되라' 고 하십니다. 그런데 우리는 예수님의 은혜에 보답해야 할 것으로 교회 봉사와 일을 생각합니다. 교회 안에서 봉사하고 구제하고 전도하고 섬기는 것도 중요합니다. 그러나 신앙의 본질은 그러한 것들을 가능케 하는 하나님과 나와의 바른 관계를 더 요구하고 있습니다.

하나님과 상관없는 일을 얼마든지 교회 내에서도 멋지게 할 수도 있습니다. 그러나 그것은 자기 자랑, 자기 만족은 될지 몰라도 하나님의 칭찬과 상급은 없습니다. 큰 일 ,또는 많은 일을 하기 보다는 무슨 일이든 더 깊은 하나님과의 관계에서 나오는 자세와 섬김이 필요한 것입니다. 그래서 개인적으로 저는 교회 내에서 행해지는 모든 일을 Doing의 문제가 아닌 Being의 문제로 다루도록 애쓸 것입니다.

셋째는, Simple Life, High Spirituality입니다. 단순한 삶은 하나님과의 절대적인 관계를 위한 생활방식을 말하고 높은 영성은 세상에 속하지 않는 삶, 즉 거룩한 삶을 향한 성화를 말합니다. 유명한 영성신학자, 리처드 포스터가 현대인의 특징을 이렇게 지적했습니다. 바쁘고(Busy), 시끄럽고(Noisy), 군중적이고(Crowdy), 쉽게(Easy) 살려고 한다는 것입니다. 특별히, 바쁜 것이 현대인의 특징이 되어 버렸습니다.

오라는 데는 없지만 갈 데는 많다

오라는 데는 없지만 갈 데가 너무나 많습니다. 이것도 해야 하고 저것도 해야 합니다. 단 한 가지 이유입니다. 남보다 뒤쳐지면 죽는다는 그릇된 신념 때문입니다. 이 시대는 속도 전쟁을 치르고 있습니다. 남보다 먼저 도달하는 것이 인생의 최대 목표가 되어 버렸습니다. 그래서 주변을 보고 환경은 잘 주시하지만 정작 자신은 보지 못합니다. 생각하는 것, 잠잠한 시간을 가지는 것, 자신을 돌아보는 것은 이 시대 흐름과는 도무지 어울리지 않는 진부한 것들로 취급됩니다.

그리스도인들도 마찬가지입니다. 신앙생활에도 월반이 있고 지름길이 있다고 생각합니다. 합격하고 복을 받고 병이 낫고, 사업이 번창하는 방법이 있다고 믿고 그것을 빨리 배우고 싶어 하는 것 같습니다. 신앙생활에는 좁은 길만 있는 것이 아니라 얼마든지 넓은 길도 있다고 믿습니다. 여기에는 신앙의 책임이라는 것이 들어갈 데가 없습니다.

느긋함이나 기다림이나 훈련 또는 연단이라는 과정, 이런 것이 무엇보다도 신앙에서 중요한 요소인데도 이런 것들은 내 소원을 이루는 데는 걸림돌만 될 뿐입니다. 도대체 무엇을 위해 그리 바쁘게 산다는 말입니까? 이런 질문을 던질 시간도 아까와하면서 사는 사람들의 마지막은 어떠합니까? 삶의 체계와 방식을 단순하게 구조조정을 해야 할 때입니다. 주님을 닮는 거룩한 삶은 바쁘거나 복잡한 것에서는 시작이 불가능합니다.

거룩한 삶은 유행을 다르거나, 세상의 흐름에 따라 살 수 없는 것입니다. 오히려 거슬러 사는 용기와 결단이 필요합니다. 주변의 삶을 정리하십시오. 한 가지만 제대로 살기에도 시간이 없고 역부족입니다. 주님의 삶은 단순한 삶이었습니다. 혹 바쁘게 보낸 날이 있었다 해도 그건 하나님의 뜻을 이루기 위함이었습니다. 주님은 늘 단순한 삶을 사셨습니다. 그 삶은 일을 줄이고 말을 줄이고 하나님 앞에 기도하는 삶이었습니다. 하나님과 교제하는 높은 영성을 우리에게 보여주신 것입니다.

59. 목사가 본 목사

리더라면 공통적으로 가지고 있는 약점이겠지만, 특별히 목사의 가장 큰 약점은 자신을 객관화 하지 못한다는 것입니다. 목사는 늘 앞에 서서 교인들을 상대하고 강단에서 설교하고 이끌어 주어야 하는 리더이기 때문에 자신의 위치를 곧잘 잊어버리는 경우가 많습니다.

자신도 성도들과 마찬가지로 다른 많은 사람들로부터 도움을 받아야 하고 부족한 점에 대해서는 도움을 요청하기도 해야 하는데 대부분의 목사는 목회사역에 있어서는 완고하고 경직되어 있기 때문에 아무리 어려워도 누구의 도움을 의지하려 하지 않습니다. 그러면서도 자신은 전혀 어려움이 없고 완벽한 사람이라고 생각합니다. 또 성도들에게 완벽한 사람으로 비춰지기 위해 불필요한 행동과 거짓이 섞인 지나친 말을 하기도 합니다.

자기 성에 갇혀 사는 사람

그래서 목사는 자칫 잘못하면 자기성에 갇혀 살게 됩니다. 자신의 목회 사역에 대해 이러쿵저러쿵 하는 것 자체를 잘 받아들이지 못합니다. 애써 누가 조언을 하면 "아직 당신이 이 세계를 몰라서 그렇다" 라고만 하지, 그 중심과 마음을 잘 헤아릴 줄 모릅니다. 심지어 아내가 이런 저런 조언을 하면 그것도 잘 못 받아 냅니다. 목사는 누구의 조언이나 충고를 쉽게 받아들이지 않습니다. 왜냐하면 자신이 사람들을 상대로 목회하고 있는 것이 소명이라고 생각하기 보다는 아무도 알아주지 않는 희생이라고만 생각하기 때문입니다. 그리고 그 희생을 교인들이 잘 알아주지 않으면 섭섭해 하는 사람들이 목사들입니다.

평신도들은 목사에게 충고를 잘 못합니다. 더 정확하게 말하면 목회자에게 하고 싶은 말을 할 수가 없습니다. 제직회나 교회에서 회의가 있어도 대부분의 교인들은 의견을 말하지 않는 것이 덕인 줄 압니다. 한국교회의 대부분의 회의나 의견들은 목사나 몇몇 개인들의 심기를 건드리지 않는 범위 내에서 진행되는 경우가 대부분이고 정작 중요한 내용은 잘 다루어지지 않는 경우가 많습니다.

교인들은 분명히 잘못하고 있는 부분임에도 불구하고 애써 외면하려 하지 목사에게 바른 소리를 하기가 어렵습니다. 그 이유는 목사들이 대부분 그런 충고를 진지하게 받아들이거나 고맙게 생각하지 않는다는 걸 경험적으로 알고 있기 때문입니다. 또 괜히 목사님 마음을 아프게 하면 자기에게 좋을 게 없다는 두려움도 있기 때문입니다.

목사 같은 목사를 원한다

주위에 교인들과 이야기를 나누다 보면 교인들이 생각하는 목사상은 그렇게 특별한 것이 아니라는 걸 알게 됩니다. 그들은 뛰어난 목사나 재주가 많은 목사를 원하는 게 아닙니다. 유명한 목사를 원하는 게 아닙니다. 진짜(?) 목사를 원하는 것 같습니다. 가짜 목사도 있다라는 그런 의미가 아니라 목회적 소명에 충실한 목사를 원한다는 말입니다. 요즘 말로 하면 무늬만 목사가 아니라 목사 냄새가 나는 목사를 원한다는 것입니다.

즉 교인들에게 영적으로 다가올 수 있는 그런 목사를 원합니다. 인간적으로 친한 목사를 원하는 교인들은 생각보다 그리 많지 않습니다. 오히려 목사가 인간적으로 접근하려고 해서 낭패를 당하는 경우가 많은 것 같습니다. 교인들은 상식이 통하는 목사, 교인들에게 영적으로 어필되는 목사, 정치꾼 같지 않은 목사, 자기 욕심을 부리지 않는 목사 등 지극히 단순한 목사상을 가지고 있습니다. 그런데 이와는 달리 목사들은 이런 단순한 사실조차 잘 깨닫지 못합니다. 왜냐하면 그 만큼 목사의 생리가 자신을 객관화하기 어렵기 때문이고 자기 성을 쌓으면서 목회하기 때문입니다.

60. 측근 신앙

교회사를 살펴보면 교회는 언제나 사람과 제도의 역사에 더 많은 관심을 보여 왔다는 것을 알 수 있습니다. 새로운 교회의 제도와 교회를 둘러싸고 일어난 인간들 사이의 외부적인 사건들에 더 많은 역사 기술을 할애해 왔습니다. 세상은 여전히 강력한 불신앙의 흐린 물이 흐르고 있는데 교회는 그러한 세상의 흐름을 막아서기에는 제도나 프로그램으로써는 충분치 않음을 고백하지 않을 수 없습니다.

한국교회에 복음이 전파되던 시대의 초기 신앙이 어떠했는지를 살펴보면 아주 중요한 사실을 알게 됩니다. 처음에 외국 선교사들은 언어의 장벽 때문에 만족할 만한 복음전도 사역은 어려웠겠지만, 훗날 설교 기록들을 통해 알 수 있는 것은 그 메시지의 내용이 아주 단순하고 복음적이었다는 것입니다. 물론 그들의 설교가 만족할 만한 수준이었던 것은 아닙니다. 왜냐하면, 설교에 대한 성경신학적인 관점이 부족했기 때문입니다. 그 이유는 미국 선교사들의 설교에 대한 이해가 조직신학적이었기 때문입니다. 그래서 초기 한국 선교사들의 설교는 좀 딱딱하고 지루하기까지 했던 것이 사실입니다. 이 영향을 받은 한국의 초기 목회자들의 설교도 그러했습니다. 그러나 이들의 목회사역은 아주 복음적이었고 성경적이었습니다. 심방이나 성례를 게을리 한 것은 아니지만 이런 사역들이 설교를 대치할 수 있다고 보지 않았습니다.

직업적인 부흥사

한국 교회가 짧은 기독교 역사에도 불구하고 신사참배를 비롯한 신앙의 박해로 많은 순교자를 배출할 수 있었던 것도 선교 초기에 영적인 신앙 부흥을 경험한 것을 제외하고는 설명하기가 어려울 것입니다. 한국교회는 1907년 평양 장대현 교회를 중심으로 대 부흥을 경험하였습니다. 이 부흥의 불길은 일제시대의 핍박 가운데 순교자를 배출하고 모든 교회는 아니지만 많은 교회가 복음과 신앙을 지키기 위한 모토가 되었던 것입니다. 비록 1920년대를 넘어서면서 한국교회도 순수한 복음이 시대상과 맞물려 희석되었지만 그러나 교회의 설교는 복음적이었습니다.

그런데 오늘날 우리는 주위에 직업적인 부흥사들을 봅니다. 인간적인 방법과 최면적인 기술을 가지고 사람들을 종교적인 흥분 상태에 빠뜨려서 이상한 곳으로 몰고 가는 것을 봅니다. 시대가 변하고 사람들의 지식 수준이 높아졌음에도 불구하고 이런 류의 부흥사들은 좀처럼 줄어들지 않습니다. 그러나 이것은 참된 부흥이 아닙니다. 이들의 메시지를 가만히 들어 보십시오. 제대로 된 복음이 없고, 있다 해도 변질되어 있습니다. 이들은 다분히 개인 은사 체험과 영적 우월감을 조장하는 쪽으로 흘러가고 있습니다. 복을 받는 조건으로 예수를 믿도록 권하고 있습니다. 이것은 성령의 역사와는 다릅니다.

그들이 즐겨 사용하는 메시지 중의 하나인 교회에 충성하라고 강조하는 이유도 교회에 임재하시고 교회를 통해 일하시는 하나님의 말씀에 순종하라는 것이 아니라 교회라는 조직에 충성하라고 말합니다. 그리고 충성하지 않는 사람을 사정없이 믿음 없다고 정죄합니다. 목회자들은 자신을 보호해 줄 수 있는 힘을 하나님으로부터 찾지 않고 힘 있는 사람들로부터 찾고 의지합니다. 그래서 세상식으로 말하면 자신이 속한 조직의 보스를 측근에서 보좌하는 것이 충성이듯이, 목사의 오른팔과 왼팔이 되어서 편을 들어 주는 것이 신앙이 좋은 것이고 복을 받는 법이라고 알고 있습니다. 목회자도 그런 사람을 곁에 두고 싶어 하고, 미숙한 교인은 자기 힘이 그렇게 사용되는 것에 한없이 기뻐합니다. 저는 이것을 꼬집어 말한다면 "측근신앙" 이라고 부르고 싶습니다. 측근이 되고 싶다면 목사가 아니라 하나님 측근이 되어야 합니다. 목사에게 잘하려고 애쓰지 마시고 하나님으로부터 인정받는 신자가 되어야 합니다.

점심식사나 해결할까?

성경과 교회 역사의 잣대로 이 시대를 바라보면 오늘날의 교회는 아주 큰 딜레마에 빠져 있습니다. 전통을 지나치게 고수한다면서 실제로는 영적으로 냉담함에 빠져 있습니다. 고백과 삶이 다른 세속주의에 물들어 있는 그리스도인들은 바리새인들을 생각나게 합니다. 예수님은 그들이 믿고 있는 교리와 신앙은 비판하지 않았지만 그들의 잃어버린 하나님에 대한 경외감, 예수 그리스도가 절대적으로 필요하다는 인식이 없음을 꾸짖었습니다. 또 예배는 형식화 되어가고 있고 교인들은 예배를 쇼핑하듯 기웃거리고 있습니다. 교회당은 점점 화려하고 커져 가는데 교회가 만민의 기도하는 집이라고 불리어 지기에는 적합하지 않는 모습이 되어버렸습니다.

그래서 많은 사람들이 말씀을 듣고 기도하는 처소로 생각하는 영적 갈망 때문에 교회에 오는 것이 아니라, 점심식사나 해결하고 사람들 만나서 교제를 즐기는 것이 교회 출석의 동기가 되어 가고 있습니다. 이제는 교회가 경건을 주장하면 고리타분한 시대 유물로 취급해 버리고 세상과 구별되게 살려는 성도들의 거룩한 삶이 대접을 받기는커녕, 시대에 뒤떨어지고 교회성장을 방해하는 발상이라고 거절해 버립니다. 그래서 지금의 교회가 하나님을 믿는다고 하면서도 하나님 없이도 얼마든지 살 수 있는 사람들로 가득 차게 만들어 버렸습니다.

61. 내내 웃으면서 하는 설교

이 세상은 어떡하면 고통과 슬픔, 그리고 애통하는 것을 피할 수 있을까를 연구하는데 매달려 있습니다. 세상의 철학과 광고는 '두통거리를 잊어 버려라.' '이런 것들에게서 등을 돌려라.' 그리고 '이런 것들을 피할 수만 있다면 무슨 일이든 해보라.' 고 광고합니다. 세상은 많은 신상품들을 내 놓고 선전합니다. 술, 마약, 스포츠, 여행, 요가, 도박 등....이러한 것들은 극심한 고통과 애통하는 것에서 벗어나기 위한 세상이 마련한 방법들입니다.

그리스도인은 늘 울상을 하고 다니는 사람은 아니지만 그렇다고 늘 웃을 수만도 없습니다. 어떤 사람 중에는 불신자를 교회로 인도하기 위해서는 일부러 밝고 명랑한 모습을 가장 할 필요가 있다고 생각하는 사람들도 있습니다. 언젠가 TV에서 어떤 목사님이 설교하는 것을 보다가 제 아내가 이렇게 멋진 말을 한 적이 있습니다. "어떻게 설교 내내 웃는 얼굴로 설교를 할 수 있을까?" 요즘은 유머 설교, 행복 설교, 웰빙 설교라는 타이틀도 등장하고 있습니다. 설교 속에 웃음의 요소가 없는 건 아니지만 웃음과 재미를 목적으로 하는 설교는 진정한 의미에서 설교가 아닙니다.

눈물과는 거리가 먼 사람

교회는 내부에서 생긴 기쁨과 행복을 가지려 하지 않고 겉치레를 도모합니다. 오늘날 교회 내에 애통의 특징이 사라진 이유가 여기에 있습니다. 그런데 이것이 사라지면 교회의 진정한 부흥은 없습니다. 어느 부흥 운동을 막론하고 교회의 부흥은 교회 자체가 하나님 앞에서 흘리는 눈물의 양과 비례했다는 사실입니다. 오늘날 교회가 시급히 회복해야 할 것 중의 하나가 바로 애통하는 신앙입니다.

그렇다면 무엇에 대한 애통입니까? 슬픔 때문이 아닙니다. 실패나 좌절 때문이 아닙니다. 그것은 무엇인가 전에 보지 못하던 것을 보았기 때문에 충격을 받고 놀라서 결국 애통하게 되는 것을 말합니다. 이것은 하나님의 눈으로 자신을 보게 되었을 때 일어나게 됩니다. 우리는 하나님을 모를 때 세상적인 눈으로 자신을 봅니다. 주로 다른 사람과 비교하면서 자신의 모습을 봅니다. 그러나 믿음의 눈을 뜨면서 어느새 하나님의 눈으로 자신을 보게 됩니다. 그러면 어떻게 됩니까? 너무나도 기가 막혀서 눈물도 잘 나오지 않을 정도로 충격과 심한 슬픔을 경험하게 됩니다.

하나님께서 우리에게서 보신 모습이 바로 이런 모습이었습니다. 죄가 얼마나 무서운 것인지 우리에게서 도무지 처음 모습의 흔적을 찾을 수 없을 정도로 망가져 있는 우리들의 모습입니다. 그런데 하나님께서 우리에게 믿음을 주시면 우리는 바로 자신의 이러한 모습을 보게 됩니다. 지금 자신이 얼마나 무서운 파멸에 빠져 있으며 자기 안에 얼마나 무서운 죄성이 자기를 지배하고 있는지를 알게 됩니다. 지금까지는 자기에게 무슨 문제가 있는 줄은 알았지만 그래도 수양이 부족하고 마음을 먹지 않아서 그렇지 수양을 더 쌓고 노력을 하면 얼마든지 좋아질 수 있다고 생각을 했습니다. 그러나 자기가 완전히 죄의 세력의 노예가 되었으며, 자기 안에 선을 행할 수 있는 능력이 전혀 없으며, 속으로 얼마나 수많은 사람들을 죽였으며, 얼마나 추악하고 더러운 죄를 많이 저질렀는지 깨닫게 됩니다.

행복의 종교가 아니다

기독교는 궁극적으로는 참된 기쁨을 보장해 주는 것이지만, 기독교를 기쁨의 종교, 행복의 종교라고 너무 가볍게 또는 너무 쉽게 다루지 말아야 합니다. 기독교인의 기쁨을 값싼 유머나 심리요법에서 찾으려고 애쓰는 사람은 시간을 낭비하는 셈입니다. 구원의 기쁨이 있기 전, 반드시 우리는 죄의 아픔을 경험해야만 합니다. 이 관문을 대충 통과한 사람이 누리는 기쁨은 참된 기쁨이 아닙니다. 성경은 늘 우리의 죄 문제를 지적합니다. 지금 누리는 구원의 기쁨이 복되고 지속되기를 원한다면 그 전의 나의 상태에 대한 철저한 회개가 있어야 할 것입니다.

애통하는 사람은 절망의 상태에서 도움을 구하기 위해 부르짖게 됩니다. 애통한다고 하는 것은 단순히 자신의 상태에 대하여 슬퍼하고 불쌍히 여기는 자기 연민의 감정을 말하는 것이 아닙니다. 이 절망의 상태에서 벗어나기 위하여 필사적으로 부르짖는 것입니다. 그래서 자기의 슬픈 감정을 표현하는 것을 부끄러워하지 않습니다. 자기가 오직 예수님 한 분을 붙들고 늘어지는 것을 부끄러워하지 않습니다. 주위 사람들이 무엇이라고 조롱하든지 그런 것을 개의치 않습니다.

마지막으로, 참된 기독교인은 다른 사람들의 죄 때문에도 애통하는 사람입니다. 우리는 다른 사람들 속에서도 나와 같은 것을 봅니다. 친구들의 불행과 사람들의 고통이 죄 때문이라는 사실을 알고는 가만히 있을 수가 없는 것입니다. 많은 구약의 선지자들은 자신뿐만 아니라 이스라엘 백성들을 위해 애통했던 사람들입니다. 예레미야는 미래에 일어날 일들을 바라보면서 애통해 했습니다. 그리고 하나님의 마음을 보면서 더욱 애통해 했습니다. 우리 예수님은 예루살렘 성을 보시면서 우셨습니다.

우리를 사랑하신 자비의 주 아버지
주께로 나아갈 때에 기도 들으사
우리 죄악과 강퍅함 주님께 고백하니
우릴 민망히 여기사 치료의 은혜 허락하소서
주 얼굴 구할 때 자유 주시고
씻어 주소서 치료하시는 주의 은혜 임하네

62. 잘 모르겠습니다.

　제가 즐겨 사용하는 말 중에 몇 가지를 소개하면 이런 것들입니다. "예수를 믿는 것은 시작이지 끝이 아닙니다." "신앙은 행함이 아니라 존재입니다." 또는 "예배에 실패하면 모든 것에 실패합니다." "천국은 누구나 갈 수 있지만 아무렇게나 갈 수 있는 곳이 아닙니다." 등입니다. 이런 말들은 성경을 연구하면서 혹은 설교를 하면서 제 나름대로 소화해 내고 확인한 신앙의 본질을 다루는 명언(?)들이라 할 수 있을 것입니다.

　정말로 그렇습니다. 예수를 믿는 것은 끝이 아니라 시작입니다. 왜 끝이라고 생각하느냐 하면 예수를 믿는 다는 것이 어떤 조건이나 원인이 되어서 좋은 것을 보상 받고 싶은 생각이 있기 때문입니다. 그러나 예수를 믿으면 더 힘들고 싸워야 할 싸움은 더 많아집니다. 차라리 예수를 안 믿을 때가 훨씬 편합니다. 우리를 예수 믿게 하신 것도 알고 보면 이 어려운 길을 걸어가게 하시기 위함입니다. 그런데 우리는 힘든 길을 애써 외면하려고 합니다. 예수를 믿었으니 그 보상으로 편한 길을 달라고 합니다. 그러나 예수를 믿었다는 것 자체가 십자가의 길에 들어섰다는 말이기 때문에 쉽지 않은 힘든 길임을 각오해야 합니다.

예배에 실패하면 모든 것에 실패한다

정말로 그렇습니다. 예배에 실패하면 모든 것에 실패합니다. 예배에 실패한다는 것이 예배시간에 은혜를 덜 받았다거나 준비가 덜 되어서 분위기가 좋지 않았다는 말이 아닙니다. '예배에 실패합니다.' 라는 말은 우리 삶의 우선순위가 하나님께 있지 않다는 것입니다. 내 삶의 내용들이 하나님으로부터 출발하지 않아도 무방하다라는 생각입니다.

우리가 예배를 드리는 것은 단순히 복을 빌어서 행복해지기 위함이 아닙니다. 하나님의 노여움을 풀기 위한 도구로 하나님께 헌금을 하거나 찬송을 하는 그런 행위가 아닙니다. 예배를 드린다는 것은 하나님을 하나님으로 대접해 드린다는 고백이면서 그 고백이 내 삶의 내용으로 자리 잡도록 나를 내어 드리는 행위입니다. 그런데 우리는 예배를 소홀히 할 뿐만 아니라 예배를 드린다고 하면서도 많은 경우 예배에 실패합니다. 예배를 소홀히 하는 것은 하나님을 막 대하는 행위입니다.

우리가 예배를 귀중하게 여기는 이유가 처음 예수를 믿었을 때는 목사에게 미안해서 또는 '그래도 내가 집사인데...' 하는 차원에서 일수 있습니다. 그러나 저와 여러분은 이런 차원은 지나지 않았습니까? 우리는 예배의 귀중함에 대해 말은 많이 하지만 그 만큼 예배드리는 시간으로 바치지는 않습니다.

제가 아는 어떤 집사님은 목사님에게 노골적으로 대놓고 자기는 주일 대예배 외에 다른 예배는 참석 못하니까 양해해 달라고 했다고 합니다. '얼마나 고민하다가 그렇게까지 목사에게 말씀을 드렸을까' 하는 생각이 듭니다. 그런데 예배는 목사가 이해해 주고 서로 눈 감아 준다고 안심할 수 있는 그런 성질의 것이 아닙니다. 예배는 나의 삶과 영적인 상태를 그대로 반영해 주는 거울과도 같습니다.

세상에 흩어져 세상 사람들과 살지만 내 마음 속에는 늘 사모하는 여호와의 집이 있고, 그 속에서 흘러나오는 생명수가 있고, 말씀의 은혜가 있다는 것을 잊지 않고 그것을 사모하는 사람이 어떻게 하나님을 만나는 예배를 소홀히 하겠습니까? 제가 안타까운 것은 대부분의 성도들이 위의 집사님처럼 목사에게 대놓고 말할 용기가 없어서 그렇지 은근히 목사가 먼저 부담을 덜어주는 말을 해 주기를 바라는 것 같습니다. 죄송합니다만 주님 오실 때까지 제 입에서는 그런 말이 나오기가 힘들 것입니다.

여러분의 사정을 모르는 것도 아니고 형편을 이해 못하는 것도 아닙니다. 그러나 목사 입에서 '예배를 소홀히 해도 된다' 라는 말은 기대하지 마십시오. 그리고 저는 예배에 참석한 성도들을 그냥 돌려보내지 않으려고 노력 할 것입니다.

우리 교회 성도가 더 귀하다

이런 이야기를 목사가 하는 게 이상합니다. 부족하지만 제 설교를 들으시는 분들은 목소리가 좋아서인지, 아니면 은혜가 되어서인지 몰라도 CD를 계속 보내달라고 그럽니다. 최근에 알게 된 사실입니다만 설교를 들으신 분들이 이제 다른 분들에게 소개하고 그러시는 것 같습니다. 그런데 솔직히 말씀드리면, 정작 우리 교인들은 감을 못 잡겠습니다. 우리교회 교인이 아닌 분들은 부족한 설교지만 더 듣고 싶어서 칼럼도 보내 달라고 하고 다른 설교도 보내 달라고 하는데, 정작 우리 교인들은 너무 믿음이 좋아서 그런지는 몰라도 덤덤하신 것 같습니다. 제가 이렇게까지 말씀을 드리는 이유는 저번에도 한번 말씀드렸습니다만, 예배 중에 들려지는 하나님의 말씀에 대한 은혜가 절대적으로 우리에게 필요하기 때문입니다. 저는 이 책임을 다하고 싶습니다.

한 번 생각해 보십시오, 저에게는 우리 교회 성도들이 더 귀중할까요? 아니면 밖에 있는 분들일까요? 저에게 맡겨진 성도님들은 여러분들입니다. 목사로서 성도들을 향한 꾸짖음을 잘 새겨서 들으십시오. 그리고 남을 보시지 말고 각자가 하나님 앞에서 진지하게 반응하시고 감당하십시오.

저와 여러분이 이 시점에서 한 가지 분명히 해 두어야 할 것이 있습니다. 만약 저희 교회에 오셔서 신앙생활 하시는 분들이 있다면 그분들은 저와 여러분의 신앙수준만큼 배우고 본 받고 자라게 될 것입니다. 천사가 직접 내려와서 그들에게 본을 보이겠습니까? 무슨 기적을 주어서 우리 교회에서 나가지 못하도록 하겠습니까? 결국 우리가 지금 있는 이 위치에서 그들은 감동도 받고 실망도 할 것입니다. 그 이상도 그 이하도 아닙니다. 저와 여러분이 지금까지 힘든 기초의 과정을 묵묵히 인내하며 쌓아왔습니다. 앞으로도 더 높이 쌓아갈 것은 두 말할 필요도 없습니다. 그렇다면 이제 우리와 함께 신앙생활 하고자 하는 분들이 있다면 그분들은 먼저 저와 여러분의 수준만큼 영향을 받을 것이고 그만큼 은혜를 누리게 될 것입니다. 그 책임을 어떻게 감당하시렵니까? 제가 그랬잖아요? 예수를 믿으면 더 힘들어진다구요.

63. 부흥회(復興會)와 사경회(査經會)

"사경회가 뭡니까?" 사람들이 나에게 자주 묻는 질문 중에 하나입니다. 작년 이맘 때 첫 사경회를 준비하고 있을 때 신문 광고를 본 어떤 남자분이 저에게 전화를 주었다. "목사님, 사경회가 뭡니까? 부흥회라는 말은 많이 들었는데 사경회는 처음 들어봅니다." 올해도 이 질문을 종종 받습니다.

어렸을 때, 제가 다니던 시골 교회에서는 1년에 두 차례 정도 집회를 가졌었는데 그때 집회의 이름이 〈부흥 사경회〉였습니다. 그러던 것이 점차 '사경회' 라는 말은 사라지고 '부흥회' 라는 말로 사용되었습니다. 왜냐하면 교회가 하나님의 말씀에 대한 이해와 사모함 보다는 신앙생활의 방향을 현세의 복과 내세에 대한 소망을 기대하는 쪽으로 바꾸었기 때문입니다. 그래서 대부분의 교인들은 집회라고 하면 떠들썩하게 진행되는 부흥회라는 말에는 익숙하지만 사경회라는 말은 생소하게 느끼는 것입니다.

유치한 예화

지금도 곳곳에서 〈부흥회〉라는 이름으로 열리는 집회들이 있습니다. 요즘은 한술 더 떠서 집회 때마다 '축복' 이라는 단어가 들어가지 않으면 사람들의 관심을 끌지 못하는 줄 생각합니다.

복이라면 자다가도 벌떡 일어나는 한국인의 기질과 너무나 잘 어울리는 홍보 전략입니다. 어떤 교회 부흥회의 타이틀 중에는 이런 것도 있습니다. 〈심령치유를 위한 은사 및 성령 충만 축복 대 성회〉 이 집회에 참여만 하면 모든 복은 다 받는 것처럼 홍보하기도 합니다. 그렇다고 모든 부흥회를 다 비판하는 것은 아닙니다. 드물긴 하지만 건전한 부흥회도 살펴보면 주위에 있습니다.

그러나 대부분의 부흥회는 말씀보다는 개인 간증, 또는 목회 성공 사례 발표 수준에 그치는 경우가 너무나 많습니다. 병이 낫고, 사업이 잘 되고, 자녀들이 합격하고, 또 고통과 어려움을 면해 주는 방법으로 기독교를 소개하기에 바빴지 부흥사들과 강사들은 말씀을 중요하게 생각하지 않고 더 정확하게 말하면 말씀에 붙잡히지 못한 사람들이 대부분입니다.

성경에서 말하고 있는 진리를 깨닫는 시간보다는 강사 본인과 교회에 어떤 복을 주셨는가를 자랑하는 일에 거의 대부분의 설교시간을 낭비해 버립니다. 유치한 예화나 세상 돌아가는 소식에 웃고 떠들고 하는 사이에 그 아까운 설교시간은 흘러만 갑니다. 말씀을 듣고 진리를 알기를 간절히 바라는 청중들의 순수한 소망과는 상관없이 얼마나 무례하게 윽박지르고 강요하듯 맹목적인 충성만 요구했는지 모릅니다. 그 부작용을 지금 교회가 고스란히 당하고 있지 않습니까? 더 안타까운 것은 아직도 다수의 교회가 이러한 잘못된 구습을 버리지 못하고 매달려 있다는 사실입니다.

　사실 '부흥회'라는 명칭은 19세기 중반 이후에 일어난 인위적인 부흥운동(부흥을 인간의 집회 활동으로 일으킬 수 있다는 생각에서 비롯된 운동, 이를 리바이벌리즘이라고 부릅니다)에서 비롯된 명칭인데, 한국교회에서는 1940년대 이후에 이 명칭을 고수했다고 볼 수 있습니다.

　그러나 부흥회에 대한 초기의 명칭은 "사경회(查經會)"였습니다. 그리고 이것이야말로 개혁주의와 청교도의 전통을 잘 나타낸 것이라고 생각합니다. 사경회는 문자 그대로 "성경의 진리를 살피기 위하여 모인 집회"입니다. 그래서 사경회는 부흥회처럼 요란스러운 행사가 될 수 없습니다. 은사 중심의 집회나 〈신년 축복 대 성회〉같은 식의 집회가 아닙니다. 사경회는 하나님의 말씀을 찬찬히 풀어서 설교하고 성도들은 마음을 모아서 그것에 집중하고 깨달은 진리를 삶에 실천하기 위한, 지혜와 은혜를 공급받는 기회로 삼습니다.

무지와 싸우라

　현대의 신자들 중에는 신앙의 내용과 그 기초를 하나님의 말씀인 성경으로부터 가지고 있지 않는 사람들이 많습니다. 더 솔직히 말하면 성경이 아니어도 얼마든지 자기 신앙은 튼튼해 질 수 있다고 생각하는 사람들이 다수입니다. 굳이 어려운 말씀에 기초하지 않아도 여기저기에서 듣고 어깨 너머로 배워 온 신앙

상식만 무너지지 않으면 된다고 생각합니다. 그래서 무지가 죄악이라는 사실을 모르고 살아가는 교인들이 얼마나 많은지 모릅니다. 성경에 대한 사모함도 없고 그 진리에 목말라 하지도 않으면서 단순히 열심과 충성만으로 신앙을 때우려는 사람들에게 우리가 느낄 수 있는 것은 너무나 빈약하고 초라한 신앙생활뿐이라는 점입니다.

64. "교회성장" 대(vs) "진정한 그리스도인"

　기독교는 아주 단순한 것입니다. 그것은 바로 하나님을 알고 예수 그리스도의 인격을 닮아가는 것입니다. 다시 말하면, 예수를 믿는 것은 내 삶에 예수님의 인격과 성품이 그대로 묻어나는 것을 목표로 하고 있다는 것입니다. 그래서 성경에서 말하는 진리는 실제적이지 철학적이거나 사상적인 이론이 아닙니다. 또 인격적이고 성품적인 것이지 활동적이거나 종교적 명분을 따지는 것도 아닙니다.

궁합 보는 교인들

　현대교회의 가장 큰 도전과 위기는 세상적인 가치관과 이론들이 교회 내에 깊숙이 들어와 있다는 것입니다. 특별히 우리나라는 유교와 불교의 영향으로 기독교의 진리가 샤머니즘적인 요소와 섞여서 이상한 형태로 나타나고 있습니다. 교회 집사가 되었으면서도 신년 초에 점쟁이를 찾아가서 한해의 운세를 보는 사람도 있고, 자녀들 결혼 때 궁합을 보는 신자들도 있습니다. 십일조를 하고 주일성수를 하면 성공한다는 개념이 아직도 신앙 밑바닥에 깔려 있습니다.

요즘 사람들의 교육수준이나 생활수준은 옛날에 비해 많이 높아진 것은 사실입니다. 정보를 받아들이는 속도도 굉장히 빠르고 판단하고 비판하는 능력, 무엇을 분석해 내는 지식 수준도 탁월합니다.

그래서 교회가 어떻게 민주적으로 운영되어야 하고, 목사는 어떻게 설교하고, 목회해야 한다는 것을 이미 성도들은 나름대로 아웃라인을 가지고 신앙생활을 합니다. 또 성도 뿐 아니라 목회자들도 옛날과는 달리 학력이나 지식수준이 상당히 높아졌기 때문에 교회에 관한 이론이나 성경을 해석하고 설교하는 내용들도 수준급 이상입니다. 또 교회 안에 행해지는 프로그램들도 보면 얼마나 다양하고 수준 있는 것들인지 모릅니다. 오히려 평범한 신앙생활은 용납되지 않을 정도로 너무 세련되어 있습니다.

교회개혁

교회 개혁을 부르짖는 사람들의 한결같은 목소리는 무엇인가? 이런 세상의 속도에 교회도 발을 맞추어 구조조정을 해야 한다는 것입니다. 복음 자체는 위대하고 절대적인 진리인데 그것을 표현하고 세상에 알리기에는 전통적인 교회 구조로는 너무나 시대에 뒤떨어질 뿐 아니라 효과도 없다는 것입니다.

교회는 문턱을 낮추어야 한다고 말합니다. 이제는 사람들이 교회로 들어오기를 기다리는 목회를 하면 안 되고 직접 찾아나서는 목회를 해야 한다고 말합니다. 예배 중심의 신앙생활이 아니라 교제 중심의 신앙생활을 해야 한다고 말합니다. 목회자의 가장 중요한 임무는 설교나 말씀을 선포하는 것이 아니라 신자를 모델로 제시하는 것이라고 말합니다. 이제는 회중 중심의 교회 구조를 벗어나서 소규모 그룹 중심으로 구조조정을 해야 한다고 합니다.

교인들의 신앙생활의 평가도 내가 얼마만큼 하나님을 아는가가 아니라 내가 어떻게 섬기고 있는가가 되어야 한다고 주장합니다. 그래서 많은 교회들이 앞 다투어 세상 사람들을 위한다는 명목 하에 교회구조를 조정하고 개혁을 시도하였습니다. 그래서 성경에서 분명하게 금하고 있지 않다고 생각되는 한, 세상적인 이론이나 도구들을 얼마든지 활용할 수 있다고 생각했고 또 그것으로 얼마간 효과를 보기도 하였습니다.

그런데 문제는 이러한 것들이 교회 내에 들어와 자리를 차지한 이상 이제 그것은 하나의 도구나 방법이 아니라 교회의 중심축이 되어 버렸고 급기야는 교회 본질적 요소를 변경해 버렸다는 것입니다.

인간은 새로운 것에 대해 처음에는 거부 반응을 일으키다가도 얼마간 시간이 지나고 익숙해지기만 하면 그것을 절대적인 것으로 신뢰하는 습성이 있습니다. 세상적인 이론이나 경영철학, 또는 기술적 방법들이 교회에 들어오면 처음에는 충돌이 있지만 그것으로 인한 결과, 즉 교회성장이 눈에 보이기 시작하면 이제 그것을 절대화 시켜버리는 본성을 늘 가지고 있기 때문입니다.

그래서 단순하고도 명확한 기독교의 진리는 세상의 잡다한 상식과 이론 때문에 혼탁해져 버렸고 이제는 무엇이 기독교의 진리이고 무엇이 기독교의 내용이 아닌지조차 불분명하게 되어 버렸습니다. 어디까지가 성경에서 나온 원리인지 어디까지가 인간적인 발상인지가 분명하지 않게 되었습니다. 그래서 예수를 믿는 사람인 것 같지만 가까이 가 보면 예수와는 상관없는 삶을 살고 있는 그런 사람들로 교회에 가득 차게 되었다는 것입니다.

목사에게 가장 큰 유혹과 고비는 어느 순간, 교회를 크게 만드는 교회 성장을 붙잡을 것인가 아니면 성장은 보류하더라도 교인들과 함께 주님을 닮아가는 진정한 그리스도인이 되는 것을 붙잡을 것인가 하는 선택의 기로에 설 때입니다. 목회자와 교회가 이 고비를 잘 넘기고 바른 선택을 하기도 하지만 대부분의 교회는 교회 성장을 붙잡기 때문에 교회의 본질에서 크게 벗어나기도 합니다.

65. 디자이너와 독서

전 세계적인 유명 디자이너인 앙드레 김을 좋아하는 편이 아닙니다. 생김새부터 이상야릇하고, 말투는 사실 밥맛이 없습니다. 한때는 그가 동성연애자라는 말까지도 있었습니다. 그런데 다른 건 몰라도 한 가지 부러워하고 인정해 주고 싶은 것은 있습니다. 그가 세계적인 디자이너가 된 데에는 남다른 노력과 노하우가 있기 때문입니다. 하루는 방송에 출연했는데 사회자가 물었습니다. "어떻게 그런 멋진 옷들을 만들 수 있습니까? 그 비결이 무엇입니까?" 앙드레 김은 이렇게 답하였습니다. "예, 저는 모든 디자인의 영감을 책 속에서 발견합니다. 그 속에는 모든 세계가 다 들어 있습니다. 세계의 문명과 역사, 동물의 세계도 디자인이 되어 있는 것을 알 수 있습니다. 저는 독서를 통해 옷을 디자인 합니다." 의외의 답이었습니다. 그 사람의 이미지와 다량의 독서는 어울리지 않는다고 생각이 들었기 때문입니다. 그런데 그는 엄청난 독서광이었습니다. 실제로 그는 하루 일과를 TV시청과 수십 부의 신문을 동시에 읽는 것으로 시작한다고 합니다.

연예인 중에 독서광은 개그맨 전유성과 서세원입니다. 오리지널이 전유성이고 서세원은 흉내 내는 정도입니다. 사실 전유성은 개그맨이라는 타이틀 보다는 작가라는 타이틀이 더 어울립니다. 컴퓨터가 한국에 막 소개될 때 이 사람은 **"컴퓨터, 일주일만 하면 전유성 만큼 한다."**라는 컴퓨터 책을 쓴 사람입니다. 그는 그 책을 쓰기 위해 한국에서 나오는 그 당시의 컴퓨터 관련 책을 다 읽었다고 합니다. 지금도 그는 방송이 없을 때는 서점 순례의 길을 떠난다고 합니다.

한 사람만 더 봅시다. **"이게 뭡니까?"** 라는 유행어로 유명한 김동길 교수라는 사람이 있습니다. 이 사람은 박정희 정권 때 옥살이를 한, 너무나 강한 야당 기질을 가지고 있는 사람입니다. 그런데 그는 박정희에게 늘 감사한다고 말한 적이 있습니다. 그가 옥살이를 할 때 엄청난 독서를 할 수 있었고, 그것이 나중에 교수로 복직 되었을 때 학생들에게 명 강의로 인정을 받게 되었다는 것입니다.

제가 아는 20대의 유명한 젊은 판타지 소설가는 약 10년 동안 판타지 소설 10,000권을 읽었다고 합니다. 김대중 전 대통령이 개인적으로 소장한 책이 15,000권 정도라고 합니다. 어떤 목사님은 돌아가시면서 소장하셨던 책을 대학에 몽땅 기증하셨는데 약 20,000권 정도였다고 합니다. 웬만한 서점 하나를 차릴 정도의 양 입니다.

요즘은 과거의 '문학소녀'라는 말이 사라진지 오래입니다. 문학전집을 읽거나 시를 외우는 건 상상도 못합니다. 대부분의 아이들은 컴퓨터 게임과 인터넷에 허우적거립니다. 시간만 있으면 앉아 있지를 못하고 바깥으로만 나가려고 합니다. 또 우리 어른들은 너무 바쁘니까 아예 책을 가까이 한다는 건 불가능하다고 합니다. 그래서 책을 읽기보다는 TV를 보는 것이나 영화를 보는 것이 편하고 좋습니다. 그러나 컴퓨터 게임 안에는 사실 존경할만한 인물이 없습니다. 거기에는 위인이 없고, 본받아야 할 삶의 모델이 없습니다. 그건 실제가 아니기 때문입니다.

사실 독서는 일이라기보다는 습관입니다. 책을 읽을 시간이 없어서가 아니라 책을 가까이 하지 않기 때문입니다. 우리는 셀폰이 우리 손에서 멀리 있으면 불안해 하지만 책은 가까이 있으면 있을수록 더 불안해합니다. 우리가 하루에 30분씩 책을 읽으면 한 달에 책 4권을 읽는다고 합니다. 책을 많이 읽은 사람에게는 남다른 깊이가 느껴집니다. 책을 가까이 하는 사람은 누구보다도 시대를 뛰어넘는 활동무대를 가진 사람입니다. 책은 시대와 공간을 초월합니다. 내가 만나고 싶은 사람이나 그 현장을 쉽게 경험할 수 있습니다. 책은 무한대로 열려진 우주 공간과도 같습니다. 바로 이 우주여행을 매일 매일 즐기는 사람에겐 근접할 수 없는 더 넓은 세계가 있습니다. 이것이 독서의 힘일 것입니다.

목사에게 가장 큰 숙제가 있다면 설교입니다. 설교는 하기도 어렵지만 준비하는 게 더 어렵습니다. 기자가 원고 마감 날짜에 민감하게 되는 것처럼 설교 준비도 그만큼의 스트레스가 있습니다. 그래서 이 스트레스를 조금이라도 덜 받기 위해 하나의 안전

장치를 마련하였습니다. 그것이 평소에 많은 양의 독서를 습관화 하는 것입니다. 그래서 좋은 설교자들은 공통적으로 많은 독서를 하는 사람입니다. 그들은 절대로 손에서 책을 놓지 않습니다. 그들이 이런 힘든 습관을 고집하는 이유가 있습니다. 성경은 그 자체가 우리에게는 완전한 것이지만 성경을 이해하는 우리의 지식은 부족하다는 것을 잘 알기 때문입니다. 그래서 자신의 부족한 이해력과 지식을 지속적인 독서를 통해 보충하고 있습니다. 무겁지도 않은 책 한 권을 손에 가까이 두는 것부터 시작해 봅시다. 그러면 우리의 삶의 무게가 한층 중후하게 바뀔 것입니다.

66. 핑계와 책임

요즘은 어디 가서 목사라고 소개하면 존경은커녕 괄시를 당하는 세상입니다. 성직자에 대해 특히 목사에 대해 평가가 절하된 것이 사실입니다. 목사나 교회에 대한 부정적인 이야기를 들을 때면 참 민망할 정도입니다. 워낙 목사가 많고 교회가 많아서 그런지 모르겠습니다.

재미있는 것은 교회를 잘 다니면서도 정작 자신이 출석하는 교회에 대한 자랑은 별로 없다는 것입니다. 자기 교회를 자랑스러워하는 교인을 만나기가 어렵습니다. 또 자기교회 목사님을 영적인 멘토로 생각하고 존경하는 사람을 만나기도 어렵습니다. 그럼에도 불구하고 오늘날만큼 교회가 많이 생기고 또 잘 되는 때도 없습니다.

호황을 맞이하는 교회사업

요즘 참 불경기라고 하는데 교회만큼은 자꾸 생깁니다. 한결같이 허리띠를 졸라 매어야 한다고 하지만 교회만큼은 예산이 점점 넉넉해집니다. 괜찮은 목사 데려다가 돈 있는 사람들이 합심하면 교회는 어떻게든 유지된다고 생각합니다. 세상적으로도 똑똑하고 유능한 사람들을 교회 리더로 세워 두면 교회는 잘 굴

러간다고 생각합니다. 개중에는 교회를 개척하고 설립하는 것을 회사를 하나 차리는 것과 같이 생각하는 사람들도 있습니다. 나에게 "교회 사업은 잘 되십니까?" 라고 묻는 사람도 있습니다.

이제 더 이상, 교회는 세우지 말자라는 말이 아니라 제대로 된 교회, 성경적인 바른 교회를 세워야 한다는 말입니다. 세상적인 방법, 힘, 또는 세상적인 기준으로 세운 교회는 교회는 망하게 됩니다. 그럴 리는 없겠지만 목사가 밥벌이 할 목적으로, 또 교인들은 자신들의 자존심이나 자신들이 건재하다는 것을 과시하기 위해 교회를 세운다면 그 교회가 하나님의 뜻에 움직여지는 교회라고 보기는 어렵습니다.

그런데 참 이상한 것은 존경할 목사는 없고 자랑스러운 교회는 없다고 하면서 많은 사람들이 교회를 꾸준히 출석하고 있다는 점이고, 교회는 점점 더 생겨나고 있다는 점입니다.

옛날에 목사가 존경받고 인정받았던 때가 있었습니다. 물론 지금도 다수의 목회자들은 존경을 받고 있고 영적 스승으로서의 사명을 잘 감당하고 있습니다. 그러나 현실적으로 과거보다 신뢰나 존경을 많이 잃어버리고 있는 것도 사실입니다. 이 책임은 성도들 중에 꼬인 사람들이 많아서도 아니고 교회 터가 안 좋아서도 아닙니다. 이건 어디까지나 목회자들의 책임입니다.

그러면 교인들은 어떤 책임을 져야 하는가? 그건 교회에서 적당하게 신앙생활하려는 평계에 대한 책임을 져야 합니다. 존경

받지 못하고 신뢰를 잃어버린 목회자들은 교인들에게 비판을 받기 이전에 스스로 하나님 앞에서 그 책임을 지는 중입니다. 이처럼 교인은 성도로서 책임을 질 줄 알아야 합니다. '목사가 나쁘다. 교회가 이상하다.' 라고 생각하기에 앞서 더 깊이 생각해야 할 것은 '내가 교회를 왜 나가는가? 예수는 왜 믿는가?' 하는 것입니다.

자기가 출석하는 교회, 자기 목사 또는 자기 성도들에 대해 자랑할 게 많은 사람은 행복한 사람입니다. 그러나 이걸 알아야 합니다. 이런 자랑으로 내가 마땅히 감당해야 할 신앙의 책임을 대충 때우면 안 됩니다. 자랑거리가 많은 교회에 내가 출석하고 있다는 것과 내 신앙이 성숙하다는 것은 관계가 없습니다. 내가 존경받는 목사 밑에서 신앙생활을 하고 있다는 것이 내 믿음이 좋다는 것과 무관한 것입니다.

공부 안하면 내 손해

가끔 보면 목사하고 친해지려고 하는 사람들이 있습니다. 그래서 자꾸 선물도 주고 밥도 사 줍니다. 목사하고 친해지는 것이 신앙생활에 도움이 된다고 생각하는 것 같습니다. 그러나 그렇지 않습니다. 목사에게 가까이 하면 할수록 실망만 하게 됩니다. 내가 지금 제일 좋은 교회, 또는 존경 받는 목사님 밑에서 신앙생활 하고 있다는 것과 내가 하나님 앞에서 져야 할 신앙의 책임을 다하는 것과는 별 상관이 없습니다.

과거에 명문대학을 나오고, 부자 아빠를 만나 폼은 재고 다니면서 정작 자기는 지금 일도 안 하고 사고나 치고 다니면 그건 바보나 하는 짓입니다. 목사가 훌륭한 것 하고 자기 신앙이 좋아지는 것과는 상관이 없습니다. 각자가 감당해야 할 영적인 책임만 있을 뿐입니다. 이게 심해지면 교회 목사가 교주가 되고 이상하게 군림하게 됩니다. 또 성도들은 그런 목사를 잘 알고 있다는 것으로 신앙생활을 잘하고 있다고 생각합니다.

믿음이 좋은 사람은 핑계를 대지 않는 사람입니다. 목사 핑계, 교회 핑계, 성도 핑계를 대지 않는 성숙한 신앙생활을 하나님은 요구하십니다. 사람들의 핑계에 안 걸릴 목사가 없고 안 걸릴 교회가 없습니다. 핑계대지 말고 각자의 길을 걸어가야 합니다. 어떤 선생이 미워서 그 과목을 공부 안하면 결국 내 손해입니다. 평가는 점수로 하는 것이지 핑계의 정도로 봐주는 게 아니기 때문입니다.

67. 사모가 70%이상이에요.

목사에게는 세 가지 중요한 만남이 있습니다. 첫째는 소명과의 만남입니다. 이것은 단순히 목사가 되겠다고 결심해서 신학교에 들어가는 정도가 아닙니다. 개인적인 특별한 사건과 경험을 통해 마지막 남은 유일한 직업으로 소명을 확인하는 정도가 아닙니다. 소명을 확인하는 방법은 개인마다 다 다르겠지만 그 소명에는 한가지 공통점이 있습니다. 그것은 하나님과 말씀과 교회를 사랑하는 피 끓는 마음입니다. 이 마음의 깊이를 하나님과 사람들 앞에서 검증 받지 못하면 목회가 하나의 직업으로 전락하게 됩니다.

둘째는 대가와의 만남입니다. 목사로서 한 평생을 살다간 믿음의 선배들 중에 존경할 만한 사람 몇 명은 알고 있어야 합니다. 직접 만나 교류한다면 좋겠지만 그럴 수 없다면 그들의 기록과 남겨둔 글을 통해 끊임없이 교제하고 도움을 받아야 합니다. 영적 스승과 멘토(mentor)를 적어도 목사는 직접 또는 간접적으로 만난 경험이 있어야 합니다. 그들이 얼마나 하나님을 사랑했고 말씀을 진지하게 다루었으며 또 교회를 위해 목숨을 내놓기까지 헌신적이었는가를 알고 배워야 합니다.

교회와 성도의 궁합(?)

　셋째는 교회와의 만남입니다. 다른 말로 하면 성도들과의 만남입니다. 믿지 않는 사람들 중에는 "교회가 성장 하려면 목사하고 성도가 궁합(?)이 잘 맞아야 합니다." 라는 농담을 하기도 합니다. 신자들도 은연중에 이런 생각을 하고 있는 것 같습니다. 아무리 좋은 목사라도 좋지 못한 성도를 만나면 목회가 힘들다고 합니다. 또 반대로 아무리 좋은 성도, 좋은 교회도 목사 하나 잘못 만나면 신앙생활 자체가 흔들린다는 것입니다.

　넷째는 아내, 즉 사모와의 만남입니다. 한 가정의 아내 역할이 중요하고 가정의 분위기 자체를 주도해 나가는 것처럼, 한 목사의 아내 또는 한 교회의 사모의 역할은 그 교회의 영적 분위기를 이끌어 갈만큼 중요한 것이 사실입니다. 많은 신자들이 목사는 물론이고 사모에 대한 바램과 요구사항이 많이 있다는 걸 알게 됩니다. 때로는 자기 교회 사모에 대한 불만 사항이 있다는 것도 듣게 됩니다. 심지어 어떤 분은 "목사님, 교회는 목사님보다 사모님이 차지하는 비중이 70%이상이에요." 라고 말하는 분도 있습니다. 모르긴 몰라도 사모님 때문에 많이 아파본 경험이 있는 사람인 것 같습니다.

　교인들이 바라는 사모의 모습은 몇 가지 공통점을 가지고 있는데 알고 보면 아주 단순하면서도 중요한 것 같습니다. 무엇보다도 교인들은 목사님이 사모님을 굉장히 사랑하고 있다는 느낌을 받기를 원합니다.

목사 스스로도 사모의 내조가 목회를 즐겁게 만들고 있다는 느낌을 교인들은 확인하고 싶어 합니다. 목사님이 힘들어하는 이유가 사모 때문이라는 걸 알게 되면 교인들은 부담을 갖게 됩니다. 교회 부흥도 못 시키는 무능한 목사, 설교도 잘 못하는 목사, 잘 나가는 목사 사모처럼 교회 사례만으로 생활 해보고 싶다면서 은근히 부담을 주는 그런 사모라는 인상을 교인들이 받게 해서는 안 됩니다.

또 사모는 목사보다 너무 영발이 세거나 신령한 사람으로 행세하면 곤란한 것 같습니다. 개인적으로는 얼마든지 남편인 목사보다 사모가 성령 충만할 수 있고 은사를 가지고 있을 수도 있습니다. 그러나 그렇다고 목사에게 주어진 권위와 역할까지 침범해서 교회 내에서 아무렇게나 그 실력을 행사한다면 성도들은 절대로 납득하지 못합니다.

영발 쎈 사모는 싫다

실제로 내가 아는 교회는 사모의 지나친 목회의 간섭과 은사의 무절제한 활용이 교회에 문제가 되어 결국 목사가 사임하는 경우를 본적이 있습니다. 목사로 하여금 교인들을 목양하는 일 외에 아내까지(?) 목양을 해야 한다는 부담을 목사가 느낀다는 걸 성도들이 알면 교인들은 사모를 원망하게 됩니다.

이곳 미국은 한국과는 달리 대부분의 사모들이 직업을 가지고 있거나 일을 합니다. 교인수가 적은 교회는 아무래도 목사의 사례를 충분히 지급하지 못하기 때문에 어쩔 수 없이 사모가 생활비를 보충해야 하는 것 같습니다.

그런데 재미있는 사실은, 교인들은 교회에서 목사님의 생활에 충분하리만큼 사례를 지급하고 있다고 생각하는데도 사모가 그 일을 계속한다는 점입니다.

이럴 경우, 다 그런 건 아니지만 교인들은 사모가 일을 하느냐 안 하느냐를 따지기 보다는 만약 그 일 때문에 교회와 교인들을 돌보고 기도하고 심방하는 사모의 역할이 상대적으로 방해 받는다면 사모의 역할에 대해 한번쯤 의심을 할 수 있습니다. 그리고 교인들은 목사나 사모가 교인들을 목양하는 목회보다는 자기 자식들을 위해 생활이나 물질에 더 관심이 있는 사람으로 오해를 하게 된다는 점입니다. 이런 오해와 피해가 고스란히 교회 안으로 돌아와 서로를 힘들게 하는 것 같습니다. 단지 이것이 사실이 아니고 소수 교인들의 오해이길 바랄 뿐입니다.

68. 빛과 소금에 대한 오해

교회를 지식적으로 요구하는 신자들이 있습니다. 적어도 교회는 성도들을 위한 교육 프로그램이 어느 정도 있어야 한다고 말합니다. 또 그것만을 강조하는 목회자들도 있습니다. 그래서 이 세상을 주도해 나가는 교회가 되는 것을 목표로 삼는 교회가 있습니다. 탁월한 실력을 갖추어서 세상의 소금과 빛의 역할을 다 하자는 의도입니다.

그러나 세상의 빛과 소금은 우리가 얼마나 똑똑하고 높아져서 그들을 구해내느냐 하는 차원이 아니라, 나 자신이 얼마만큼 하나님 앞에서 의로운 삶을 살고 있느냐 하는 것입니다. 빛을 비추기 전에 내가 빛 된 삶을 살아야 합니다. 소금의 역할을 하기 이전에 내가 맛을 잃지 않은 소금이어야 하는 것입니다. 그래서 내가 빛이어야 하고 내가 소금이 되는 문제는 얼마나 똑똑한가, 얼마나 높은가 하고는 상관없는 것입니다. 오히려 내가 얼마나 겸손한가, 얼마나 무능한 사람인가를 깨닫는 것과 관계가 있습니다.

수준 있는 교회

또 어떤 사람들은 교회가 수준 있는 교회, 무슨 일이든 탁월하게 일을 해 내는 교회, 또 사람이 많이 모이는 교회로 존재하기를 원하지 하나님의 은혜가 지배하고 성도 한 사람, 한 사람에게 성령의 기름 부으심이 계속 해서 공급되는 그런 교회는 꿈도 꾸지 못하고 있다는 것입니다.

이런 교회의 특징은 설교보다는 활동이나 행사가 더 많습니다. "OO모임" 이런 것들이 더 많지 기도하는 시간이나 예배하는 시간은 될 수 있는 한 줄이려고 합니다. 이런 교회의 표어는 "예배는 간단히, 골프는 길게."입니다. 또 이런 교회는 자꾸 세분화합니다. 사람 수는 얼마 되지도 않으면서 자꾸 부서를 나누니까 어떤 부서는 전 회원이 임원이 되어 있는 부서들도 있습니다.

어떻게 하든지 사람들을 붙잡아 두려고 자꾸 일을 맡기고 무슨 직함을 줍니다. 어느 정도 효과도 거두기는 하지만 결코 이런 것들로 신앙생활이 대치 될 수 없다는 것을 곧 깨닫게 됩니다.

많은 사람들이 실패하는 이유는 지식이나 총명함이 없어서가 아닙니다. 엄청난 지식을 가지고 있으면서도 자신을 바로 알 수 있는 지식을 가지고 있지 못하기 때문입니다. 내가 누구인가, 어떤 삶을 살아야 하는가에 대한 답을 모르기 때문입니다.

우리가 하나님의 말씀을 계속해서 듣는 이유가 무엇인가? 들으면 들을수록 내가 어떤 사람인가를 알게 됩니다. 들으면 들을수록 내가 어떤 삶을 살아야 하는가가 명확해 집니다. 무엇보다도 교회 안에서는 바른 말씀이 선포되어야 합니다. 교회 안에서 말씀이 충분하게 선포되고 드러날 때 주님이 원하시는 제자의 삶을 명확하게 볼 수 있게 됩니다.

만약 교회에 구조조정이 필요하다면 모든 성도들이 이것을 목표하도록 교회를 구조화해야 합니다. 목회자는 끊임없이 말씀을 선포하고 들려주어야 합니다. 목회자가 가지고 있는 모든 지식과 지혜와 총명이 빛을 발해야 하는 것은 바로 설교시간입니다. 하나님의 말씀을 제대로 선포하고 드러내기 위해 부름 받은 소명을 뒤로한 채 행하는 어떤 일도 그 교회를 온전히 세울 수 없습니다.

많은 성도들에게 하나님의 말씀에 대한 무지를 깨우치고 좀 더 말씀과 깊은 연관을 시도하는 이유도 바로 이런 이유 때문입니다. 교회의 리더들에게는 이 부분을 강조할 뿐 아니라 이것을 스스로 체득하도록 재촉할지도 모릅니다. 말씀 위에 든든히 세움 받은 사람들이 목사가 되고, 장로가 되고, 교회의 리더가 되어야 그 교회가 살게 되기 때문입니다. 이외의 것은 부차적인 것입니다. 있어도 그만, 없어도 그만입니다.

신앙의 엘리트화

기독교를 융통성 있게 만들기 위해서 복음을 변질시켰을 때 일어나는 현상은 갈등과 시기와 다툼입니다. 복음을 지식적으로만 접근할 때 교회는 신앙의 엘리트화를 좇아가게 됩니다. 수준 있는 교회, 실력 있는 사람들이 모인 교회, 세상적으로도 잘 나가는 사람들이면서 교회에서도 탁월한 능력을 발휘하는 사람들이 모였고 게다가 예산도 넉넉한 교회, 이런 것들이 복음을 대치하게 되면 그 교회는 별 어려움 없이 잘 굴러가기는 하겠지만 끊임없는 자랑과 시기와 다툼이 있게 됩니다.

복음을 능력적으로만 접근하게 되면 늘 자기 자랑, 또는 싸움과 다툼이 일어나게 됩니다. 세상을 다 정복하고도 남음이 있는 강한 사람으로 만드는 것이 중요한 게 아닙니다.

우리의 목표는 늘 한결 같습니다. 예수님을 닮아가는 것입니다. 지금 많은 현대 교회들은 성경에서 벗어나 있는 이상한 비전과 꿈을 추구하려고 하는 것 같습니다. 자기 교회가 세상의 모든 문제를 해결 해 줄 수 있는 유일한 교회라고 생각하고 홍보합니다. 그래서 어떻게 하든지 세상적으로도 잘 나가고 신앙적으로도 탁월한 사람들을 교회로 끌어 들입니다. 그래서 그 사람들을 다시 훈련을 시켜서 이제 완전히 세상을 정복할 수 있는 용사로 키우겠다고 합니다.

교회는 인재를 키워야 한다고 강조합니다. 실력 있는 사람들을 예수 믿도록 만들어야 한다고 주장합니다. 여기에 총력을 기울이고 돈과 시간을 다 씁니다. 교회를 무슨 사관학교나 특수부대처럼 생각합니다.

흥미를 못 주는 기독교

그러나 이것은 한 가지를 놓치고 있습니다. 사람은 다른 사람을 살리고 세상을 하나님의 나라가 되게 하는 일에 그렇게 빨리 또 쉽게 헌신하지 않는다는 것을 알아야 합니다. 자신이 증명되고 자랑되지 않는 한, 인간은 선한 일을 도모하지 않는다는 것입니다. 그리고 그 와중에 그렇지 못한 사람들에게 주는 피해는 얼마나 많은지 모릅니다. 모두가 잘 나가고 다 똑똑한 사람일 수 없습니다. 그렇지 못한 다수의 사람들에게는 복음이 아무것도 기대할 것이 아니라는 말입니까? 그렇지 않습니다.

기독교는 멋있게 보일 필요가 없습니다. 융통성 있는 기독교, 흥미를 주는 기독교, 세상을 정복하는 기독교, 이런 말 자체가 존재하는 것이 아닙니다. 단지 하나님 앞에서 자신이 얼마나 거룩한 삶을 사느냐입니다. 신앙생활은 경쟁이 아닙니다.

69. 예수님은 비전을 내걸지 않았다.

우리나라는 38년 동안 일본에게 나라를 빼앗긴 경험 때문에 아직까지도 일본식 문화가 자리 잡고 있는 것을 봅니다. 한국의 회식 문화는 일본의 군대 문화에서 비롯된 것입니다. 인간관계를 중심으로 한, 음주가무 문화는 많은 크리스쳔들로 하여금 직장생활에서 어려움을 겪게 만드는 주범이기도 합니다.

유대인들이 가지고 있는 문화와 생활방식은 히브리즘적 사고방식입니다. 그런데 초대교회에 복음이 전파될 때의 세상의 문화는 헬라 문화권이었습니다. 그래서 신약성경에는 두 문화가 공존합니다. 구약적 배경을 가지고 있는 히브리식 사고구조와 그 당시 세계관이었던 헬라식 사고구조가 초대교회에서는 함께 공존하였습니다. 마치 우리나라가 식민지 때에는 두 문화가 공존했던 것처럼 말입니다.

히브리식 사고구조와 헬라식 사고구조

히브리식 사고구조의 특징은 구체적이고 윤리적입니다. 반면에 헬라적 사고구조는 추상적이고 철학적입니다. 그래서 예수를 믿는다고 할 때 히브리식 사고구조에 정통한 사람은 예수님을 직접 따라 나서는 것이지만 헬라식 사고구조에서 예수를 믿는다는 것은 예수님을 인정하는 정도이고 예수님의 말씀에 동의하는 정도입니다. 재미있는 것은 히브리식 사고구조와 헬라식 사고구조 양 쪽 다 정통했던 사람이 바로 사도 바울입니다. 바울은 히브리식 배경을 가지고 있으면서 헬라 문화권에 있는 사람들에게 기가 막히게 복음을 전한 사람입니다.

헬라식 믿음은 예수님의 교훈과 사상을 인정하기만 하면 됩니다. 직접 예수님을 따라 나서거나 제자가 되겠다고 자청하는 사람들을 잘 이해하지 못합니다. 특별히 십자가를 지고 나를 쫓으라는 예수님의 말씀에 대해서는 수긍을 하지 못합니다. 그래서 12제자와 같은 사람들을 교양 없이 설치는 무식한 사람으로 취급을 해 버립니다.

"나는 예수님에 대해서 누구보다도 잘 알고 있다. 예수님의 인격은 고상하고 그의 가르침은 탁월하다. 또 나는 그 분이 메시야라는 사실도 믿는다." 이것을 믿음이라고 말하고 주님의 말씀대로 꼭 살아야 할 필요성은 믿지 못하는 사람들이 헬라적 사고구조에 젖은 신자들이었습니다.

요즘의 신자들 중에는 이런 헬라적 사고구조로 신앙생활을 하는 사람들이 많습니다. 그러나 신앙은 공부가 아닙니다. 토론도 아닙니다. 기독교에 대한 관심을 가지고 있는 정도가 아닙니다. 가끔 교회에 출석하고 헌금과 약간의 봉사를 하는 정도가 아닙니다. 예수님에 대해서 배우는 것이 신앙이 아니라 그를 닮아가는 것입니다. 그런데 우리는 자꾸 기독교를 이론화하려고 합니다.

　신앙은 교회성장 프로그램의 계발이나 지적 호기심을 충족시키거나, 어떤 사상이나 동의가 아니라 삶입니다. 기독교의 진리를 체계화하고 조직화하는 작업이 필요하지만, 주님이 진정으로 요구하시는 그리스도인의 삶이 무엇인지를 알지 못하면 이런 작업은 하나의 유행에 지나지 않습니다.

　우리는 생각하기를, 예수님도 12제자를 따로 구별해서 세우시고 복음을 전하게 하셨고, 또 무엇보다도 그들의 은사를 통해 다음 세대를 이끌어갈 인재를 발굴하는 사명을 주셨다고 생각합니다. 그래서 교회는 이런 사람들을 제자로 만들고 리더로 만드는 비전을 제시해야 한다고 말합니다.

성공한 목회(?)

　요즘에 말하는 소위 성공한 목회나 성공한 교회에 대한 연구의 내용이 무엇입니까? 비전을 확실하게 제시하고 그 비전에 충실한 목회자, 그 비전을 수행할 사람을 많이 확보하는 교회가 성공했다고 말합니다. 그러나 목회에는 성공이라는 단어도 없지만 주님은 이렇게 생각하신 적이 없습니다.

　개인적으로 〈헨리 블랙커비〉목사가 오랜 묵상 끝에 결론 내린 리더십에 관한 글을 좋아합니다. 그 내용을 인용하면 이렇습니다. "예수님은 비전을 내 걸지 않았다. 대신 아버지의 뜻을 구하셨다. 예수님은 분명 자신과 제자들을 향한 비전이 있었지만 그것은 아버지에게서 온 것이었다. 세상의 리더십 전문가들은 예수님이 마치 산꼭대기에 올라가 예루살렘을 내다보며 이렇게 혼잣말하는 것처럼 합니다. '어떻게 추종세력을 모아 온 세계에 복음을 전할까? 기성 종교인들은 어떻게 설득해야 할까? 군중들에게 어떻게 설교해야 할까? 거창한 기적들을 연달아 행해야 할까? 아니다. 열두 명의 인생에 나 자신을 투자하자. 내가 떠난 뒤에 내 대신 사명을 수행할 수 있도록 그들을 철저히 훈련시키는 거다. 그들이 다른 사람들에게 투자하면 그 수가 배가 될 것이다. 그렇게 내 나라가 전 세계로 확장되게 하자." 하지만 이것은 예수님의 사역을 너무나 오해한 것입니다.

예수님의 리더십 핵심은 아버지와의 관계였습니다. 아버지를 아셨기에 예수님은 그 분의 목소리를 알고 그 분의 뜻을 이해하셨습니다. 아버지 뜻을 아셨기 때문에 예수님은 사람들의 의견에 휩쓸려 사명에서 빗나가는 법이 없으셨습니다.

* **귀하지만 쉽지 않은 교회**
*
초판 1쇄 — 2005년 11월 15일

*
지은이 — 손진현
펴낸이 — 채주희
펴낸곳 — 엘맨출판사
*
서울시 마포구 합정동 433-62
출판등록 — 제10 - 1562호. 1985. 10. 29.
*
Tel — (02) 323-4060, 322-4477
Fax — (02) 323-6416
E-mail — elman1985@hanmail.net
*
잘못된 책은 바꾸어 드립니다.
*
값 10,000원